职场必读书

曹操的孙子兵法

南门太守 著

中国出版集团

现代出版社

图书在版编目（CIP）数据

　　曹操的孙子兵法 / 南门太守著 . -- 北京 : 现代出
版社 , 2020.8
　　ISBN 978-7-5143-8775-9

　　Ⅰ.①曹… Ⅱ.①南… Ⅲ.①曹操（155-220）—人
物研究②《孙子兵法》—研究 Ⅳ.① K827=342
② E892.25

　　中国版本图书馆 CIP 数据核字 (2020) 第 136691 号

曹操的孙子兵法

作　　者　南门太守
责任编辑　姜　军　王志标
出版发行　现代出版社
地　　址　北京市安定门外安华里 504 号
邮政编码　100011
电　　话　010-64267325　64245264（传真）
网　　址　www.1980xd.com
电子邮箱　xiandai@vip.sina.com
印　　刷　三河市国英印务有限公司
开　　本　710mm×1000mm　1/16
印　　张　24
字　　数　341 千字
版　　次　2020 年 8 月第 1 版　2020 年 8 月第 1 次印刷
书　　号　ISBN 978-7-5143-8775-9
定　　价　49.80 元

曹操对《孙子兵法》的特殊贡献
（序言）

《孙子兵法》又名《孙武兵法》《吴孙子兵法》《孙武兵书》等，不仅是中国现存最早的兵书，也是世界上最早的军事著作，比西方最知名的军事著作克劳塞维茨的《战争论》早了 2300 年，被誉为"兵经""兵学圣典""百世兵家之师""东方兵学的鼻祖"。自《孙子兵法》诞生以来，在其传播过程中有一个人发挥了重要而独特的作用，这个人就是魏武帝曹操。

《孙子兵法》及其早期流传情况

《孙子兵法》是中国古典军事文化遗产中的璀璨瑰宝，是中国优秀文化传统的重要组成部分，它的作者是春秋时期吴国将军孙武。孙武，祖籍齐国乐安，字长卿，出生于公元前 535 年左右。周景王十三年（前 532）齐国发生内乱，孙武为避难来到南方的吴国，潜心钻研军事，写成《孙子兵法》十三篇。卫灵公二十三年（前 512），经吴国大臣伍子胥引荐，孙武带着自己写的兵法来见吴王阖闾。在回答吴王提问时，孙武见解独到，不乏惊世骇俗的言论，一心称霸的吴王阖闾对此深有共鸣，吴王阖闾任命孙武担任吴国将军。

当时吴国外部战略环境很差，西面是强大的楚国，北面是齐国和晋国，南面是虎视眈眈的越国。吴国采用孙武的谋略，通过"伐交""因粮于敌"等策略，削弱了楚国的力量，之后由孙武、伍子胥领兵五次与楚国交战，最终攻入楚国的郢都。吴王阖闾去世后，儿子夫差继位，在孙武、伍子胥等人辅佐下，吴国积蓄力量，扩充军队，对越国发起反击，越王勾践不得不向吴国求和。吴国在这一阶段成为春秋五霸之一，与孙武的贡献密不可分。但到孙武五十多岁时，好友伍子胥被杀，孙武也不再为吴王出谋划策，转而隐居民间，最终郁郁不得志而死，死后葬在吴国国都郊外。

孙武去世后，他所著的《孙子兵法》得以流传于后世。《韩非子·五蠹》记载："境内皆言兵，藏孙、吴之书者家有之。"从中可以看出，在战国时期《孙子兵法》已经在社会上流传了。然而，早期《孙子兵法》的传播没有形成高潮，一方面是因为当时的传播手段十分落后，另一方面是人们认为《孙子兵法》的核心思想在于"诈""诡"，与"礼""义"相矛盾。直到孙武去世一百多年后，他的后代孙膑对《孙子兵法》的军事思想进行了新的发展，使《孙子兵法》受到更多人的重视，有不少人对《孙子兵法》进行了解释、阐发和增补，在孙武最早十三篇《孙子兵法》以外，又增加了许多新篇目，《汉书·艺文志》著录的《孙子兵法》多达八十二篇。1972年山东银雀山出土的汉墓竹书《孙子兵法》，除孙武所著的十三篇外，还有《吴问》《黄帝伐赤帝》《四变》《地形二》等多篇，应属于八十二篇版本。

到汉代，朝廷对《孙子兵法》先后进行了3次较大规模的整理：汉高祖时张良、韩信牵头，对《孙子兵法》进行"序次"；汉武帝时杨仆"捃摭遗逸，纪奏兵录"；汉成帝时任宏"论次兵书"，把兵书分为"兵权谋""兵形势""兵阴阳""兵技巧"4类，《孙子兵法》位列"兵权谋"之首。

曹操对《孙子兵法》"再发现"

东汉末年，天下大乱，几乎每天都在打仗，人们迫切需要有经得起实践检验的军事著作指导战争，兵书成为带兵者关注的重点。然而，在秦汉朝代，兵书的流传和传播被严格限制，《汉书·艺文志》著录的兵书只不过53家。不仅兵书种类不多，而且在流传过程中存在篇目和文字不一、增补和阐释的内容过于繁杂等问题，不利于阅读和理解。以《孙子兵法》为例，孙武十三篇以外的篇目，文字十分繁杂，价值却远不如十三篇，很多只是对孙武军事思想的进一步解释。

曹操作为群雄逐鹿时代成长起来的军事家，对兵书十分热爱，曹操自己说过："吾观兵书战策者多矣。"曹操自然注意到了《孙子兵法》，并对这部著作十分推崇，认为"孙武所著深矣"。但曹操也指出，《孙子兵法》流传过程中存在不少问题，主要在于："世人未之深亮训说，况文烦富，行于世者，失其旨要。"在曹操看来，那些围绕《孙子兵法》增加的文字，不仅繁多，而且未能领会原著的核心思想，这影响到《孙子兵法》的进一步传播。

为了使《孙子兵法》更加简明扼要，更适合在频繁战争环境下得以流传，曹操删掉了附加在《孙子兵法》后的各篇章，只保留孙武所作十三篇内容，对于十三篇中不易理解的地方，又进行了解说和阐释。唐代诗人同时也是军事家的杜牧在《注孙子序》中指出："武所著书，凡数十万言，曹魏武帝削其繁剩，笔其精切，凡十三篇，成为一编，曹自为序，因注解之。"

曹操将删订并亲自注解的《孙子兵法》编成书册，下发到各级将领手中，供他们学习和掌握，以便临战应用。正是由于曹操对《孙子兵法》的"再发现"和重新编定，才使得《孙子兵法》有了更广泛的影响力。此后，曹操所编定和注解的《孙子兵法》以单行本形式流传后世，十三篇以外的那些篇目逐渐被人们淡忘。

在曹操以后，还有很多人对《孙子兵法》进行注解，宋朝之前人们公认的还有孟氏、李筌、贾林、杜佑、杜牧、陈皞、梅尧臣、王晳、何氏、张预等10家，但这些注本多以合辑本的形式出现，唯独曹操的注本始终能独立流传。各家注本的合辑，每次又少不了曹操的注本，要么"曹王"合辑，要么"曹杜"合辑，要么"曹杜陈贾孟"合辑。宋朝出现了《十一家注孙子》，曹操位列十一家之首。不仅如此，梳理《十一家注孙子》的内容，会发现曹操的注解被后来的注家广泛引用，出现大量"曹公曰""曹说是也"等，有的只是对曹操注解的重复、附会或解释，显示出曹操在后世《孙子兵法》研究中的独特地位。

可以这样说：曹操使《孙子兵法》得到进一步发扬光大，《孙子兵法》之所以在后世产生如此大的影响力，与曹操的独特贡献是分不开的，曹操是孙子军事思想研究的奠基者和开拓者。

曹操注解的主要特点

现存的《孙子兵法》共十三篇，6040字。曹操对《孙子兵法》各篇均有注解，总计315条、3871字，字数是原文的约65%。从字数上看，曹操的注解没有超过原文，但曹操崇尚的是"简古"风格，文字简练到极致，在当时的书籍传播条件以及战争环境下，这一点有着现实的考虑。

曹操对《孙子兵法》的注解大体上有以下四种情况：一是对一些重要且不容易理解的字词进行注释；二是对原著中引用的一些典籍进行征引，指出其出处；三是对当时能看到的各种《孙子兵法》版本进行比对，选出最合理的一种；四是通过引用战例，对《孙子兵法》的军事思想进行验证，并进一步阐释和发展。

上面四种情况中最后一种是重点，也是占据曹操注解分量最重的部分，是曹操注解《孙子兵法》的精华所在。正如后人评价的那样："曹注简要质切，多得《孙子兵法》本旨，而且又据其御军三十年的经验，对十三篇的原意有所发挥。"曹操所作注解更多体现为对《孙子兵法》原著军事思想的解读，有些是根据自身军事实践进行的"现身说法"，有些则是对《孙子兵法》军事思想的新发展，体现了曹操作为著名军事家的修养和理论创新。

曹操因为看到当时流传各种版本的《孙子兵法》过于芜杂，所以"撰为略解焉"。"略"是曹操注解的特色，也是它的优长，注解与原著风格融为一体，堪称完美，因而受到人们的推崇。宋代将《孙子兵法》在内的七部兵书合编为《武经七书》，除《孙子兵法》外，其他六部兵书只收原著原文，只有《孙子兵法》收录的是带有曹操注解的版本，说明在当时的人们看来，曹操的注解与孙武所著原文有相同的价值和地位，也应该纳入"武经"之中。

曹操对《孙子兵法》的发展与实践

曹操本身也是历史上公认的著名军事家，除了对《孙子兵法》进行注解外，曹操还撰述了其他不少军事著作，据《隋书·经籍志》记载，曹操的军事著作还有《续孙子兵法》二卷、《兵书接要》十卷、《兵书略要》九卷等，共计十多万字，这一点从史书记载中也可得到印证，王沈在《魏书》中记载，曹操"自作兵书十万余言"。只可惜，其他著作都已散佚，只有对《孙子兵法》的注解完整保存下来。

从曹操对《孙子兵法》的注解中可以看出，曹操不仅对《孙子兵法》有深入研究，而且对《孙子兵法》的军事思想有一定发挥和发展，可以看作曹操军事思想的集中体现。主要有以下几个方面：

（一）强调先筑牢根本才能立于不败之地。曹操强调"兵以义动"的战争观，强调师出有名，符合道义。同时提出要先打牢根基，将自己立于不败之地，再去攻打敌人。这种稳扎稳打的思想，很适合汉末群雄争霸的战争格局，曹操也得益于这样的思想指导，"修耕植以蓄军资"，从而奠定了最终胜局。

（二）将知己知彼的军事思想进一步发挥。《孙子兵法》提出"知彼知己，百战不殆"，曹操将这一思想进一步形象化，提出"知彼"的具体内容，包括"因地形势而度之""知其远近广狭，知其人数也""称量敌孰愈也""称量之数，知其胜负所在"等。在实战中，曹操特别注重对敌人各方面情况的了解，在掌握具体情况后，有时还有针对性地对传统用兵原则进行调整，做到"因敌制宜"和实事求是。

（三）进一步强调谋略的重要性。《孙子兵法》十分强调谋略的重要性，曹操在注《孙子兵法》时在很多地方都透露出对谋略的重视，一再强调"智夺"胜过"强取"，强调那些没有通过智谋而取得的胜利，虽然结果胜利了，但一样不可取。曹操在军事实践中也强化了对智谋的运用，对于当时一流的谋士，都想尽办法收至自己麾下，并让他们发挥各自的作用。善用谋略是曹操成功的关键，诸葛亮后来评价曹操的成功，也归结于"非惟天时，抑亦人谋也"。

（四）提出对未来要有预见性。《孙子兵法》提出"见胜不过众人之所知，非善之善者也"，曹操强调"当见未萌"，强调要在事情没有发生时就预见到未来的发展结果。曹操手下的重要谋士都有着惊人的预见力，郭嘉为曹操先后做过七次重大预判，结果证明都是正确的。

（五）将"用奇守正"的战术原则进一步细化。《孙子兵法》强调"奇"与"正"的关系，提出了何时"用奇"、何时"守正"的一般规律。曹操结合丰富的军事实践，对这一思想进行了发展。比如，提出兵力是敌人五倍时，可以用其中的3倍兵力发起正面进攻，剩下的两倍兵力进行奇袭；当兵力只是敌人一倍时，用一半兵力正面进攻，一半兵力发起奇袭。曹操甚至进一步提出，即便兵力只与敌人相等，也可以"出奇制胜"。在实战中，曹操多次使用奇兵突袭的战术，如乌巢之战、白狼山之战、当阳之战等，都是关键性战役，也都取得了成功。

（六）强调"利"与"害"的相互转化。《孙子兵法》提出"智者之虑，必杂于利害"，曹操则强调"在利思害，在害思利，当难行权也"。曹操认为，在战场上"利"与"害"相伴而生，有"利"必有"害"，有"害"也有"利"，在"害"大于"利"时，就是考验将领能力的时候。曹操一生多次经历危险，但越到这种时候，他越能保持镇定和乐观，给将士们增添信心，从而渡过一个又一个难关。

（七）发展了"敌变我变"的作战思想。曹操提出"兵无常势，水无常形，临敌变化，不可先传也。故料敌在心，察机在目也"，还多次强调了"兵无常形""兵不厌诈"等思想，目的是使一线将领始终保持敏锐洞察力和反应能力。在实际作战中，曹操经常亲临一线，目的就是随时掌握战场变化，随时调整战略战术。曹操所指挥的潼关之战发生在赤壁之战后，这一仗打得非常出色，整个过程如行云流水，一扫之前赤壁战败的阴霾，体现出曹操出色的临场指挥能力和应变能力。

（八）重视"因粮于敌"等后勤保障思想的运用。曹操一生用兵三十多年，曾多次面临"粮食危机"，对粮食的重要性认识得尤其深刻。曹操算过很细的账，说明一支军队征战需要花费的巨额费用，而其中的粮食消耗更是惊人。除了强调慎战思想外，曹操也提出了加强后勤保障的做法，并对"因粮于敌"以及保护运粮通道等进行了多次强调。在一生征战中，曹操特别重视做好军队后勤保障工作，也反过来强调，要从这个角度攻击敌人的薄弱环节。官渡之战之所以能以少胜多，就与运用了这样的思想密不可分。

（九）强调"以快制胜"的战术思想。曹操根据自身军事实践，提出掌握战场主动权的关键之一是"快"，提出要想抢先占领有利地形和战略制高点，必须准备快、决策快、行军快。要实现"快"，就要把迂回的弯路变为直路，把行军中的各种不利条件转化为有利条件，即所谓"迂其途者，示之远也。后人发、先人至者，明于度数，先知远近之计也"。在实战中，这种"以快打慢"的战术让曹操屡获成功，为了实现快速出击，曹操甚至专门打造了虎豹骑这样的"快速部队"。

（十）强调详细侦察战场环境的重要性。《孙子兵法》对战场环境有非常深入的研究，提出"兵之利，地之助"的谋略，对于在各种地形，尤其不利地形行军时应该注意的事项进行了分析。在根据环境来判断敌情方面，《孙子兵法》做了许多经验总结，曹操则根据自身丰富的战争实践，进行了更为细致的补充。这些经验大致可分为两种类型：一是依据自然景象的特征和变化来观察与判断敌情；二是根据敌人在一定环境中的行动来观察和判断敌情。

（十一）强调尽量避免城池攻坚作战。《孙子兵法》将攻城战作为最不得已才使用的战争方式，即"攻城之法，为不得已"。曹操结合自身体会，提出了许多谨慎用兵的具体情况，特别强调"小而固，粮饶"之城不可攻，认为能避开这一类的坚固城池就要尽量避开。

（十二）提出巧妙利用多变气象条件发起攻击。《孙子兵法》强调"自保而全胜"，方法是"善守者藏于九地之下，善攻者动于九天之上"，其中的"善守"，就是要利用各种各样的有利条件来达成目标。曹操结合自己的军事实践，进一步提出"因山川、丘陵之固者，藏于九地之下；因天时之变者，动于九天之上"，提出随时变化的气象条件也可以用于作战。实战中曹操也有这样的成功实践，比如利用滴水成冰的天气巧筑"冰营"等。

（十三）对火攻的认识更深刻。曹操认为"火佐者，取胜明也"，并对火攻有一定研究，提出"以火攻，当择时日也。因奸人也"。曹操提出了发动火攻的两大条件：一要选择合适的天时，在有利于放火的时候发动火攻；二要派人打入敌人内部，火要烧起来，必须有内应配合。对照赤壁之战曹军被火攻击的情况，更能看出曹操对火攻的认识是正确的，但曹操因为轻敌，反而在这场战斗中被敌人发动的火攻打败了。

（十四）强调要隐瞒起自己的真实意图。《孙子兵法》强调"形兵之极，至于无形"，提出要把隐藏军事机密工作做到最好，让我方的真实意图没有半点泄露。曹操则进一步强调"势盛必衰，形露必败，故能因敌变化，取胜若神"，提出通过随时调整策略以适应战场上的不断变化，从而达到"无形"。曹操在战场上特别注重保密工作，把保密作为胜败的前提，甚至为此提出所谓的"愚兵"思想，也就是让基层官兵不了解上面的作战意图，这样的思想虽然有消极一面，不利于官兵积极性和能动性的发挥，但在当时的环境下，的确也是保守军事秘密的一项重要措施。

（十五）提出军队管理具有特殊性。曹操提出"军容不入国，国容不入军，礼不可以治兵也"，强调了管理军队的方法不能用来管理国家，管理国家的方法不能用来管理军队，以此说明要了解军队的真实情况必须考虑到管理军队的特殊规律。站在现在的角度看，这样的说法可能不够严谨，但具体到当时的社会环境和政治制度，这样的认识具有一定针对性，对于管理军队有很实用的一面。

（十六）重视对将士的激励。曹操早年担任朝廷的骑都尉，后来又亲自招兵买马，投入讨伐董卓的军事斗争中，也算是从军队基层成长起来的军事家，所以对基层官兵的情况和他们的所思所想最为了解。曹操提出"军无财，士不来；军无赏，士不往"，为此建立了细致而严格的军功考评制度和激励机制。从曹操对《孙子兵法》的注解中可以看到，曹军所施行的激励机制非常细化，也非常便于操作和兑现，因而能真正调动起官兵们的积极性。

本书将《孙子兵法》及曹操注与曹操一生亲历或指挥的数十场战役进行对照，揭示曹操是如何将《孙子兵法》运用到军事实践的，帮助读者朋友进一步学习和理解《孙子兵法》，了解曹操的军事思想和军事实践。书中《孙子兵法》及原文依据中华书局版《十一家注孙子校理》，《曹操军令集》依据中华书局版《曹操集译注》；译文及兵法解析部分供读者朋友们参考，受笔者水平所限，难免有疏漏之处，还望方家予以指正；经典战例部分，为不导致混乱，所涉及的时间以及里程、重量等单位，仍沿用史书的记载，只在必要处进行简要说明。

南门太守
于古都西安

目录 Contents

第一章

计篇

战争需要综合性谋划

孙子曰：

兵者，国之大事；死生之地，存亡之道，不可不察也。故经之以五事，校之以计，而索其情。一曰道，二曰天，三曰地，四曰将，五曰法。

曹操曰：

计者，选将、量敌、度地、料卒、远近、险易，计于庙堂也。谓下五事七计，求彼我之情也。

孙子曰：

道者，令民与上同意者也，故可与之死，可以与之生，而不畏危。

曹操曰：

谓道之以教令。危者，危疑也。

孙子曰：

天者，阴阳、寒暑，时制也。

曹操曰：

顺天行诛，因阴阳四时之制。故《司马法》曰："冬夏不兴师，所以兼爱民也。"

孙子曰：

地者，远近、险易、广狭、死生也。

曹操曰：

言以九地形势不同，因时制利也。论在《九地》篇中。

孙子曰：

将者，智、信、仁、勇、严也。

曹操曰：

将宜五德备也。

孙子曰：

法者，曲制、官道、主用也。凡此五者，将莫不闻，知之者胜，不知者不胜。

曹操曰：

曲制者，部曲、幡帜、金鼓之制也。官者，五官之分也。道者，粮路也。主用者，主军费用也。

孙子曰：

故校之以计，而以索其情。

曹操曰：

同闻五者，将知其变极，则胜也。索其情者，胜负之情也。

孙子曰：

曰：主孰有道？

曹操曰：

道德智能。

孙子曰：

将孰有能？天地孰得？

曹操曰：

天时、地利。

孙子曰：

法令孰行？

曹操曰：

设而不犯，犯而必诛。

孙子曰：

兵众孰强？士卒孰练？赏罚孰明？吾以此知胜负矣。

曹操曰：

以七事计之，知胜负矣。

原文翻译

孙子说：

战争是国家的大事，它关系着人民的生死，决定着社稷的存亡，不能不进行彻底研究，以谨慎的态度对待。因此，应该从五个基本方面对战争进行审视，并对后面的七个因素加以比较，以便了解敌我双方的态势。五个基本方面中，第一个是"道"，第二个是"天"，第三个是"地"，第四个是"将"，第五个是"法"。

曹操说：

《计篇》中所谓的"计"，就是选任我方将领、判断敌方实力、测知地形、估量兵力以及路程的远近、地势的险易等事项，这些都要预先谋划好。下面说的"五事""七计"，为的是了解敌我双方的情况。

孙子说：

"道"，指的是政治方面，是使百姓与国君的意志相一致，如果做到了这一点，人们听凭驱遣也丝毫不会畏惧和迟疑。

曹操说：

用政策、法令教化人民。"危"，是指疑惧。

孙子说：

"天"，指的是大自然的相互作用，是指阴雨、晴天、严寒、酷暑等天候、季节变化的规律。

曹操说：

在"天时"适宜的情况下出兵作战。所以《司马法》说："冬夏两季不能出兵作战，这既是为了照顾本国百姓的利益，也是照顾敌国百姓的利益。"

孙子说：

"地"，指的是道路的远近、行军路途的难易，以及作战区域平坦、广阔、狭窄等，还有地形对作战是有利还是不利等。

曹操说：

因为各种地形情况不同，必须根据当时所处的实际地形来决定如何有效地对地理条件加以利用，这方面的详细论述在后面的《九地篇》中。

孙子说：

"将"，指的是将领的智慧、信用、仁慈、勇气、威严等。

曹操说：

将帅应该具备这五种品德。

孙子说：

"法"，指的是军队的组织编制、指挥联络信号、各级官员的任命是否恰如其职务，以及后勤保障、军费开支等事项。上面这五个基本方面，将领们没有哪一个可以毫无所知，深刻理解和熟练掌握这五个方面就能取得胜利。不能深刻理解和熟练掌握，就不能取得胜利。

曹操说：

"曲制"指的是军队编制、联络、指挥等制度，"官"指的是各级官员的职责，"道"指的是粮道，"主用"指的是掌握军费开支。

孙子说：

还必须依据有关方面的情况加以比较，尽最大努力做出评估，探求胜负的可能性。

曹操说：

对于"五事"要都懂一些，谁真正懂得"五事"，谁能洞悉其在不同情况下发挥的作用，谁就能取得最后的胜利。"索其情"的"情"，在这里指的是胜负的可能性。

孙子说：

哪一方君主更得人心？

曹操说：

君主应推行好的政治。

孙子说：

哪一方将领更足智多谋？哪一方能得到天时、地利的帮助？

曹操说：

天、地指的是天时和地利。

孙子说：

哪一方的法令能够得到贯彻执行？

曹操说：

军中规定的法令制度不许违犯，谁违犯了，谁就一定要受到严惩。

孙子说：

哪一方军队更强大？哪一方士卒更精干？哪一方赏罚更严明？根据上述这些方面进行比较，就能判断出哪一方获胜、哪一方失败了。

曹操说：

根据这七个方面进行综合比较推算，就可以预判胜负结果了。

◆ 经典战例 ◆

战役名称： 官渡之战

战役时间： 汉献帝建安五年（200）

交战对手： 袁绍

曹操认为决定战役成败的因素有很多，战争不是两支军队在战场上面对面厮杀那么简单，更不是主将之间的"单挑"。要打赢一场战役，尤其是一场有决定意义的关键性战役，必须经过周密筹划，做出精细的准备和预先判断，即《孙子兵法》所说的道、天、地、将、法这"五事"，这些都缺一不可，曹操在指挥战役时就充分考虑到这些方面。在统一北方前，曹操最大的军事对手是袁绍，二人的总决战是官渡之战，当时曹操综合实力弱于袁绍，但曹操进行了综合性谋划，补齐了自身短板，最终反超对手，实现了战场上的逆转。

在政治上压倒对手

曹操论军事实力不如袁绍，但曹操手中也有一张"王牌"，那就是朝廷和天子。虽然汉室已日薄西山，但两汉400年来持之不断的经学和礼学教育在人们心中深深扎下了根，从士大夫到普通百姓，有很多人对汉室和天子仍充满感情，这种政治上的正统观念短期内无法被新的政治理念所取代，汉献帝刘协和他的朝廷仍然具有很高的政治价值。

对于这一点，袁绍和曹操一开始的看法并不相同。汉献帝被董卓裹胁至长安，董卓死后汉献帝东归，一路历尽凶险，好不容易来到河内郡一个叫大阳的地方，汉献帝一行穷困潦倒，面临生存危机。此时袁绍距大阳很近，汉献帝也向袁绍发出诏书，希望袁绍帮助朝廷渡过难关。袁绍派人前往大阳考察一番，未能立即做出决断，尽管袁绍手下也有一些人提出"挟天子以令诸侯"，赞同对朝廷和天子施以援手，但袁绍以及手下更多的人担心把天子弄到身边会增添麻烦，所以袁绍迟疑不决。在袁绍心里还有一层较为隐秘的情感，那就是他对汉献帝刘协并无好感，他曾坚决反对立刘协为帝，还曾在写给他人的信中质疑刘协的血统是否纯正。出于多方面考虑，袁绍最终拒绝了汉献帝。

曹操听到汉献帝东归的消息后，立即意识到这是一次重要的政治机遇。尽管曹操的势力范围主要在兖州，距大阳较远，但曹操仍接受手下"奉天子以令不臣"的建议，冒险率主力西进迎接汉献帝。之后，曹操经历了重重阻力，进程并非一帆风顺，但他没有放弃，终于将汉献帝和朝廷控制在自己手中，并把汉献帝和朝廷迁往更有利于控制的许县。曹操以汉献帝的名义对外发布命令，任命官职，讨伐"不臣"，散落在各地的人才也纷纷向许县聚拢，他们中有些人只是冲着朝廷而来，但既然来到曹操控制的地方，也自然为曹操所用。曹操以朝廷的名义先后讨伐过张绣、袁术、吕布和刘备，曹操与这些人的战争在性质上是群雄逐鹿之战，但从政治上看又是"讨逆"之战，所以曹操得分、对手失分，这就是汉献帝和朝廷无形价值的体现。

袁绍显然也很快意识到前面犯下了错误，于是在官渡之战前让大笔杆子陈琳撰写了一篇讨伐曹操的檄文，里面重点强调了曹操对天子和汉室的"迫害"，说曹操专制朝政，令百僚钳口，公卿以下都成了摆设，甚至还编造出曹操设发丘中郎将、摸金校尉等盗掘汉室陵墓的谣言，同时还"独家爆料"说袁绍之前未能迎请天子，是因为受制于公孙瓒而无法脱身，但袁绍派从事中郎徐勋前往曹操处传达命令，让曹操前往保护銮驾，言外之意，"奉天子"的首功不是曹操而是袁绍。尽管陈琳文笔一流，写的檄文也颇具煽动性，但事实胜于雄辩，袁绍在政治上的失误已成定局，在《孙子兵法》提出的决胜"五事"中，在"道"的方面袁绍已经落败了。

逆转不利"天时"

《孙子兵法》还强调了"天"，形象地说，它指的是天气和天象，但其实还包含着"天时"和"天机"。前者是大自然创造的，后者是由人所创造的。简而言之，它们都属于"机会"，是发动战争必须考虑的因素。官渡之战前，曹操方面出现了一次重大危机，险些让曹操丧失取胜的机会，未战而先败，但曹操成功扭转了这个不利局面。

官渡之战前，曹操还打了一场重要战役，即下邳之战，曹操在此战中彻底消灭了吕布集团，将徐州占领，原来活跃于徐州一带的刘备投降曹操，曹操以朝廷名义任命刘备为左将军，将刘备等人带至许县居住。如何处置刘备？曹操手下智囊分为两种不同意见：一种意见认为应该把刘备杀了，因为刘备是枭雄，难以驾驭；另一种意见认为杀了刘备将堵塞天下英雄归附之路，"杀此一人失英雄"，深为曹操所信赖的谋士郭嘉就持这种意见。郭嘉认为对刘备"宜早为之所"，也就是应该对刘备尽快地给予妥善安置。

曹操倾向于后一种意见，所以对刘备在密切监视的同时也试图给予拉拢，"礼之愈重，出则同舆，坐则同席"，曹操希望刘备能真心为自己效力。然而刘备参与了董承等人的密谋，害怕迟早会暴露，所以尤心在许县久居。刘备一直在寻找脱离许县的机会，就在这时，在淮南称帝后被曹操打得走投无路的袁术欲北上投靠袁绍，曹操打算派一支人马去徐州阻击，刘备自告奋勇，愿意承担这项任务。此时官渡之战即将打响，曹操所部人马有限，处处捉襟见肘，阻击袁术并非关键性战斗，刘备长期在徐州活动，人地皆熟，倒也是承担阻击任务的合适人选。基于这些考虑，曹操决定派刘备前往徐州，为对刘备进一步拉拢，曹操行前与刘备"青梅煮酒论英雄"，席间说"天下英雄唯使君与操尔"，用意并非试探，而是"套近乎"。

刘备到徐州后，顺利完成了阻击任务，袁术北上不得，只得南下，不久于穷途中吐血而死。刘备任务执行完毕，理应返回许县，但刘备好不容易脱身，哪能再入虎笼？刘备于是杀了曹操任命的徐州刺史，公开与曹操决裂。这是一个突发情况，正全力备战的曹操被打了一个措手不及。徐州在未来大决战中属官渡的侧翼，也是曹操连接另一基地兖州的枢纽，不能出问题，所以曹操必须先解决刘备，才能放心地与袁绍决战。

解决刘备固然有一定把握，但势必耽误与袁绍决战的时机，更为严重的是，袁绍会不会在曹操解决刘备时突然发动攻击？这也让曹操左右为难。但曹操没有太多犹豫，很快就决定亲率主力前往徐州，在迅速打败刘备之后又迅速回师官渡，而袁绍由于多疑少决，没有抓住这可望一举击败曹操的良机。

借地利布下三道防线

《孙子兵法》强调的"五事"中，第三个方面是地利，在同样的实力下，是否占地利之便决定了谁的胜算更大，而在强弱对比的情况下，抢占地利可以弥补与对手的实力差距。在与袁绍的决战中，官渡是曹操所选定的主战场，仅从这一点看，曹操又占得了先机。在挥师南下的时候，袁绍的脑子里大概还没有"官渡"这样一个地名，他要打的是灭曹之战，他从自己的大本营邺县出发，目标不是什么官渡，而是曹操的大本营许县。

袁绍要进攻许县，必须越过黄河、汴水等河流，并且要攻克黎阳、白马、延津、官渡等战略要地。作为守势的一方，曹操为迎击袁军，在自己的控制区里组织起三道防线：第一道在黄河以北的黎阳，今河南省浚县；第二道在黄河南岸的白马、延津，今河南省滑县到延津县一带；第三道就是官渡。曹操很聪明，在第一道防线上只放了一小部分人马，这里在黄河以北，放再多的人马也守不住。在第二道防线上，曹操安排于禁和东郡太守刘延防守，不过人马也不多。当时曹操的势力范围已抵达黄河一线，甚至黄河北岸的黎阳也在曹操手中，但曹操没有做出死守黄河的决定，三道防线中，前两道防线布置的人马都不多。之所以如此，是因为曹操的力量不足，难以在正面数百里的黄河沿线分兵把守，前两道防线的作用只是迟滞袁军的进攻，消耗袁军的有生力量，挫其锐气，然后将袁军引至地理环境更有利于自己的官渡附近进行决战。

战国以来，黄河和淮河两大流域之间不断开挖了人工运河，最后形成以鸿沟、汴渠、狼荡渠等组成的运河体系，将南北水域连接在一起，一千多年间成为沟通南北经济和人员往来的水路交通要道。这条水路两岸很繁华，在全国经济、文化以及军事方面的重要性远远超过现在。其中的鸿沟大约成"西北—东南"方向，当年楚汉相争时曾以这条河为界，东西两边分别为项羽和刘邦占有，留下了"楚河汉界"的典故。从袁绍的大本营邺县直达曹操的大本营许县有一条南北通道，官渡就是这条通道与鸿沟的交汇处，是鸿沟上的一个渡口，此地位于今河南省中牟县境内，是由华北南下中原腹地进而到达华中的必经要地，由于这里河网密布，故而袁绍精锐骑兵无法快速机动，只能与曹操耐心地打"阵地战"，对处于防守态势的曹操来说，这无疑是有利的。

对将领量才适用

相较于兵强马壮的袁军，曹军最大的难题就是兵力不足。为此，曹操把有限的兵力进行了合理配置，通过科学调配弥补兵力上的缺陷，具体布置是：（1）建武将军兼河南尹夏侯惇率步兵5000人守敖仓，并派其中一部分人守黄河之上的渡口孟津；（2）平虏校尉于禁率步兵4000人守原武，并派其中一部分人守获嘉和黄河上的另一个渡口延津；（3）东郡太守刘延率步兵1000多人守白马；（4）东平国相程昱率步兵700人守兖州刺史部目前的治所鄄城；（5）曹操亲自率偏将徐晃、裨将张辽以及警卫部队指挥官许褚等步骑混合部队1万多人守官渡，大本营的主要参谋人员有郭嘉、荀攸、贾诩、董昭、毛玠等人；（6）扬武将军张绣率本部约5000人转战到兖州刺史部，与程昱一道防守陈留郡一带；（7）琅邪国相臧霸等泰山帮成员防守徐州、青州，掩护右翼，兵力约有1万人；（8）厉锋将军曹洪率1万人左右守卫南阳郡的宛县，防备刘表来袭；（9）越骑将军兼广阳郡太守曹仁率数千人守卫颍川郡一带，保证许县的安全；（10）尚书令荀彧总揽许县事务，讨虏校尉乐进、中郎将李典等率步骑数千人协助荀彧；（11）司隶校尉钟繇坐镇关中，负责督运关中的粮草；（12）颍川郡太守夏侯渊负责督运徐州、兖州、豫州三地的粮草；（13）典农中郎将任峻负责督造兵器，并负责各类军用物资的运输。

　　曹操深知手下将领的长处与短处，知道哪些将领最有战斗力、哪些将领行事最稳健，所以把战斗力强的徐晃、张辽、许褚、于禁、夏侯惇安排在未来战斗最激烈也是最重要的地方，让生性稳健的程昱、荀彧负责留守后方要地。程昱不仅稳健，而且胆大心细，他负责留守兖州，但人马都抽调到了更重要的战场，手里只有700人，曹操觉得这点儿人马实在太少了，想给他增兵，程昱说兖州人马不多，袁绍就不以为意，不会重点进攻，如果增兵，袁绍反而会加强进攻。曹操认为程昱说得有道理，没有增加兵力，兖州反而更安全。

用管理增强战斗力

　　曹操在人马数量上虽然不如袁绍，但在军队内部管理方面下了更大力气，用来强化管理增强部队的战斗力。曹操手下将领中，当时军职最高的一级是杂号将军，有建武将军夏侯惇、扬武将军张绣、厉锋将军曹洪、越骑将军曹仁等，他们要么是曹军的"创军元老"，要么做出过突出贡献；在他们之下，有偏将军徐晃、裨将军张辽等，再往下是中郎将、校尉，有于禁、乐进、任峻等。曹操对将领提拔任用，完全依据的是各人战功，有战功的就破格提拔，没有战功的绝不照顾，内部管理有法有度。官渡之战最终耗时数月，双方直接调用的兵力约十几万人，间接调动的人更是多达几十万，时间跨度长，兵力异地调动规模大，如此复杂繁重的后勤保障是双方此前都没有遇到过的。

　　兵强马壮的袁绍在后勤保障方面也有软肋，随着战事越拖越久，这个问题逐渐暴露出来，虽然袁绍也下了不少功夫，但始终没有解决好。曹操则在后勤方面投入了更多人力，荀彧、钟繇、夏侯渊、任峻等人专司其职，在极其艰难的情况下保证了前线的供应需要。钟繇不仅尽可能将关中的粮草运往前线，还征集到2000多匹马送来，对前线的支援作用非常大。有了粮草，运输也是难事，劫敌军粮道往往是出奇制胜的手段之一，沮授就建议袁绍专劫曹军粮道，使敌人因粮食供应不上而军心动摇。除敌军外，四处盛行的流寇也经常打劫军粮，任峻负责粮草运输时就深为流寇袭扰而头疼，最后他总结出经验，运粮时必须集中上千辆运输车才能成行，并且加派兵力予以保护，土匪看到想劫粮也不敢动手。正是由于对内部管理和后勤保障的重视，曹军才没有在这方面出现大的问题，为取胜提供了保障。

◆ 兵法解析 ◆

曹操打赢官渡之战，有人简单地归结为"以少胜多"，但这是结果，却不是"少"为何能胜"多"的原因。战争不是评书里的主将"单挑"式的戏剧性场面，战争也不是电脑里的游戏，战争是多种力量、多项要素、多个方向的互相角力，战争中斗勇也斗智，既验证着双方的综合实力，也考验着决策者的胆识、耐心与谋略。

《孙子兵法》开篇强调了"五事"，即道、天、地、将、法五个基本方面，这些都是决定战争胜败的因素，在它们综合作用下，战争的过程变得更加复杂，战争的结果变得更加难以琢磨，只有通晓这五种力量的作用并巧妙使它们得以发挥的人才能掌握战场上的先机。不过，作为《计篇》的开篇，这里只是强调了综合性因素决定战争成败的原理，没有对这些方面逐一展开，那些是《孙子兵法》后面各篇的内容。

曹操不仅是霸业的开创者，他本身就是一名身经百战的将领。在官渡之战中曹操既总揽全局，不断调兵遣将，又亲临战场第一线。官渡之战在绪战阶段先后发生了黎阳之战、原武之战、白马之战和延津之战等，其中白马之战和延津之战曹操都亲身参与了，还有后期的乌巢之战，这些战斗想必都给曹操留下了深刻而难忘的印象，并作为宝贵经验体现在他对《孙子兵法》的注解中。

值得注意的是，在注解《计篇》所讲的"五事"时，曹操特别强调了曲制、官、道、主用等方面，认为"将知其变极，则胜也"，这些方面属于军队内部建设和后勤保障范畴，尤其是粮食供应和保障粮道安全通畅显得更为重要，而这也是容易被忽略的地方。曹操身经百战，有切身的体会，他对兵法的理解和创新都来自实战，所以他要强调这些方面。

用小利诱惑敌人上当

孙子曰：

将听吾计，用之必胜，留之；将不听吾计，用之必败，去之。

曹操曰：

不能定计，则退而去也。

孙子曰：

计利以听，乃为之势，以佐其外。

曹操曰：

常法之外也。

孙子曰：

势者，因利而制权也。

曹操曰：

制由权也，权因事制也。

孙子曰：

兵者，诡道也。

曹操曰：

兵无常形，以诡诈为道。

孙子曰：

故能而示之不能，用而示之不用；近而示之远，远而示之近。利而诱之，乱而取之，实而备之。

曹操曰：

敌治实，须备之也。

孙子曰：

强而避之。

曹操曰：

避其所长也。

孙子曰：

怒而挠之。

曹操曰：

待其衰懈也。

孙子曰：

卑而骄之，佚而劳之，亲而离之。

曹操曰：

以利劳之。以间离之。

原文翻译

孙子说：

如果按照我的计策办，用我带兵打仗，一定能胜利，那我就留下。如果不按我的计策办，虽然用我带兵打仗，也一定会失败，那我就离去。

曹操说：

不能决定计策，就应该辞去官职，离开那里。

孙子说：

计划周密而且被采纳了，就进一步制订一个"机动"的方案来作为作战计划的补充。

曹操说：

其外，是指正规作战方案之外。

孙子说：

这里所说的"机动方案"，就是依据有利条件来随机应变。又要依据具体情况来决定如何随机应变。

曹操说：

机动方案的制订要遵循随机应变的原则，重点是如何随机应变。

孙子说：

战争是一种靠迷惑敌人取胜的行为。

曹操说：

战争没有固定的格局，要以灵活多变、能迷惑敌人为原则。

孙子说：

因此，能打却显示出不能打的样子，想打却显示出不想打的样子，近击反而佯装准备远袭，远袭则佯装将要近击。敌人贪利，就用小利引诱敌人；敌人混乱，则应趁乱攻击；敌人兵力充实，就要注意防备。

曹操说：

敌军管理得无懈可击时，必须防备它。

孙子说：

敌人兵力强盛，一定要避其锋芒。

曹操说：

要避开敌人的长处。

孙子说：

敌人盛怒急于求战，应当故意挑逗它而不与他决战。

曹操说：

等敌人士气衰落、斗志松懈的时候再去决战。

孙子说：

敌人自卑而谨慎，就使他骄傲自大；敌人休整良好，就设法使它劳累；敌人内部亲密团结，就设法离间他。

曹操说：

用间谍让敌人产生分裂。

● 经典战例 ●

战役名称：延津之战

战役时间：汉献帝建安五年（200）

交战对手：文丑

在汉献帝建安五年（200）进行的官渡之战中，绪战阶段中有一场发生在延津的战斗，是由曹操亲自指挥的。战前，袁绍手下的将领颜良进攻白马，曹操派兵为白马解围，在战斗中关羽斩杀颜良，袁军大败。曹操虽然解了白马之围，但知道袁绍的大军随后还会杀向这里，曹操决定从白马撤军。

白马在黄河以南，袁绍的指挥部设在黄河北岸的黎阳。袁绍听到颜良阵亡的消息，感到既痛又怒，立即下令主力渡过黄河直扑白马，寻求与曹军主力的决战。袁绍的重要谋士沮授反对这么做，认为不应再考虑白马，而应先拿下白马以西的战略要地延津，凭借那里的渡口优势，将主力源源不断地运过黄河；之后巩固延津，使其作为一个战略支撑点，进可直取许县，退可从容撤回黄河以北。沮授的这项建议是正确的，面对实力并不弱的曹操，应该采取稳扎稳打的办法，而不要被对手所激怒。

然而袁绍没有接受沮授的建议，他一向轻视曹操，被曹操上来劈头一个"下马威"弄得很没面子，抱着"在哪里跌倒就一定要在哪里爬起来"的想法，袁绍执意进攻白马。沮授无奈，站在黄河边上叹息说："悠悠黄河，吾其不反乎！"沮授以身体原因请辞，袁绍更生气了，马上批准，把沮授所部交由另一个谋士郭图来统率。对于袁绍的这种执着与任性，曹操是比较了解的，他们是多年的好朋友，曹操料定袁绍会命令主力来进攻白马。

曹操下令白马军民全部随军撤离，但向哪个方向撤退却颇费思量。白马属兖州刺史部东郡，沿黄河向东不远就是另一个军事要地濮阳，此时还在曹军手中，再往东就是曹操在兖州刺史部的中心城市鄄城，防守鄄城的是程昱，手下只有700人，鉴于这边的防守很薄弱，曹操不可能向东撤退。但也不能轻易撤往南边的官渡，那样就太被动了，于是曹操做出了一个大胆的决定：沿黄河向西撤，并且带上白马的所有辎重和百姓。

沿黄河向西就是沮授提到的延津，曹操向这里撤退，有点儿出乎袁绍的意料。袁绍此时应弃曹操于不顾，直接向南进攻，这里才是中心战场，但袁绍急于找到曹操本人再打一仗，以找回失去的面子，于是命令已渡过黄河的主力部队一部分由郭图率领攻占并驻守被曹操刚刚放弃的白马，一部分由文丑、刘备率领顺着曹军撤退的方向追击。

文丑、刘备率部追到延津以南，在这里遇到了曹操亲自率领的部队，此时袁军的兵力大约有6000人，而曹操"骑不满六百"，形势十分危险。《三国志》记载，看到袁军杀来，曹操反而不慌不忙，下令扎营。曹操让人登上高处侦察，不一会儿侦察兵报告说敌兵来了，大概有五六百人，曹操没有动，让继续侦察。

过了一会儿，侦察兵又报告说骑兵更多了，步兵不计其数，曹操仍不着急，只是说了声"勿复白"，意思是知道了，不用再报告了。面对10倍于己的敌人，曹操没有下令撤退，反而下达了一个更奇怪的命令，他让大家出营，解鞍下马，同时把从白马带来的辎重都摆在道路上。

随行的将领们认为敌人骑兵多，不如退到营寨里坚守，等待援军的到来，面对众人的疑问，曹操把目光移向谋士荀攸。荀攸会意，微微一笑说："此所以饵敌，如何去之？"荀攸认为可以用小利引诱敌人上当，但众将听完感到一头雾水，不知道"鱼饵"在哪里，难道是散落在路上的那些辎重吗？不过，众人看到曹操、荀攸都是一副胸有成竹的样子，也就不再说什么。

过了一会儿，敌兵快到跟前了，众将都说该上马了，曹操仍然不慌不忙，对众将说："未也！"又过了一会儿，敌人的骑兵越来越多，他们看到路上的辎重，有一部分人开始忙着清理这些战利品。曹操对大家说："可矣！"曹军全部上马，纵兵杀出，袁军没有防备，大败。此战中，袁绍另一个重要将领文丑被杀，没有战死的袁军士兵全部成为俘虏。颜良、文丑都是著名将领，短短几天内被曹军打败并杀死，这极大地鼓舞了曹军士气，《三国志》记载："良、丑皆绍名将也，绍军大震。"

● 兵法解析 ●

延津之战较好地体现了曹操"避其所长""待其衰懈"以及"以利劳之"等战术思想，面对实力更强大的对手，硬拼不是正确的作战方法，应该分析敌我态势，找到敌人的漏洞，通过谋略让敌人的弱点充分暴露，以弥补我方不足，之后再"利而诱之，乱而取之"，取得最终胜利。

在延津之战中，曹操仅以区区600人能一举打败6000人，并斩敌方主将于阵前，的确令人惊叹。仅就《三国志》记载看，此战的关键是曹操以辎重为诱饵先使敌军大乱，然后再趁乱出击取胜。不过，这里面仍然存在不小的疑问，因为即便使用了计谋，但它改变不了敌我兵力悬殊的基本面，即使敌兵开始有些慌乱，但对一支训练有素的劲旅而言，临阵应变是基本能力，他们很快便可以组织起有效反击，到那时兵力的多少才是胜负的决定性因素。袁军是追击而来，人数还在不断增加，也许6000人并不是它的全部，曹军的600人退到营寨里打败敌人的几次进攻尚可理解，将敌兵全歼，并将没有打死的敌兵全部俘虏就不可思议了。辎重虽然是"鱼饵"，但"鱼"的块头实在太大而"鱼竿"太小，"鱼"即便咬上了"饵"，也未必能把它钓起来。

那么，曹操在这场延津之战中取胜的关键在哪里呢？要回答这个问题，不能局限于史书的有限记载，还要分析一下当时的战场总体态势，有几个问题需要注意：一是曹操为什么非要向延津撤退？二是为什么曹操身边只有600人？三是曹操从白马仓促撤退，为什么还要带上刚刚缴获的辎重？如果把这些问题联系在一起考虑，似乎可以看出曹操撤向延津并非临时决定的权宜之计，而是事先精心构思的一个计划。曹操向延津撤退的路上应该有时间进行兵力部署，调集周围的部队向预设战场机动，随着附近曹军的纷纷赶到，当曹军趁袁军抢夺辎重突然发起进攻时所投入的兵力已经不是那600人了，而要多得多，如果短时间内能全歼袁军，人数至少要与袁军相当。

"兵无常形，以诡诈为道"，曹操在延津之战中取胜，依靠的是通过智谋将敌人调动起来。当然曹操此计也有很大风险，那就是袁绍变得聪明起来，他不向西边的延津追击，而直接进军南边的官渡。但曹操对袁绍太了解了，他们自青年时代便相识、相惜，如今又在战场上相见，曹操知道袁绍首战挫败后急于报复的心理，所以他本人只带600人当诱饵，把袁军主力吸引到延津一带，然后集中兵力迅速将其歼灭。

在官渡之战中，如果双方一上来就正面对峙，展开实力比拼，曹操无疑不占优势，但曹操把交战的地点顺利地引向了对自己有利的延津，而充当诱饵的不仅是那些刻意带着并在关键时刻发挥了重要作用的辎重，还有曹操本人。对袁绍来说，如果大决战刚开始就能把曹操打死或活捉，无疑充满了极大诱惑，所以袁绍不顾反对执意向延津进兵，从而一头钻进了曹操预设的伏击圈。

作战没有固定的手段

孙子曰：

攻其无备，出其不意。

曹操曰：

击其懈怠，出其空虚。

孙子曰：

此兵家之胜，不可先传也。

曹操曰：

传，犹泄也。兵无常势，水无常形，临敌变化，不可先传也。故料敌在心，察机在目也。

孙子曰：

夫未战而庙算胜者，得算多也；未战而庙算不胜者，得算少也。多算胜，少算不胜，而况于无算乎！吾以此观之，胜负见矣。

曹操曰：

以吾道观之矣。

孙子说：

攻击对方不防备的地方，采取出乎敌人意料的行动。

曹操说：

攻击战斗意志薄弱的敌人，出击敌人空虚的营垒。

孙子说：

这些都是军事家所以取胜的妙诀，是不可以预先刻板规定的。

曹操说：

传，就是泄露出来。作战没有固定的方法，犹如水没有固定的形态，要根据战场情况随机应变，不能预先刻板地规定。因此，要在自己的心中估计敌情的变化，要用自己的双眼捕捉有利的战机。

孙子说：

在未开战之前就预计能取胜，是因为胜利的条件充分；在未开战之前就预计不能取胜，是因为胜利的条件不充分。考虑得周密就能取胜，考虑得不周密就不能取胜，何况毫无考虑呢？我们根据这个原则去考察，胜败就可以预见到了。

曹操说：

用这个基本原则来考察。

◆ 经典战例 ◆

战役名称：潼关之战

战役时间：汉献帝建安十六年（211）春

交战对手：马超、韩遂等

汉献帝建安十六年（211）春天，曹操命令驻守在长安的司隶校尉钟繇对汉中的张鲁发动攻击，此举刺激了驻守在关中的马超、韩遂等人，他们认为曹操此举明着是对付张鲁，实则要趁机进兵关中，消灭他们。马超、韩遂于是联络关中地区的其他割据势力组成一支"关中联军"，起兵反抗曹操，除马超、韩遂外，参与此次叛乱的关中将领还有侯选、程银、李堪、张横、梁兴、成宜、马玩、杨秋等八人，合在一起共有 10 路人马，总兵力约 10 万人。关中反叛后，曹操调整了军事部署，决定亲自率兵征讨关中，"关中联军"则抢先占领了潼关天险，双方"夹关而军"。

潼关是著名的古关口，地处关中平原最东端，是如今陕西、山西、河南三省的交界处。黄河自北向南流来，在此突然折向东，形成一个直角，潼关即在黄河的拐弯处。潼关的得名与黄河水有关，黄河向南流来突然变向，河水撞击关山，"潼浪汹汹"，所以命名这里为潼关。潼关的地势很险峻，它的南面是秦岭，北面是黄河天堑，东面的塬地居高临下，中间有禁沟、原望沟、满洛川等横断东西的天然防线，形成了"关门扼九州，飞鸟不能逾"的险地。

曹军发起强攻，但潼关确实是一处难以攻克的天险，曹军无法得手。曹操于是决定避敌锋芒，沿黄河北上，从河东郡攻击敌军占领的冯翊郡，在那里开辟第二战场。曹操下令不要大张旗鼓地进行，而是悄悄派一支 4000 人的队伍到达黄河上的渡口蒲阪津，率领这支队伍的是河东郡本地人徐晃以及朱灵。潼关的位置大体在黄河拐弯处的南岸，要机动到蒲阪津，必须先从黄河南岸渡到黄河北岸，之后沿黄河东岸向北，大约行进三四十里就到了蒲阪县，此地位于今山西永济一带。

由于行动保密，所以"关中联军"没有在蒲阪设防，徐晃、朱灵率部顺利过了黄河，在黄河西岸扎下营寨，策应大部队的行动。曹操亲自率领的大军陆续向蒲阪集中，从这里渡过黄河的人马很快多达数万人，马超发现了问题，立即前来阻击，但已无可奈何。不过，曹军到达黄河西岸后却发现有一个较为致命的问题，那就是道路状况很差，很难满足这么多士兵、马匹、后勤运输车辆来回调动的需要。时至今日，黄河两侧的陕西、山西一带仍然存在交通不畅的问题，原因是黄河及其众多支流把这一带劈成了沟壑纵横的模样。复杂的地理环境，为"关中联军"派出小分队不断袭扰曹军创造了条件，尤其是曹军的运输队最容易遭到袭击。

为解决这个问题，曹操命人短时间内在黄河西岸一侧筑起一条甬道来。所谓甬道，就是在路的两边筑起墙来保护道路安全，是一种全封闭的道路。甬道本来是皇帝的特权，是保证皇帝出行安全用的，但也有运用于战争的先例。楚汉相争期间曾激战于荥阳附近，刘邦为了保证源源不断地从敖仓运出粮食，专门修了一条甬道。但是现在军情紧急，筑墙肯定来不及了，曹操下令修建的这条甬道用的不是土墙，而是各式车辆，中间用树枝做成连续不断的栅栏，《三国志》记载曹军"连车树栅以扞两面"，这也算是对"甬道战"的一种创造性运用吧。

这一招很管用，曹军顺利推进到渭口，即渭河与黄河的交汇处。曹军主力在渭河北岸，马超等关中联军在渭河南岸。曹操率军绕了一个大圈，费尽九牛二虎之力难道又绕回到原处吗？不是的，因为这一回情形完全不同了，曹军由潼关的东面绕到了西面，越过了潼关天险，使"关中联军"原本控制的天险派不上用场了，两军隔渭河而对。马超担心曹操再来一次分兵渡河，于是跟韩遂商量，想分兵拒敌，主动出击渭河北岸的敌人，马超认为："宜于渭北拒之，不过二十日，河东谷尽，彼必走矣。"作为一支远征军，曹军后勤保障始终是薄弱环节，虽然不至于连20天的军粮都供应不上，但要对峙几个月甚至更长，曹军确实会不战而退，所以后来曹操听说马超的这个主意，吃惊不小，感慨道："马儿不死，吾无葬地也！"

可是韩遂不同意马超的意见，他认为"可听令渡，蹙于河中，顾不快耶"。吴起的兵书《吴子》里有一句"军半渡可击"，也就是待敌人渡河刚到一半时是最佳攻击时机，这个道理比较浅显，似乎谁都能理解。然而，战场上的事往往变化莫测，绝不能教条地看待问题，韩遂成为军事将领后一定恶补了不少兵书，但对于将教科书上的内容融会贯通到实践中，显得还有些不太够。渭河防线很长，"关中联军"不可能处处设重兵布防，韩遂分析出的曹军可能渡河的地方，曹操自然也能想到，曹操再次"避实击虚"，选择敌人防守薄弱的地方，"潜以舟载兵入渭，为浮桥"，之后连夜通过浮桥运兵过河，一夜之间曹操主力来到渭河南岸。

就这样，在"半吊子军事家"韩遂的误导下，"关中联军"失去了最后一个可以占对手便宜的机会，在失去了"潼关天险"和"黄河天险"后，他们又失去了"渭河天险"，这场潼关大战于是不再有悬念，很快便以曹军的全面胜利而结束了。

● 兵法解析 ●

《孙子兵法》认为作战应"攻其无备，出其不意"，这是战场上应遵循的原则之一，无论实力胜于对手还是弱于对手，都应该尽可能做到这一点，因为这样做不仅能战胜敌人，而且能以最小的代价达成目标，那种不顾一切硬拼的办法并不可取，即便取胜也不值得庆贺，因为这种胜利往往是一种"惨胜"。

在潼关之战中，双方争夺的焦点一开始是潼关。对曹操来说，在此处作战十分不利，敌人借助地理上的绝对优势可以最大限度地消耗自己，曹操于是"击其懈怠，出其空虚"，将主力悄悄转移至北线，在敌人无法重兵防守的地方渡过黄河，克服道路运输的不便，最终让主力绕至敌军侧翼，让潼关天险失去作用。曹操的这一成功奠定了整场战役胜利的基础，这是曹操善于把握战场机遇的体现。要把握战场机遇，就要对战场环境进行详细调查和分析，像曹操所说的："料敌在心，察机在目。"还要在此基础上通过巧妙的兵力调度，将不利因素化解。

曹军主力绕了一大圈，化解了"关中联军"依凭的天险，但"关中联军"如果能发挥好渭河的作用，采取正确的应敌之策，这一仗曹军依然难打。然而，粗通兵法的韩遂固执地认为"半渡可击"，将重兵布置在他认为曹军可能强渡的地方，试图以逸待劳，但这一战术最终却落空了，曹军主力以出人意料的方式渡过了渭河。既不了解战场环境，也不了解敌情的变化，只是固守兵书和教条，这导致了"关中联军"最后的失败。

曹操认为"兵无常势，水无常形，临敌变化，不可先传也"，强调的一个"变"字。敌人不变，我方要根据形势而变；敌人变，我方要根据敌人的变化再改变。用兵作战没有固定不变的战法，就像流水没有固定的形状一样，总有你想不到的变化发生，能随变化而变化才是取胜之道，才能称得上用兵如神。

第二章

作战篇

后勤保障是战争的基础

孙子曰:

凡用兵之法,驰车千驷,革车千乘,带甲十万。

曹操曰:

欲战必先算其费,务因粮于敌也。驰车,轻车也,驾驷马;革车,重车也,言万骑之重。车驾四马,率三万军,养二人,主炊,家子一人,主保固守衣装;厩二人,主养马,凡五人。步兵十人,重以大车驾牛。养二人,主炊,家子一人,主守衣装,凡三人也。带甲十万,士卒数也。

孙子曰:

千里馈粮。则内外之费,宾客之用,胶漆之材,车甲之奉,日费千金,然后十万之师举矣。

曹操曰:

越境千里。谓购赏犹在外。

孙子说:

凡进行战争,需要1000辆由4匹马拉的轻型战车,1000辆由皮革做装甲的重型战车，10万全副武装的士兵。

曹操说：

要进行战争必须先计算花费，务必做到从敌人那里获取粮食来补充自己。驰车，就是轻型战车，由4匹马拉着；革车，就是重型战车，是说车上装载的是全军的辎重。每辆由4匹马拉着的战车，配属有10名骑士，另有2个人负责做饭、1个人负责保管衣服、装备，马厩里还配属有2个人负责养马，以上是5个人。每辆重车由大牛拉着，配属10名步兵，另外2个人负责做饭、1个人负责保管衣服、装备，以上是3个人。"带甲十万"指的是士卒的数量。

孙子说：

从千里之外运送粮食。国内国外的开支，招待列国宾客的费用，诸如胶、漆这些制作兵器的原材料，战车、甲胄的供应。以上这些综合起来每天都要耗费千金，筹备完这些之后，10万大军才得以出发。

曹操说：

越过边境上千里。赏赐还在这些花费以外。

经典战例

战役名称：兖州之战
战役时间：汉献帝兴平元年（194）
交战对手：吕布、张邈、陈宫

要想在战争中取胜，就必须拥有充足的后勤保障，这是一个朴素的道理。在所有后勤保障中粮食是最基础的一项，没有饭吃军心就会自乱。曹操一生用兵30多年，曾多次面临"粮食危机"，对粮食的重要性认识得尤其深刻。

缺军粮只得撤军

汉献帝兴平元年（194）4月，天下大旱，还闹起了蝗灾，旱灾、蝗灾相伴而来，对粮食生产造成了毁灭性打击。蝗灾在古代并不罕见，从夏商时代开始中国就有蝗灾的记载，在近代以前中国的2000多年里大规模的蝗灾达到800多次，平均3年发生一次。蝗灾由蝗虫造成的，蝗虫就是俗称的蚂蚱，分布范围广泛，全世界超过10000种，中国有1000多种，热带、温带的草地和沙漠地区分布尤多，主要分为飞蝗和土蝗，造成蝗灾的多属后者。单个的蝗虫并不可怕，之所以酿成灾难，是因为它有极强的繁殖能力，宋人朱熹注释《诗经·螽斯》时说："螽斯，蝗属，长而青，长角长股，能以股相切作声，一生九十九子。"

这一年，由于旱灾和蝗灾的影响，又加上战乱，造成粮食产量锐减，粮价暴涨，谷子一斛售价高达50万钱，与太平年景相比涨了上万倍，豆麦一斛也要20万钱。各地都出现了人吃人的惨状，田野里、道路边白骨堆积。这场天灾波及面非常广，关中地区也一样，汉献帝命令侍御史侯汶调出太仓的米和豆子为难民熬粥，但杯水车薪，救不了那么多的人，饿死者仍然无数。汉献帝怀疑有人从中克扣粮食，就亲自坐在大锅边看着熬粥，但根本原因是粮食太少，灾民太多，无济于事。

这一年，曹操正在兖州与吕布作战。兖州是曹操当时的大本营，他担任兖州牧，兖州各郡县都曾归服曹操，之后曹操南下徐州，打着为父亲曹嵩报仇的旗号征讨徐州牧陶谦。当曹操率主力离开兖州后，兖州的一些本土势力因不满曹操对外挑起战端而集结在一起，他们联络了当时正无处可去的吕布，在吕布、张邈、陈宫等人率领下突然起事，在曹操的后方点起一把熊熊大火，兖州共有80多个县，只有3个县没有追随叛军。曹操在前线听到消息后大惊，无心再战陶谦，立即回师兖州，经过一番苦战，总算稳住了阵脚，曹操亲率主力进攻吕布据守的军事重镇濮阳，双方展开了拉锯战。

当这场粮食危机到来的时候，曹操正在濮阳城外指挥作战。从军事角度看，曹军已逐渐占据上风，如果再给曹操一些时间，曹操有把握把吕布从濮阳城中赶走，但粮食危机打乱了曹操的部署，尽管吕布在城中也缺粮，但城外的曹军情况并没有好到哪里去。秋粮还未跟上，双方都无力再打下去了，曹操只得从濮阳撤军。

粮食也是叛乱诱引

张邈、陈宫都是兖州本地人，其中陈留郡太守张邈还是曹操的老朋友，曹操起兵之初张邈曾给予大力支持，二人关系非常好，曹操第一次征讨陶谦，出发前曾对夫人卞氏说"我若不还，往依孟卓"，这里的"孟卓"，就是张邈。这说明，曹操对张邈是非常信任的。至于陈宫，历史上虽然没有发生过"捉放曹"的故事，但陈宫也是曹操早期事业上的坚定支持者，曹操之所以能当上兖州牧，与陈宫的大力举荐和支持密不可分。

这样两个曹操深为信赖和倚重的人，为什么会突然背叛曹操呢？很大程度上，这是由双方的出身和所代表的利益造成的。张邈、陈宫是兖州本土派，汉末三国的本土派都有"守土保家"的思想，对于打上门来的侵略者，他们的抵抗意志无比坚决，这也是陈宫力荐曹操这个强人入主兖州的原因，但本土派通常不愿意向外主动挑起战事，因为仗打起来，出人出钱的是本地百姓。曹操向徐州拓展地盘，这是曹操个人的事业，为此"埋单"的却是兖州百姓，这是张邈、陈宫对曹操有意见的地方。

曹操初征徐州，张邈、陈宫还能忍耐，但初征失利后不久曹操便第二次征徐州，让张邈、陈宫对曹操的意见加深。恰在这时粮食危机一步步袭来，兖州与全国大部分地区一样，粮价高涨，百姓生活艰难，而送往前线的军粮又不能少，看着家乡百姓大量饿死，留守在后方的张邈、陈宫与曹操之间的矛盾便彻底爆发了。

曹军军粮里掺"人脯"

这次粮荒严重的程度超乎想象，曹操手下的将领程昱也是兖州本地人，与张邈、陈宫不同，他是曹操坚定的支持者，也更得曹操的信赖。程昱原本并不叫这个名字，而叫程立，据《魏书》记载，程昱年少时经常梦到自己登上泰山，在山上两手捧着太阳，因为与荀彧交好，他后来就将梦境告诉了荀彧。程昱投奔曹操后，荀彧向曹操提起了这件事，曹操听后大喜，认为自己就是程昱手中的太阳，程昱梦到捧日自然是指将辅佐自己成就帝王大业。为顺应梦境，曹操让程昱在"立"字上加一个"日"字，"程立"于是改名为"程昱"。从曹操为程昱改名一事看，程昱在曹操心中有很重的分量。

看到曹军缺粮，程昱于是回到自己老家兖州东阿县弄粮食。程昱弄粮食的方法不是向老百姓买，因为有钱也没人肯卖，程昱的办法是"略其本县"，也就是纵兵去抢。但即使这样，把全县粮食抢光也仅够曹军"供三日粮"。这些粮食分发到士兵手里，大家惊讶地发现里面有一种恐怖的东西，史书上说是"人脯"，也就是人肉干。粮食不够，就连军中也到了人吃人的地步，普通百姓可想而知。

这件事让程昱的个人形象大受影响，曹魏建国后程昱担任的职务一直都是部长级的九卿，以他的资历和贡献早应该进入三公行列，但由于程昱抢过自己的家乡，也给部下吃过"人脯"，被认为触碰到了人伦的底线，所以程昱到死都没有成为三公，只是死后被追赠了车骑将军的头衔。

桑树一年结了两次果

这场粮食危机让曹操和吕布之间的激烈对抗暂时得以缓和，双方罢兵了几个月。到了这一年9月，兖州一带发生了一件不可思议的事：原本一年只结一次果实的桑树，在秋天又重新结了果。史书上说"桑复生葚"。

桑葚是桑树的果实，也叫桑实、乌葚、桑果、桑子、葚子等，可以生吃，也可以晒干食用。中国很早便有养蚕的传统，中原、华北地区种植桑树更多，桑木一身是宝，正如民谣里唱的："人吃桑葚甜如蜜，蚕食桑叶吐黄纱；桑皮造纸文官用，桑木雕弓武将拉。"桑树一般春夏之季生桑葚，秋天桑葚又生出一茬来则十分罕见，它也因此救了很多人的命。

在曹操的军事生涯中，还遇到多次类似兖州这样的粮食危机，如官渡之战期间曹操曾因粮食供应不上而考虑过撤军。《三国演义》里讲了一个故事，说曹操在寿春大战袁术时缺粮，又遇大旱，当时管军粮的是仓官王垕，他请示曹操该怎么办，曹操叫王垕以小斛发军粮给士兵，王垕说这样做军队会生怨气，曹操说你就这样办，我自有良策。王垕按曹操意图办了，果然将士怨声载道，曹操密召王垕，借王垕的头以安定军心。上面这个故事虽然是小说虚构的，但裴松之为《三国志》作注时引过一段史料："太祖常讨贼，虞谷不足，私谓主者曰：'如何？'主者曰：'可以小斛以足之。'太祖曰：'善。'后军中言太祖欺众，太祖谓主者曰：'特当借道君死以厌众，不然事不解。'乃斩之，取首题徇曰：'行小斛，盗官谷，斩之军门。'"

不仅是曹操，汉末三国时期还有很多战争跟军粮有直接关系，袁绍在河北没有吃的，"军人仰食桑葚"；袁术在淮南"民人相食"；刘备在广陵更惨，"吏士大小自相啖食"。这样的军队当然没有战斗力，不等敌人进攻，自己就得一哄而散。

下决心解决粮食问题

粮食如此，穿衣就更困难了，将领们打了胜仗最盼望的赏赐不是金钱，而是布帛。曹丕身为太子，曾私下里向叔父曹洪去借100匹绢，居然被曹洪拒绝了。

"国家之要，唯在谷帛"，吃穿问题已经上升为成就霸业的首要问题。曹操意识到了这个问题，他的解决办法是搞屯田。通过战争手段曹军收复了大量无主土地，曹操手下一部分人认为应该赏给有功的将士，这也是以往的惯例，有人甚至提出恢复古代的井田制，大力推行土地私有化。荀彧、毛玠等有识之士反对这么做，枣祗建议效仿古人利用这些土地搞屯田，这项建议被曹操采纳。汉献帝建安元年（196）曹操颁布《置屯田令》，从定国安邦的战略高度充分肯定了秦皇汉武奖励耕战、实行屯田的历史经验，阐述了屯田积谷的重要意义，下令开始屯田。

曹操搞屯田没有一下子铺开，先在当时的临时国都许县附近搞试点。具体做法是，把已经找不到主人的土地收归国有，把丧失土地的流民组织起来，由国家提供耕牛、农具、种子，获得的收成由国家和农民分成。当时能集中起来的土地很多，流民也很多，土地和人手都不发愁，屯田很容易就搞了起来。这项工作一开始由司空府负责，那时候担任司空的正是曹操，就是说屯田这项工作是不折不扣的一把手工程。在许县试点期间，曹操任命枣祇为屯田都尉，任命自己的堂妹夫任峻为典农中郎将，具体管理屯田事务。

条件具备、领导重视、利国利民，这么好的事应该一呼百应、一蹴而就，但事实却不是这样。屯田试点刚一铺开就遇到了挫折，被组织起来的屯田户不太适应新的生产方式，"民不乐，多逃亡"。为什么屯田户不买账？核心问题是税赋太重。汉代农业税的比例大部分时候是十五税一或三十税一，即6.6%或3.3%，而曹魏屯田户的税负是收成的一半，即50%，如果使用官家的牛，还要达到60%，所以大家积极性不高。另外，屯田户实行半军事化管理，农户们既要从事繁重的农业生产，还要参加军事训练，危急时刻还要像正规部队一样打仗，风险大，人身自由不多。

针对这些问题，梁国相袁涣提出采取措施调动屯田户的积极性，不能过于勉强，曹操接受了建议，对屯田制度尽量加以改进，包括合理安置劳力和分配生产资料、取消屯田户的徭役等，保证屯田制的健康发展。同时，为防止屯田户逃亡，加强了日常管理，比如推行了连坐法，一人有事，全家、全族乃至全屯的人跟着承担责任，屯田户逃亡事件大为减少。

为减轻屯田户的负担，曹操下令对屯田以外的普通农户严格收税，增加国家收入。在这些税收中，有一种是按年、按户收取的，先对农户的土地、宅屋、车辆、牲畜甚至奴婢等私人财产进行清查，根据财产多少划定若干等级，不同等级按不同标准交税，类似于"财产税"，也可以称为"战争税"。清产划等有点儿像划成分，这项工作在曹魏统治区全面铺开，包括曹操本人都是清产划等的对象。曹操家乡谯县给曹操、曹洪二人评为同一等级，曹操知道后对人说"我家赀那得如子廉耶"，认为曹洪更有钱。这说明，为保证国家税收的公平，也为了减轻屯田户的负担，包括曹操在内的所有人都没有免税的特权。

许县屯田试点十分成功，当年"得谷百万斛"。曹操下令将这一制度全面推广，由于这个办法非常好，孙吴和蜀汉也随后跟着实行，不过仍然以曹魏的屯田规模最大、时间最长、效果最好。当时天下有13个州，曹魏控制区最鼎盛时涉及 11 个州，共 91 个郡国，根据现存史料统计，有 17 个郡国有民屯，8 个郡国有军屯，3 个郡国既有民屯也有军屯，共计郡国 28 个，占总数的 1/3，当然实际比例肯定比这个高得多。

曹魏的屯田分民屯和军屯两种，民屯在曹魏的腹地，军屯在曹魏与吴蜀交界的地区，配备的屯田官级别都很高，郡国配品秩二千石的典农中郎将或比二千石的典农校尉，县配品秩六百石的典农都尉。品秩二千石相当于朝廷的部长和地方上的郡太守，品秩六百石相当于县令，这些屯田官单独设署治事，不隶属于所在的郡县。

抓屯田工作曹操自己身体力行，他不仅关心打仗，也很重视各地的户籍、人口、土地等情况，亲自过问屯田事务，尤其对大型水利工程建设很关心。曹魏时期，睢阳渠、白沟、平虏渠、泉州渠、新河、利漕渠、白马渠、鲁阳渠、广清渠、成国渠以及摩陂、芍陂、郑陂等一大批水利工程纷纷上马，以当时的生产效率这些工程个个都很浩大，如果曹操不拍板并给予支持很难完成。曹操还亲自参加劳动，他跟铁匠一块打过铁。在他的带动下，曹魏的官员、将领都很重视农业工作，著名将领夏侯惇在战斗中失去一只眼睛，曹操让他继续发挥余热在山东搞屯田，夏侯惇身体力行，积极组织军民修水库，还亲自担土修坝。

兵法解析

"兵马未动，粮草先行"，这句话非常通俗易懂，不过其出处不是古代的哪部经典著作，而是民国期间编纂的一部《南皮县志》，在该书收录的一首歌谣里第一次出现了这句话。

对军队而言，"粮草"之所以重要，很大程度上是因为在战时状态下随时实现正常补给其实有很大难度，而正常补给又是保证战斗力实现所必不可少的。《孙子兵法》以一支 10 万人的军队所需要的补给情况算了一笔账，那是一个很庞大的数字，这些东西如果不事先筹备好，依靠临时征集将会遇到很多困难，一旦中间哪个环节出了问题，后果将非常严重。

在《孙子兵法》所算的"后勤账"里强调了"千里馈粮"的难度，不过这笔账没有展开细算。现不妨接着算一算：一支10万人的大军长途行军作战，在交通运输条件非常原始的情况下要保障各类后勤所需，至少还要动员30万民夫负责运输，也就是说，平时只需考虑10万人吃饭的问题，到了战时就要考虑40万人的吃饭问题，粮食消耗增加4倍。再加上，战争还可能带来意外的损耗，如粮草被敌人劫去、烧掉等情况，粮食消耗一般要较平时增加6~8倍才算合理。而被临时征集的30万民夫，都是从事农业生产的精壮劳动力，平时他们生产粮食，战时他们则纯粹消耗粮食，由于他们的征调，将导致粮食生产的减少。一增一减，等于战时消耗了平时的至少10倍以上的粮食。

还可以再细算下去：一支10万人的军队，按10万名士卒和1万匹战马计算，如果一个士卒每天消耗4斤粮食，一匹战马每天消耗20斤粮草，那么平时一年至少消耗2.19亿斤粮食，而战时变成21.9亿斤粮食，现代农业亩产上千斤都算正常的，但古代亩产却很低。《管子》说"一农之事，终岁耕百亩，百亩之收，不过二十钟"，这说的是春秋时期的粮食产量，100亩只能产20钟，1钟为10石，即亩产2石。到了汉代，粮食亩产量有了一定提高，《前汉纪》谈及西汉文帝时的亩产："今夫农五口之家，其服作者不过二人，其能耕者不过百亩。百亩之收，不过三百石。"即亩产3石。《史记》讲五千顷耕地"今溉田之，度可得谷二百万石以上"，5000顷合50万亩，即亩产4石。由于计量单位的变化，上面这些数据需要进一步分析，据吴慧《中国历代粮食亩产研究》一书考证，汉代粟的亩产量约为280斤。以280斤的亩产量来保障21.9亿斤的需求，这是多么艰巨的一项任务！而上面算的这一笔账，还仅是一支10万人的军队战时所需。

所以，在考虑粮食保障问题时不能用"平时思维"，必须用"战时思维"。战争期间，粮食需求会较平时有数倍、十数倍的增长，同时战争本身也会造成粮食大量减产，为保证军队的基本需求，必须做出更周密的筹划，用制度性的措施或者经济方面的改革来解决粮食的结构性矛盾，谁在这方面解决得好，谁将在战争中受益。

从敌人那里夺取粮食

孙子曰：

其用战也胜，久则钝兵挫锐，攻城则力屈。

曹操曰：

钝，弊也；屈，尽也。

孙子曰：

久暴师则国用不足。夫钝兵挫锐，屈力殚货，则诸侯乘其弊而起，虽有智者，不能善其后矣。故兵闻拙速，未睹巧之久也。

曹操曰：

虽拙，有以速胜。未睹者，言其无也。

孙子曰：

夫兵久而国利者，未之有也。故不尽知用兵之害者，则不能尽知用兵之利也。善用兵者，役不再籍，粮不三载。

曹操曰：

籍，犹赋也。言初赋民而便取胜，不复归国发兵也。始载粮，后遂因食于敌，还兵入国，不复以粮迎之也。

孙子曰：

取用于国，因粮于敌，故军食可足也。

曹操曰：

兵甲战具，取用于国中，粮食因敌也。

孙子曰：

国之贫于师者远输，远输则百姓贫；近师者贵卖，贵卖则百姓财竭。

曹操曰：

军行已出界，近师者贪财，皆贵卖，则百姓虚竭也。

孙子曰：

财竭则急于丘役。力屈、财殚，中原内虚于家，百姓之费，十去其七。

曹操曰：

丘，十六井也。百姓财殚尽而兵不解，则运粮尽力于原野也。十去其七者，所破费也。

孙子曰：

公家之费，破军罢马，甲胄矢弩，戟楯蔽橹，丘牛大车，十去其六。

曹操曰：

丘牛，谓丘邑之牛；大车，乃长毂车也。

孙子曰：

故智将务食于敌，食敌一钟，当吾二十钟；萁秆一石，当吾二十石。

曹操曰：

六斛四斗为钟。萁，豆稭也；秆，禾藁也。石，百二十斤也。转输之法，费二十石乃得一石。

孙子说：

战争的目标是取胜，战事拖得太久，兵器会变钝、士气就会低落，攻打城池就会将军队的力量耗尽。

曹操说：

钝，就是疲惫；屈，就是力气用尽。

孙子说：

用兵的时间太久就会把国家的资源消耗完。当兵器变钝、士气低落、实力和财力耗尽，各诸侯国就会趁你陷入困境而行动，即使有智谋之士也无法妥善地解决后续问题。所以，只听说在战争中虽然手段笨拙也要力求速胜，没有听说过为求得精巧而拖延战事的。

曹操说：

即便看起来笨拙，但凭借它能够迅速服胜。未睹，意思是没有见过。

孙子说：

战事久拖不决而对国家有利，这是从来没有过的事。所以，那些不理解用兵危害的人，就不能理解正确的用兵方法。善于用兵的人，不需要再次征召士卒，不必3次向前线运送粮食。

曹操说：

籍，就是赋税。说的是第一次征兵就能取胜，不需要再次回国征兵。出发的时候运送一次粮食，以后就从敌人那里获得粮食，直到回师都不再迎接从国内运来的粮食。

孙子说：

他们从国内带来武器装备，粮食则靠敌人来解决，这样军队的后勤供应就充足了。

曹操说：

甲胄、武器等从国内补充，粮食则从敌人那里获得。

孙子说：

国家因为用兵而变得贫困，是因为长距离运输造成的，长距离运输导致百姓贫穷；离军队驻扎地近的地方物价高，物价高导致百姓财富耗尽。

曹操说：

军队行动出了国界，距军队驻扎地近的商人贪财，都把东西卖得很贵，百姓的财富就枯竭了。

孙子说：

财富耗尽就难以再承担沉重的赋役。力量枯竭、财富耗尽，国内百姓家家都会变穷，百姓获得的 10 份财富中 7 份会消耗掉。

曹操说：

丘，指的是 16 井的土地。（编者注：田地分隔成大小不同的块，一块叫一丘。《周礼·地官》："九夫为井，四井为邑，四邑为丘。"）百姓财富耗尽而战事没有结束，那么百姓就会因在原野上运送粮食而将最后的力气用尽。"十去其七"，意思是过于消耗。

孙子说：

对国家的军费支出来说，由于战车损坏、战马疲劳伤病、甲胄和弓箭制作、戟盾和橹的补充以及运输车辆的花费，国家获得的 10 份收入中有 6 份被消耗掉了。

曹操说：

"丘牛"，说是的通过丘赋征来的耕牛；（编者注：丘赋指春秋时郑国推行的军赋制度，《左传·昭公四年》："郑子产作丘赋。"杜预注："丘，十六井，当出马一匹、牛三头。今子产别赋其田，如鲁之田赋。"）"大车"，就是车轴长的车辆。

孙子说：

所以，聪明的将领依靠敌人来获取粮食，从敌人那里获取的粮食，1钟相当于自己的20钟；从敌人那里获得的秸秆，1石相当于自己的20石。

曹操说：

1钟等于6斛4斗。萁，指的是豆秸；秆，指的是禾秆。1石，等于120斤。而过长距离的运输方法，耗费20石粮食才能得到1石。

——————— 经典战例 ———————

战役名称： 当阳之战

战役时间： 汉献帝建安十三年（208）

交战对手： 刘备

汉献帝建安十三年（208）夏秋之交，曹操亲率大军南征荆州。9月，曹军前锋抵达新野，刘表在荆州北部的守将文聘率部投降。之后，曹操率大军逼近襄阳。

就在上个月，统治荆州长达近20年的一代豪杰刘表病逝，死时67岁。刘表死于背疽，现代医学称为背部急性化脓性蜂窝织炎，其外因是外感风热、火毒，湿热蕴结所引起，内因是七情郁结，脏腑蕴热而发。刘表得的这个病，完全是愁的。刘表死时长子刘琦不在跟前，在刘表妻子蔡氏以及荆州主要将领蔡瑁、张允等人主持下，刘表的次子刘琮继位。刘琮虽然不愿意投降曹操，但手下的主要文武此时几乎全是投降派，他们轮番上阵，对刘琮进行威逼利诱，刘琮无奈，只得同意投降。曹操在襄阳城外见到了刘琮的使者，使者带着朝廷赐给刘表的符节，递上降书，曹操接受刘琮的投降。

此时刘备还在荆州，他与刘表严格说来不是上下级关系，类似于盟友，只是刘备势力较弱，仰仗于刘表。刘表让刘备驻扎在新野，后移驻于襄阳附近的樊城。刘琮做出投降决定时刘备还在樊城，但刘备得不到任何消息。曹军压境，刘备本可率部一走了之，但又怕打乱了刘琮的整个部署，所以每天都在焦急地等待着。

刘琮知道投降的事无法隐瞒，就派著名学者宋忠到刘备那里传达命令，说准备投降。刘备听了又惊又骇，对宋忠说："不早相语，今祸至方告我，不亦太剧乎！"刘备越说越气，抽出刀来架在宋忠脖子上："今断卿头，不足以解忿！"不过，刘备的气话也只能说说，刘琮料定刘备会生气，所以派了个刘备不敢杀的人来传达命令。作为荆州本地最著名的学者，荆州学派的创始人之一，郑玄死后宋忠便是全国文化界公认的头号人物，这样的人刘备如果一怒之下杀了，那他整天挂在嘴上的仁义也就白喊了。刘备生气归生气，但很清楚此时还是逃命要紧，于是赶紧率众撤出樊城。路过襄阳时，有人劝刘备趁曹军未进襄阳之机进攻刘琮，一举将襄阳拿下，但刘备拒绝了。刘备召集大家商议对策，有人劝刘备劫持刘琮以及荆州官民南下江陵，依托那里的水军以及丰厚的军用物资再做打算，刘备同意。

刘备刚离开襄阳，曹军就到了。此时，襄阳以北大部分地方都被曹军占领，刘表父子任命的地方官员纷纷投降。本来，曹操可以在襄阳举办一个盛大的受降仪式，此次南征不战而屈人之兵，整个荆州已归自己所有，这是最理想的结果了。不过，当曹操听说刘备南下，并且前往的是江陵时，曹操立即改变了主意，他没有在襄阳做任何停留，而是将主力留在襄阳附近，自己亲率一支骑兵劲旅沿着刘备行军的方向追击而去。

曹操率领的这支劲旅约有数千人，别看人数不多，却是当时最强悍的精锐，这就是虎豹骑。虎豹骑并不是小说、民间故事演绎出来的，《三国志》《魏略》

等史书均有提及，它是曹军嫡系中的嫡系，精锐中的精锐，曹纯以及曹家的第二代精英曹真、曹休等在这支部队里都担任过军官，《三国志》曹纯传记载："纯所督虎豹骑，皆天下骁锐，或从百人将补之。"曹操本人很喜欢亲自率领虎豹骑作战，之前，虎豹骑在南皮斩杀过袁绍的儿子袁谭，在白狼山斩杀了乌桓人的传奇首领蹋顿，曹操此次又亲率虎豹骑追击刘备，显示出曹操对刘备南下江陵一事的高度重视。

虎豹骑行军速度很快，此次追击战，史书记载其速度是"一日一夜行三百余里"，在当时这是行军速度的极限。行军打仗，不能光走路，还要有充足的睡眠、吃饭、休息时间，一天能走8个小时已经相当不错了。将士们戴甲执械，还要还带上辎重，行军的时候还得保持队形，一个小时往往只能走四五里路，一天的行军距离不过三四十里。这是步兵，骑兵的速度快一倍，也就是七八十里。白起在华阳之战时曾率军8天走了800里，算是快的，那是秦代的里，合现在只有六七十里。

不过，超过正常的速度行军是一件危险的事，《孙子兵法》曾指出，带着全部辎重打仗肯定会影响行军速度，但轻装去争利，辎重又会丧失。白天黑夜不休息地急行军更不可取，强行军100里，三军的将领可能会被俘获，因为一部分健壮的士兵先到了战场，而大部分疲惫的士兵必然落后，只有十分之一的人马能如期到达；强行军50里，先头部队的主将必然受挫，因为能先到达的军士一般仅有一半；强行军30里，一般只有三分之二的人马如期到达。部队没有辎重不能生存，没有粮食供应不能生存，没有战备物资储备也不能生存。所以，虎豹骑一日一夜行军300里是一个惊人的速度，对于大部队行军来说，这个速度在那个时代几乎很难超越。

所以，曹操此举也有点儿冒险。刘琮虽然要投降，但毕竟还没有完成交接，刘琮还待在襄阳，荆州仍然掌握在他的手中，尤其是襄阳以南的广大地区情况更为复杂。虎豹骑战斗力很强，但也不过数千人，孤军深入，一旦受到围攻，将处于绝地。这绝不是妄猜，还真有人看出来了。刘琮手下有个叫王威的人看到曹操轻军冒进，秘密建议说，曹操认为将军已经投降，刘备逃走，必然松懈无备，现在又轻行单进，如果以奇兵数千在险要处埋伏，定可将曹操擒获。那样一来将军可以威震天下，中原可传檄而定。王威认为这是难遇之机，切不可失去。

王威其人不详，但他的眼光很毒，如果刘琮放手干一把，曹操当年在淯水河畔被张绣打得溃不成军的一幕将重演，刘琮只要敢挑头，刘备、刘琦再加上江陵的水军以及正悄悄向荆州靠近的孙权，大伙一起动手，正好把曹操围在中央，结局很难预料。这种事刘备敢干，吕布敢干，孙策、孙权都敢干，可刘琮绝对不敢。一个生来就锦衣玉食的公子哥，典型的富二代，杀人都手颤，让他拿出赌命的劲头闹上一出，他不敢。

于是，曹操就能放手追击了，接下来就是人们十分熟悉的"激战长坂坡"。曹军以急行军的速度南下，终于在当阳县境内追上了刘备一行。当阳县即今湖北省当阳市，取名当阳指的是荆山之阳，荆山在其西北一带，向东南方向逐渐缓降为丘陵和平原，因而有许多面积很大的山坡，其中一个山坡名叫长坂坡。当年，长坂坡一带长着茂密的树木，其中以栎树为多，所以自古以来此地又被称为栎林长坂。这是一处险地，因为它的东面是汉水，西面是沮水和漳水，北面是山地，有着名的虎牙关，南面是长湖，被堵到这个地方，想逃跑相当吃力。不幸的是，刘备一行正是在这里被曹操亲自率领的虎豹骑追上的，一场激战就此展开。

结果毫无悬念，在虎豹骑面前对手永远别指望奇迹发生。这是刘备和曹操本人第三次在战场上直接交手，第一次是在徐州，第二次在延津，刘备都大败，这一回也不例外，而且情况更惨，刘备几乎全军覆没。刘备与诸葛亮在赵云、张飞等人的拼死保护下暂时脱险，刘备为安全起见，不再去西南方向的江陵，而是"斜趋汉津"，也就是向东南方向行军，目标是汉水上的渡口。刘备由樊城南下时，将兵力一分为二，自己和关羽各率领一支，关羽率领的人马沿汉水南下，刘备改往"汉津"，就是要去与关羽会合。

曹操当然不愿意让刘、关二人会合，他可以率领虎豹骑继续追击，让刘备没有喘息之机。然而，曹操没有去追刘备，而是下令向江陵进军。汉献帝建安十三年（208）深秋，天气已慢慢转凉，曹操率虎豹骑赶到江陵，驻守这里的是刘表手下的将领蔡瑁和张允，他们都是"降曹派"，也接到了刘琮投降的命令，所以这里没有发生战斗。曹军的后续部队也源源不断地开来，江陵成了南下曹军的临时基地，曹操决定暂不回襄阳，在此休整。曹操下令仍由蔡瑁、张允统率水军，一来出于对荆州降将们的信任，让他们不要猜疑；二来曹操手下熟悉水军的将领还真不多。刘表的水军经营了多年，有大小船只数千艘，水军主力达3万人以上，如今全部纳入曹军的编制。想起年初在玄武池练习水军的艰辛，面对宽阔的大江和威武不凡的各式舰船，曹操一定会感慨万千。

更让曹操看中的是，江陵储备有大量军粮，这是刘表多年苦心经营的结果。江陵扼长江咽喉，过了江就是荆州七郡中的江南四郡，这里面积广大，今湖北省南部、整个湖南省以及重庆市、四川省、贵州省的一部分地区都包含在内，在北方地区长年战乱不断的形势下，这里基本处在和平状态，保证了赋税的征收，由这些地区征集来的粮食，大多被刘表储存在了江陵基地，以备战事所需。现在这些粮食被曹操所拥有。"手中有粮，心中不慌"，曹操更有了底气。

● 兵法解析 ●

曹操在汉献帝建安十三年（208）发动的南下荆州之战，可以分为前后两个阶段：前一阶段，曹操亲率大军南下，刘琮投降，曹操追击刘备，取得当阳大捷，之后占领江陵；后一阶段，曹操由江陵率军沿长江东进，与孙刘联军交战于赤壁，曹军大败，之后曹操由赤壁撤退，回守江陵。

曹操在前一阶段为什么一定要取江陵？在后一阶段为什么要撤往江陵？显然，江陵在曹操心中的地位非常重要。曹操冒险南下追击刘备，是因为曹操与刘备互为对手多年，深知刘备的发展潜力，所以务必将其斩草除根。可是，当曹操在长坂坡击溃刘备后又放过了眼前的刘备，则说明在曹操心中江陵比刘备更重要。

江陵，今湖北省荆州市，位于长江边上，春秋战国时是楚国的郢都。从春秋战国到五代十国先后有34代帝王在此建都，历时515年。在汉代，它曾长期作为荆州刺史部的治所，刘表把治所迁往襄阳后，江陵的政治地位才有所下降。江陵位于江汉平原西部，南临长江，北依汉水，西控巴蜀，南通湘粤，古称"七省通衢"。刘表虽然把建设的重点放在了襄阳，但这么多年来也一直对江陵苦心经营。刘表花了很大代价建成一支水军，论装备和人员并不亚于江东的水军，只是在作战经验上稍逊一筹，这支水军的基地也在江陵。尤其重要的是，刘备在江陵还建立了强大的后勤基地，储存了由江南各郡调集起来的粮食等物资，以备战时之需。

如果能抢占江陵，就可以获得充足的物资补给，同时拥有这支水军，所以刘备一开始就把下一步攻取目标定在了这里。刘备在荆州经营了七八年，手里也有一支水军，虽然无法和江东水军、江陵水军相提并论，但也有各式战船数百艘，刘备让关羽率领这支水军沿汉水南下，前往夏口与刘琦会合，自己去占领江陵。如果江陵得手，刘备就控制了从江陵到夏口上千里的长江防线，就可以以长江为依托和曹操周旋，甚至打退曹操的进攻也是有可能的。

这就是江陵的重要性所在。所以，听说刘备向江陵方向去了，正在筹备襄阳城入城仪式的曹操吃了一惊，这才立即决定暂时不进襄阳城，迅速南下追击刘备，务必赶在刘备之前占领江陵。之后，在长坂坡双方发生激战，刘备失败后逃往与江陵相反方向的汉水，曹操当时手里只有数千人马，在刘备与江陵之间只得做出一个选择，大概在曹操看来，消灭刘备固然重要，但接收刘表经营多年的后勤基地江陵显得更重要，于是曹操放弃了对刘备的追击，向江陵进军。

曹操南征荆州，想必也做了充分的准备工作，自建安初年开始在北方推广屯田，曹操手里积蓄了大量粮食，为南征部队提供了基本的后勤保障。但是，后方的粮食运往前线，要经过长途运输，耗费巨大的人力物力不说，途中对粮食本身也有很大消耗。古人说"千里不运粮，百里不运草"，原因就是运输成本太高了。古代交通条件不好，绝大部分运输靠畜力车和人力车，运输能力有限，加上路途遥远，一路上人吃马嚼，运到前线一斤粮食，途中可能消耗一二十斤粮食甚至更多。西汉时，卫青率七万人远征匈奴，负责后勤辎重运输的人员多达三十万，马匹达到四十万。清朝时年羹尧远征青海，二十多万军队所需的粮草，大部分要从江浙转运至陕西，再长途跋涉送往青海前线，运输粮草的民夫多达百万。

因此，后勤保障成为古代战争中最为掣肘的因素。如果能在前线直接获取粮食，那将是最理想的状况。《孙子兵法》提出"因粮于敌"的思想，认为在前线就地取粮，其效果和效率相当于从后方运粮的数倍、十多倍，按照曹操的计算，在"千里运粮"的情况下，"因粮于敌"所产生的效果应该是1:20，也就是在前线就地取粮1斤，相当于从后方向前方运粮20斤。

曹操南下荆州，虽然取得了襄阳、樊城等要地，刘备的主力也被消灭大半，但曹操深知，在荆州的对手不仅是刘琮、刘备，还有后面的孙权，未来仍然有更大的仗要打，荆州仍然是主战场。仅以汉献帝建安十三年(208)的形势来分析，曹军云集于荆州各地的人马将近20万，这么多的作战部队，每天的粮食消耗是巨大的，在远离北方的情况下，粮食只能主要依赖于就地获取，面对储存有大量粮食的江陵，曹操不得不将几乎唾手可得的刘备暂时放下。

对有功将士的赏赐要及时

孙子曰：

故杀敌者，怒也。

曹操曰：

威怒以致敌。

孙子曰：

取敌之利者，货也。

曹操曰：

军无财，士不来；军无赏，士不往。

孙子曰：

故车战，得车十乘以上，赏其先得者。

曹操曰：

以车战，能得敌车十乘已上，赏赐之。不言车战得车十乘已上者赏之，而言赏得者何？言欲开示常其所得车之卒也。陈车之法：五车为队，仆射 人；十军为官，卒长一人；车满十乘，将吏二人。因而用之，故别言赐之，欲使将恩下及也。或曰：言使自有车十乘已上与敌战，但取其有功者赏之，其十乘已下，虽一乘独得，余九乘皆赏之，所以率进励士也。

孙子曰：

而更其旌旗。

曹操曰：

与吾同也。

孙子曰：

车杂而乘之。

曹操曰：

不独任也。

孙子曰：

卒善而养之，是谓胜敌而益强。

曹操曰：

益己之强。

孙子曰：

故兵贵胜，不贵久。

曹操曰：

久则不利。兵犹火也，不戢将自焚也。

孙子曰：

故知兵之将，生民之司命，国家安危之主也。

曹操曰：

将贤则国安也。

孙子说：

士兵奋勇杀敌，是因为他们感到愤怒。

曹操说：

士兵盛怒时可杀敌。

孙子说：

士兵从敌人那里缴获战利品，是因为他们渴望得到财富。

曹操说：

军中没有财物，士卒就不会来；军中没有赏赐，士卒就不会去作战。

孙子说：

在车战中缴获10辆以上战车，要奖赏那些最先缴获战车的人。

曹操说：

在车战中能缴获10辆战车以上的，就赏赐首先缴获战车的人。不说在车战中缴获10辆战车以上的都赏赐，而说赏赐首先得到的人，这是为什么呢？这是要公开明示赏赐那些勇于去夺得战车的士卒。车战的阵法是：5辆战车编为1队，设仆射1人；10辆战车编为1官，设卒1人；战车满10辆，设将吏2人。靠将吏指挥士卒作战，所以特别强调那些首先夺取战车的人，使他们直接得到将吏的赏赐。也有人说，派出自己的10辆以上的战车与敌人作战，只赏赐其中有功的；派出自己的10辆以下的战车与敌人作战，即便其中1辆战车有功，其余战车也都给予赏赐，用以鼓励士卒奋勇作战。

孙子说：

更换车上的旗子。

曹操说：

缴获敌人的战车后，要更换战车上的旗帜，使旗帜统一起来。

孙子说：

让士兵夹杂着乘坐。

曹操说：

让士卒夹杂着乘坐战车，不要让投降的士兵单独乘坐。

孙子说：

善待俘虏，关心他们，这就是所说的在赢得胜利的同时自己也变得更为强大。

曹操说：

加强自己的力量。

孙子说：

所以，用兵可贵的是迅速取得胜利，而不是旷日持久。

曹操说：

用兵持久对国家很不利。用兵就像用火一样，如果不能控制，就会烧到自己。

孙子说：

因此，懂得用兵道理的将领，才是百姓命运的掌握者，才是国家安危的主宰者。

曹操说：

将领贤明，国家就能安定。

战役名称：官渡之战

战役时间：汉献帝建安五年（200）

交战对手：袁绍

在曹魏众多名将中，于禁曾经是成长最快、最得曹操信赖的将领，虽然他后来也是最让曹操感到伤心的将领，但在之前，曹操对于禁非常欣赏和器重。

于禁早年是破虏将军鲍信的部将，鲍信参加了何进、袁绍谋诛宦官的行动，何进命鲍信回家乡募兵，鲍信在泰山郡募得1000多人，其中就包括于禁。鲍信还是曹操早期事业上最有力的支持者，曹操就任兖州牧后马上与黄巾军交战，仗打得很艰苦，其中最惊险的一战发生在东平国寿张。此战中，为掩护曹操撤退，鲍信拼死力战，最后战死了，时年41岁。曹操极度伤心，鲍信死后连尸首都没有找着，曹操悬赏寻找，仍然没有找到，只能让人用木头刻了一个鲍信的雕像来祭拜。作为鲍信的丰卜，于禁那时虽然还不是曹操的嫡系，但曹操对于禁很看中。曹操亲自跟于禁交谈，谈完后很高兴，任命于禁为军司马。于禁在作战中很勇敢，善于打恶仗，经常"先登"，也就是在攻城时率先登上城头的人，这样的人不仅勇敢、不怕死，而且必须有过硬的军事素质。

汉献帝初平四年（193），于禁随曹操南征徐州，曹操让他进攻广戚，于禁将其攻克，曹操提拔于禁为陷陈都尉。汉献帝兴平元年（194），于禁又随曹操到濮阳与吕布作战，这一仗双方互有胜负，相持很久，于禁独率一支人马攻破了吕布在城外的两处营垒，还在须昌击败吕布的部将高雅，为最后战胜吕布立下功劳。在追击吕布、张邈的过程中，于禁在曹操指挥下连克寿张、定陶、离狐，将张邈最后的据点雍丘包围，经过数月围城奋战，最后将雍丘攻破，张邈外出求援时被杀，张邈的弟弟张超战死。

汉献帝建安元年（196）春天，曹操亲率主力从兖州刺史部出发向西运动，打算迎接正在返回洛阳的汉献帝及朝廷，人马必须路过豫州刺史部的陈国，该地为袁术所控制，曹操指挥于禁等人将袁术的人马击溃，袁术任命的陈国相袁嗣投降。曹操率军继续西进，进入豫州刺史部的汝南郡和颍川郡，这两个郡都是天下知名的大郡，但当时都在黄巾军余部的控制之下，他们的主要头领有何仪、刘辟、黄邵、何曼等，曹操命于禁指挥"青州兵"与这部分黄巾军作战。"青州兵"出自黄巾军余部，所以很了解对手，于禁的行动进展很顺利，黄邵曾想出奇制胜，要夜袭曹操的大营，于禁早有防备，率麾下人马将黄邵击破，斩杀了刘辟和黄邵，何仪等人率众投降，汝南郡和颍川郡被曹操占领。因为战功卓著，于禁被曹操提升为平虏校尉。

汉献帝建安二年（197），于禁随曹操南征张绣，张绣不战而降，但不久又突然反叛，偷袭曹操大营，曹操应对不及，只得一路逃命，曹操的长子曹昂、侄子曹安民以及心爱将领典韦都在此战中身亡。曹操退到了舞阴，于禁率数百人负责为曹军主力断后，他们且战且退，迟滞了敌人的进攻，敌人见无法继续扩大战果，慢慢退去。于禁下令整顿人马，敲着战鼓回师。

附近的各支曹军纷纷抄小道赶来救驾，路上拥挤无序，狼狈不堪。于禁走在半道上，遇到10多个伤兵，一个个赤身裸体，惨不忍睹。于禁很奇怪，问他们怎么了，这些人哭着说是"青州兵"趁乱打劫。于禁听完大怒，下令追讨这支"青州兵"，追上之后把他们教训了一顿，之后于禁指挥本部人马安下营垒，防备敌军再来。这时，手下人劝于禁，不应该先忙安营扎寨的事，应该先到曹公那里报告情况，防备那些"青州兵"恶人先告状，于禁不以为然，认为现在敌人在后，很快就会追到这里来，不做好准备何以迎敌？"青州兵"果然抢先跑到曹操那里告状，曹操也果然没听信他们。曹操后来见到于禁，听完汇报很高兴，称赞于禁有古代名将的风采。曹操依据于禁前后立下的功劳，上表天子封于禁为益寿亭侯，此时曹军的将领被封侯的还只是少数人。汉献帝建安三年（198），于禁随曹操再征张绣，在穰县打了胜仗。同年，于禁参加了东征吕布之战，将吕布的人马一路击破，最后将下邳包围，生擒了吕布。

汉献帝建安五年（200），官渡之战爆发。当时袁绍兵力更强，于禁主动请缨作为先锋，曹操给他 2000 人马防守战略要地延津。这时，刘备在徐州突然反叛，曹操不得不临时抽身东征刘备，袁绍趁机急攻延津，但由于于禁防守严密，袁绍未能得逞。于禁随后与乐进率 5000 步骑发起反攻，击破袁军多处营垒，从延津到汲县、获嘉的沿黄河一线共焚毁袁军营垒 30 多处，斩首及俘虏敌人各有数千人，招降了袁绍的部将何茂、王摩等 20 多人，取得赫赫战绩。曹操随后命于禁领兵进驻原武，攻击附近由袁军控制的黄河渡口杜氏津，于禁将其攻破，曹操临阵提升于禁为裨将军。

完成任务后于禁回到官渡，曹军与袁军在此展开百日苦战，双方各起土山相对，袁军在土山上向曹营射箭，曹军士卒死伤很多，军中恐惧。为鼓舞士气，于禁亲自登上土山督战，最终将袁军击退。官渡之战结束后曹操论功行赏，对于其他将领的升迁奖赏，大家意见较为一致，但涉及于禁，有人提出不同意见，原因是官渡之战前两年于禁刚刚升为校尉，官渡之战进行期间于禁升为裨将军，已经属于破格提拔了，这才过去几个月，如果再升于禁的军职，升得有些太快，不如等于禁再立一些战功，到那时升迁也不迟。

但曹操并不这样看，曹操认为于禁的战功实在太多，对于这样的将领，就应该依据战功进行提拔，而且这样的奖赏和提拔不能拖，应该立即兑现。于是，曹操又升于禁一级，提拔其为偏将军。于禁出身行伍，参加曹操阵营相对较晚，他担任司马时曹军许多将领已是都尉、校尉，于禁的起点明显偏低。但由于于禁作战勇猛，善打硬仗、险仗，且战无不胜，取得了骄人的战绩。官渡之战前后于禁"连升三级"，迅速成为一名偏将军，与乐进、张辽、张郃、徐晃等名将同级或略高。

兵法解析

要调动起将士们的积极性，必须建立一套激励机制。在秦汉之际，这套军中的激励机制集中体现为军功爵制。在此之前，军事将领主要在奴隶主贵族中选拔，战场上的军功也都集中在贵族名下，普通士兵无论立下多大功劳也不会改变自身地位，这严重地削弱了军队的战斗力。自战国时代起，各国先后变法，其中一项就是打破"世卿世禄"的贵族世袭体制，建立与军功直接挂钩的新爵禄制。

这套被广泛采用的军功爵制，最大特点是"官爵之迁与斩首之功相称"，以秦国军功爵制为例，其规定：凡斩敌人一颗首级，即可获得爵位一级以及相应的田宅等物质奖赏，斩杀敌人首级越多，获得的爵位也越高，奖赏也越多。按照秦律，军功爵位共分为二十级，从一级公士到二十级彻侯，可逐渐升迁，上升空间很大。秦律还规定，在攻夺敌人围邑时如斩杀敌人八千名以上，在野战时如斩杀敌人二千名以上，均属全功，凡立全功的部队，每一名将士都有赏赐。

《史记》的作者司马迁认为人的天性是逐利的，所谓"富者，人之情性，所不学而俱欲也"。虽然诸子百家和统治者无不提倡重义轻利，《论语》说"君子喻于义，小人喻于利"，《道德经》说"罪莫大于可欲，祸莫大于不知足，咎莫大于欲得"，就连司马迁的老师董仲舒也说"正其义不谋其利"，但道德的高标无法掩盖人性的现实，在现实中重利轻义的人是有的，他们被称为君子，但社会上不可能人人都是君子，人因为自私所以才有了理想，在一个人人利他的社会里理想也就消失了。在《平准书》中，司马迁站在经济学的角度提出不能回避欲望、利益，享受、逐利是人的本性，不用学习即人人拥有且无法抑制，"若水之趋下，日夜无休时，不召而自来，不求而民自出"。既然逐利是客观的，那么就应当鼓励致富，前提是通过合理、合法的手段来实现。

俗话说"不想当将军的士兵，不是好士兵"，军人渴望军职升迁，这是人之常情，应该承认这样的需求并加以引导和鼓励，办法就是建立军功升迁制度，使军功成为军人获取军职升迁的重要途径。曹操30岁之前即投身军旅，一开始就担任了骑都尉这样的高级军职，在带兵打仗过程中，对军中的情况非常了解，洞悉将士们的需求和心理，他提出"军无财，士不来；军无赏，士不往"，为此建立了细致而严格的军功考评制度，这些制度的具体内容虽然没能完整地保存下来，但从《曹操集》中收录的一些军令以及曹操一生用人的做法来看，这些制度不仅存在，而且较为科学合理，做到了"论功行赏"。

从曹操对《孙子兵法》的注解中，可以看到曹军所施行的激励机制是多么细化。曹操特别强调，夺取敌人的战车，要赏赐首先缴获的人，派出自己10辆以下的战车与敌人作战，即便其中1辆战车有功，其余战车也都给予赏赐。类似的制度在曹军之中应该还有很多，制度越是细化，越容易操作和兑现，也就越能调动起将士们的积极性。

对于激励机制，还要强调兑现的及时性。有一句话叫作"激励不及时，等于没激励"，一个好的激励方案也许是从"画饼"阶段开始的，在没有兑现之前，大家可能还没有什么感觉，甚至会产生一些疑问，而当第一次兑现后，大家就会感受到这个激励方案对自己意味着什么，思考自己是否可以触及，并且需要付出多大努力，这个时候，激励方案就产生效力了。

当成员完成目标时，应立刻给予认可和兑现，以显示激励方案的诚意，在此过程中，兑现时间拖得越长，成员的兴奋点就会随时间流逝而降得越来越低，意味着激励效果大打折扣。此外，激励不及时还会影响成员对集体的忠诚度，削弱集体的凝聚力。所以，对一个团体或团队而言，激励机制不仅要建立起来，还要认真执行，更要把握最佳的激励时效，做到及时激励和兑现，这样才能最大限度地发挥激励机制的作用。

第三章

谋攻篇

用智谋击败敌人

孙子曰：

凡用兵之法，全国为上，破国次之。

曹操曰：

欲攻敌，必先谋。兴师深入长驱，距其都邑，绝其内外，敌举国来服为上；以兵击破，败而得之，为次也。

孙子曰：

全军为上，破军次之。

曹操曰：

《司马法》曰：一万二千五百人为军。

孙子曰：

全旅为上，破旅次之。

曹操曰：

五百人为旅。

孙子曰：

全卒为上，破卒次之。

曹操曰：

一校已下至一百人也。

孙子曰：

全伍为上，破伍次之。

曹操曰：

百人以下至五人。

孙子曰：

是故百战百胜，非善之善者也。

曹操曰：

未战而战自屈，胜善也。

孙子曰：

不战而屈人之兵，善之善者也。

曹操曰：

未战而敌自屈服。

孙子曰：

故上兵伐谋。

曹操曰：

敌始有谋，伐之易也。

孙子曰：

其次伐交。

曹操曰：

交，将合也。

孙子曰：

其次伐兵。

曹操曰：

兵形已成也。

孙子曰：

其下攻城。

曹操曰：

敌国已收其外粮城守，攻之为下政也。

孙子曰：

攻城之法，为不得已。修橹轒辒，具器械，三月而后成；距闉，又三月而后已。

曹操曰：

修，治也。橹，大楯也。轒辒者，轒床也；轒床其下四轮，从中推之至城下也。具，备也。器械者，机关攻守之总名，飞楼云梯之属。距闉者，踊土积高而前，以附其城也。

孙子曰：

将不胜其忿而蚁附之，杀士三分之一，而城不拔者，此攻之灾也。

曹操曰：

将忿，不待攻器成，而使士卒缘城而上，如蚁之缘墙，必杀伤士卒也。

孙子曰：

故善用兵者，屈人之兵而非战也，拔人之城而非攻也，毁人之国而非久也。

曹操曰：

毁灭人国，不久露师也。

孙子曰：

必以全争于天下，故兵不顿而利可全，此谋攻之法也。

曹操曰：

不与敌战，而必完全得之，立胜于天下，不顿兵血刃也。

原文翻译

孙子说：

战争的原则是使敌人举国投降，击溃敌人的国家次之。

曹操说：

要进攻敌人，必须使用智谋。起兵进攻到敌人的纵深处，迫近敌人的城郭，断绝敌人的内外联络，使敌人整个国家都屈服，这是上策；运用武力打败它，就差一些。

孙子说：

使敌人全军投降为上，击溃全军敌人次之。

曹操说：

《司马法》说：12500人为一军。

孙子说：

使敌人全旅投降为上，击溃全旅敌人次之。

曹操说：

500人为一旅。

孙子说：

使敌人全卒投降为上，击溃全卒敌人次之。

曹操说:

说的是一校以下至 100 人。

孙子说:

使敌人全伍投降为上,击溃全伍敌人次之。

曹操说:

说的是 100 人以下至 5 人。

孙子说:

所以,百战百胜并不是高明之中最高明的。

曹操说:

两军没有进行战斗敌人就投降了,这是最高明的。

孙子说:

不经过战斗就征服敌人才是最高明的。

曹操说:

没有交战,敌人就自行屈服。

孙子说:

所以,最高明的手段是通过谋略战胜敌人。

曹操说:

敌人刚刚确立进攻的谋略,这时去击败他较为容易。

孙子说:

其次是通过结成联盟战胜敌人。

曹操说:

交,就是结成联盟。

孙子说：

再其次是通过武力战胜敌人。

曹操说：

交战的阵势已经形成了。

孙子说：

最坏的手段是通过攻城战胜敌人。

曹操说：

敌人把城池之外的粮食都收集到城中来，凭借城池坚守，这时候再去攻城就是下策了。

孙子说：

攻城这种手段，是在没有别的办法时才使用。制造橹盾，打造攻城用的战车，准备攻城的器械，完成这些至少需要3个月时间。筑造高过敌人城墙的土山，又需要3个月时间才能完成。

曹操说：

修，制造的意思。橹，指的是大盾牌。辒辒，指的是辒床，它的下面有4个车轮，士卒隐藏在车子里，把它推到城下。具，准备的意思。器械，是能够运转活动的器具和其他攻守器具的总称，比如像飞楼、云梯一类的东西。距闉，指的是把土堆高，用以接近城池。

孙子说：

将领不能控制自己焦躁的情绪而命令士卒像蚂蚁一样攀爬城墙，结果士卒被杀伤了三分之一，而城池仍未能攻下，这是攻城带来的灾难。

曹操说：

将领焦躁，不等攻城的器具全部准备好就命令士卒向上攀爬城墙，必然会造成士卒的伤亡。

孙子说：

所以，善于用兵的人，使敌人屈服而不用交战，占领敌人的城池而不用攻城，灭亡敌人的国家而不用久战。

曹操说：

毁灭别人的国家，却不用长久地用兵。

孙子说：

一定以全胜的谋略征服天下，军队不疲惫却能取得全面胜利，这就是用谋略取胜的方法。

曹操说：

不和敌人交战，而能达到全部目的，在天下人面前树立胜利者的形象，就不会使军队疲惫，锐气挫伤。

经典战例

战役名称： 东郡之战

战役时间： 汉献帝初平三年（192）

交战对手： 黄巾军余部、黑山军

汉献帝初平二年（191），黄河下游北岸的一座小城东武阳。曹操率领手下人马已来此多日，此时刚过新年，四处天寒地冻，这种时节，不宜交战。

军事生涯陷低谷

在曹操的一生中有过许多次低谷，这是第一次。一年前，袁绍联络十几位刺史、太守讨伐逆贼董卓，曹操闻知后立即在陈留郡己吾起兵，参加到关东联军。这十几路诸侯中，别人都是现任的官员，只有他已经被朝廷撤职并仍在通缉之中，为了方便行事，此次联盟的盟主、远在冀州的老朋友袁绍就以车骑将军的身份表奏他为奋武将军。汉代武职中，大将军最高，相当于全国武装部队总司令，往下是骠骑将军、车骑将军、卫将军，相当于副总司令。再往下，有所谓的四方将军、四镇将军、四征将军等，相当于各大战区司令，所谓"四"就是东南西北四个方向，代表着战区的位置，如"四征"里的征西将军，就是西部战区司令。曹操担任的奋武将军也叫杂号将军，相当于军长，"奋武"是这个军的代号。汉时军制，一军1万人左右，但袁绍只给了曹操一个番号，并无一兵一卒，所有人马，都靠曹操自己招募。

在这十几路讨董大军中，曹操的实力最弱，但他却是最积极的一个。去年三月，曹操率领自己招募起来刚刚几个月的数千人马主动向董卓发起进攻，开始还算顺利，但到了汴水，遇到董卓手下的悍将徐荣，吃了大败仗，损失惨重，就连曹操自己也负了伤。回到联军大本营酸枣，曹操生气地看到各路诸侯日夜置酒高会，根本没把讨伐董卓当回事儿，也没人关心他这个浴血奋战的将军。曹操突然明白，为什么当初自己竭力游说，他们都不愿意跟着一块儿行动，因为董卓是大家的，队伍是自己的，为了大家的事花光了自己的钱，没人感激你，没人同情你，更没人来帮你，只会笑话你。

35岁的曹操怀疑自己是不是有点儿犯傻。不过，想通之后，他便不再后悔，这是他一生之中都坚持的风格，也是他可贵之处。认准的事就去做，不在乎别人怎么看，吃点儿亏不算啥。人马太少，曹操就南下扬州募兵，在从弟曹洪等人的帮助下，曹操在扬州的丹扬等处重新招募了4000多人，他亲自率领这支队伍北上，想与联军会合，再谋讨董大业。可惜，他们一行走到龙亢这个地方时发生了意外。夜里，营中有人谋叛，火烧曹操的营帐。危急之下，曹操挥剑出帐，据《魏书》记载，他一个人亲手斩杀了数十名哗变分子，剩下的人"皆披靡"。危机虽然度过，但4000人只剩了50人。

曹操伤心不已，他不想再回酸枣，而是渡过黄河，到河内郡去找袁绍。关东联军的盟主袁绍虽然热情地接待了故友，但对曹操关心的反董大业也没有兴趣，整天不是喝酒应酬，就是琢磨谋立天子的事。曹操觉得跟他待在一起很没劲儿，也很危险，于是向袁绍提出率所部人马向南发展，袁绍同意。在袁绍眼里，曹操不仅是小兄弟，还是自己的下属，没有他罩着，曹操随时都得玩儿完。

在此后许多年里，袁绍一直都是这样定位曹操的。但是，曹操从来不这么看，他不是袁绍的打工仔，他想当老板。曹操认为，尽管自己起步有些艰难，出师很不顺利，现在他远远比不了袁绍、公孙瓒、刘表、陶谦这样的实力派，但终有一天他会出人头地。

渴望一流谋士

对于自己的失败，曹操也进行了深刻反思，起步晚是一个方面，运气也算一个，但更重要的，曹操认为人谋不足才是关键。曹操在己吾起兵，开始势头也不错，当地大户卫兹主动散家财助其募兵，老朋友鲍信、鲍韬兄弟俩也带着不少人加入进来，还有闻讯从家乡沛国谯县赶来的本家兄弟和亲戚，包括曹洪、曹仁、夏侯惇、夏侯渊等人，他们分别带来不少人投奔，可谓一呼百应。但是，热情代替不了战术，只有勇敢也换不回胜利，在凉州军面前，他们几乎不堪一击。

曹操的脑海里始终忘不了汴水河畔的那一幕，论人数不比徐荣手下的人马少多少，论士气他们占优，但一场拼下来，敌人损失不大，自己几乎全军覆没。事后想想他觉得挺后悔，这支队伍组建时间毕竟还不长，只经过了简单的训练，各部之间也缺少默契和配合，靠这样的队伍去跟职业化的军队硬碰硬，正是以己之短对敌之所长，不用打，结果就应该想到。

曹操大概在想，如果能再来一次，这场仗一定不能这么打，只要战术上灵活一些，多一些变化，同样的时间，同样的地点，同样的对手，结果一定可以改写。可惜当时自己并未想到这些，身边的这些兄弟阵前冲杀没问题，而让他们帮助自己思考这些，几乎不可能。曹操感到现在自己身边不缺猛将，缺少的是谋士，像汉朝张良、萧何、陈平那样的人才，可以运筹帷幄之中决胜千里之外。这样的人，现在他身边一个都没有。

黄河岸边，东武阳城外，已经下起了雪，曹操的心境比这个冬天还寒冷。对下一步的打算，他心里也纷乱如麻，是继续坚持讨董大业，还是先谋求自身稳定发展？是在袁绍卵翼下得以苟安，还是干脆独立单干？如果单干，胜算的把握有多少，该选择什么方向？四周强敌林立，现在自己不仅人马有限，而且经过一连串失败，不说下面的士卒，就是与自己最贴心的那几员大将，也都产生了疑惑。这些心绪在曹操心里久久盘旋，但又理不出清晰的头绪来，他也不能跟曹洪、曹仁这几个兄弟去说，害怕进一步动摇他们的信心。曹操急需要胜利，也急需要能为他指点迷津的人。

一位"汝颍奇士"

这一天，曹操还在黄河滩上散步，突然亲随报告说，有一个外地来的客人，在营中说有事要见他。客人特意报上自己的名号，说他叫荀彧。荀彧，难道是他？曹操心里瞬时闪出亮光。如果真是那个荀彧，那就是苍天有眼，关键时刻助自己一把。

曹操火速回到军营，不待亲随引领，就急不可待地来到客人休息的地方，曹操顾不上矜持，直接站到这个自称荀彧的人面前。曹操打量他，见此人中等偏上的身高，很文气，穿着简朴但气宇不俗，约莫 30 岁。正是心中所想的那个人！曹操上去一把拉住他的手，激动之情溢于言表。随后，曹操与此人进行了长谈，《三国志》记载，长谈后曹操只说了 5 个字："吾之子房也！"荀彧究竟何人？曹操为何如此激动？荀彧字文若，颍川郡颍阴县人，出生于汉桓帝延熹六年（163），此时 29 岁，小曹操 8 岁。说起颍川郡荀氏，那是天下知名的世家大族。汉魏门阀渐起，一些世家大族涌现，在当朝，最知名的莫过于汝南郡的袁氏，号称"四世三公"。这就是门阀政治，一代接一代提携、铺路，除了微妙的政治势力的培养，最重要的是保持本家族的良好声誉。

荀彧年轻时便才能突出，被郡里举为孝廉，进入朝廷后担任了守宫令一职，这个职务级别不高，归九卿之一的少府卿管，掌管皇宫所用纸笔、墨、封泥等办公用具。荀彧在宫中供职的时间是永汉元年（189），正是董卓之乱的前夜，先是何进听从袁绍建议引外兵入京，接着何进被杀、袁术围攻南北宫，在那场大乱中荀彧就在现场，但他侥幸躲过了一劫。董卓把控朝廷后荀彧深感不妙，在叔父荀爽的帮助下，他谋得一个亢父县令的职务。这个地方在哪里荀彧并不关心，因为他的目的只是逃离洛阳。

恰在这时，冀州刺史、颍川人韩馥派人来家乡招募人才，荀彧便带着家人到了冀州。哪知，来到冀州后，荀彧还没等发挥自己的能力，甚至还没等到韩馥给他安排一份工作，冀州就出了大事，韩馥的位子被袁绍抢了。袁绍名气很大，手下人才鼎盛，仅智囊就有逢纪、许攸、郭图、审配、荀谌、辛评、辛毗、田丰、沮授、陈琳一大堆，与他们相比，荀彧不仅是新手，而且没有做出过任何成绩，自然也引不起袁绍的关注。袁绍一反韩馥用人之道，对颍川郡人予以压制，荀彧的哥哥荀谌也有很才干，在袁绍夺取冀州过程中也出过大力，袁绍开始很欣赏荀谌，但后来也慢慢被边缘化了。经过一番思考，荀彧来到东武阳，投奔了曹操。

结果让荀彧感到欣慰，曹操以极大的热情接纳了自己，通过一番交谈，荀彧进一步了解到曹操内心的真实想法，自己没有看错，曹操确实不是一个能久居人下之人，他有着远大的抱负和明确的目标，这正好给了自己以施展才华的舞台。

一个奇谋，两场胜仗

就这样，荀彧正式成为曹操的"第一智囊"。这个"第一"，有两个含义：一是在曹操的智囊团队里，荀彧来得最早，是第一个；二是在曹操的智囊团队里荀彧的地位最高，至少在大家的心目中他的地位始终无人可比，在很长时间里荀彧都是曹操智囊团队的核心。有荀彧在身边筹划，曹操一改败运，连打胜仗。

在分析了当时曹操所面临的情况后，荀彧提出现在脱离袁绍独立发展是正确选择，但应该以不与袁绍闹翻为前提，名义上接受袁绍的节制，但所有战略必须按照自己的意图制定和实施，对袁绍有利也对自己有利的事要干，对袁绍没利对自己有利的事也要干，对袁绍有利对自己没利的事坚决不干。好在袁绍当前正面临着来自北面公孙瓒方向的巨大压力，无暇顾及这边，他反而需要曹操为其在南线做一道屏障。因此，这就是一个难得的战略机遇期，袁绍不仅不会打这边的主意，还会对这边的发展给予帮助，要充分利用好袁绍的这种心态。

这个机遇期可能很短暂，等袁绍解决掉公孙瓒，马上就是另一种格局。所以，荀彧建议应该打着袁绍的旗号大胆地去抢占地盘，可以从东武阳渡过黄河，向兖州的东郡一带发展，立足东郡，着眼兖州，如果能占有一州之地，那就有了逐鹿中原的基础。兖州刺史刘岱是袁绍的亲戚，袁绍的妻子刘氏出自刘家，刘岱的弟弟叫刘繇，是扬州刺史，这家人为什么这样牛？因为人家姓刘，是正宗的皇室宗亲。从刘岱手里夺兖州，这个难度未免太大，曹操之前想过，但想想也就作罢了。荀彧认为这其实有可能，但不能去抢，而需要有人来帮忙，这个人就是黄巾军。黄巾军已被扑灭多年，但近年来又卷土重来，冀州的黑山军，青州的变民，都打着黄巾旧部的旗号发展壮大起来，他们一股势力特别大，地方上特别害怕这些人。

根据荀彧的分析，虽然大股的黄巾军还没有伸入兖州，但这是迟早的事，兖州各地一定心惊胆战，现在谁能帮助他们保家卫土，谁就能得到他们的真心帮助。黄巾军一行动就是几万、十几万人甚至几十万人，但那并不可怕，因为这是把男女老少都算上的人数，他们习惯于仗打到哪里就把家眷也带到哪里，对付这样的敌人，一定要坚决、勇敢，绝对不能示弱。如果他们看到你的意志坚决，即便有取胜的把握，他们往往也会知难而退。汉献帝初平三年（192）春天，在荀彧建议下，曹操率主力离开东武阳，主动出击，打败了黄巾军的盟友黑山军。之后，在荀彧的协助下曹操迅速向黄河以南发展，打败了活跃在这一地区的黄巾军余部，占据了东郡的大部分地方。

东郡战役打得虽然算不上艰辛，但这时的曹操力量十分弱小，如果没有巧妙的谋略，曹操也很难在短时间里夺取东郡的大部分地方。随后，曹操扩张的速度更加惊人，又抓住兖州刺史刘岱被杀的机会成为整个兖州的新主人。如同刘备后来在荆州遇到诸葛亮便由屡打败仗变为连战连胜一样，曹操有荀彧这位一流谋士的帮助，在战场上的表现也让人觉得前后判若两人。

曹操得到荀彧的辅佐，犹如后来刘备遇到了诸葛亮，他们再打起仗来，前后完全判若两人：之前屡战屡败，之后连连取胜。还是同样的军队，还是大体相同的对手，为何战绩相差如此悬殊？

对曹操来说，荀彧的到来不仅让自己打了胜仗，更从本质上改变了当时的处境。在黑山军围攻东武阳时，青州的黄巾军也向这个方向运动，总人数达到百余万人。青州黄巾军首先进入兖州的任城，任城国相郑遂被杀。消息传到山阳郡的昌邑，在此据守的兖州刺史刘岱决定出兵迎击，结果他竟然也被杀了。刘岱死后，兖州8个郡国处于群龙无首的状态，面对来势汹汹的黄巾军，当务之急是推出一个有实力、有能力的领头人，带领大家打退黄巾军，而刚刚取得东郡战役胜利的曹操无疑就是这样的领头人。在兖州地方实力派的拥戴下，曹操就任了兖州牧，成为与刘虞、刘焉、袁绍、刘表、陶谦等人并列的"一方诸侯"。

"好运"来得如此突然，其中有一定偶然成分，刘岱被杀是大家没有料到的，否则曹操在兖州发展要困难得多。但是，在荀彧策划下，曹操采取的战略方针是正确的，这是兖州本地人士主动迎请曹操的关键。就任兖州牧后，曹操与青州的黄巾军再战，经过激战，黄巾军不敌，请求投降。据《三国志》记载，这次受降共得到降卒30多万，曹操据此组建了一支"青州兵"，人数虽然不详，史书只说"收其精锐者"，但即便10个人里面选1个的话，也至少有3万人以上。

曹操不仅当了兖州牧，手里还有了一支名副其实的劲旅。从连打败仗、士气低落，到连战连捷、坐拥一方、手有雄兵数万，这一切仅仅发生在不可思议的几个月时间里。如此翻天覆地，除了"运气"好，除了曹操坚韧不拔的意志、曹军将士奋勇当先的战斗精神，正确的形势分析和策略应用无疑才是更重要的，曹操大概深刻体会到，身边有没有荀彧这样的一流智囊情况完全不一样。

《孙子兵法》强调谋略的重要性，曹操强调"智夺"胜过"强取"，诸葛亮后来评价曹操的成功，归结于"非惟天时，抑亦人谋也"。所谓"人谋"，指的是遇到困难和问题，通过思考制定解决的对策和方案，这是一个如何获取利益和优势的思维过程，强调的是"人"的核心作用，并立足于"谋"的手段。

人们常说"谋事在人，成事在天"，说明任何成功都需要具备主观和客观两方面的条件："谋事在人"强调的是主观条件，"成事在天"强调的是客观条件。万事万物的发生有其必然性同时也都有概率性，而有概率的必然性事件必须用有概率的竞争性机制来实现，所以在竞争性机制中发挥作用的是人的主观能动性。简单地说，就是人的思维不仅受自然条件的限制和约束，而且可以通过思维在一定程度上改变自然条件和竞争结果。

汉末三国的乱世争雄拼的是实力，实力表现为人马和地盘的多少，也表现在经济实力方面。但是，经常出现另一种局面：人马多的一方却不能取胜，地盘大、经济实力强的一方反而被相对弱小的一方打败。这种"以弱胜强"的事例在汉末三国屡屡出现，当时发生的几场著名战役，如官渡之战、赤壁之战、夷陵之战等都可以归为这类情况。之所以如此，就是因为在人马、地盘、财富等"硬实力"之外，还有一些看不见的因素左右着战争的结局，可以归结为"软实力"。在"软实力"中，谋略无疑占重要位置。通过运用谋略，可以提前预知危险从而加以避免，可以找到对方的弱点从而集中攻击，也可以在没有机会的时候创造出机会。谋略可以弥补"硬实力"的不足，是"以弱胜强"的关键。

谋略是一种思想，它产生于人的头脑中，"谋士"就是专门制定谋略的人才，可以把他们称为"军师"或"智囊"，他们的主要职责和任务是一样的：为帝王或群雄提供正确的谋略。曹操本身也是一个见识不凡的人，但他同样需要谋士们的帮助，得到像荀彧、郭嘉这样的人才，每每都让曹操激动不已。每一次军事行动前，曹操都要广泛听取谋士们的意见，每一次重要战役结束后，曹操也会召集谋士们进行总结。曹操在事业低谷时遇到荀彧，有荀彧出谋划策，曹操一改颓势，连打胜仗，事业出现了转机，实力不断壮大，这些都是谋士的作用，是谋略的力量。

集中优势兵力歼敌

孙子曰：

故用兵之法，十则围之。

曹操曰：

以十敌一则围之，是谓将智勇等而兵利钝均也。若主弱客强，不用十也，操所以倍兵围下邳生擒吕布也。

孙子曰：

五则攻之。

曹操曰：

以五敌一，则三术为正，二术为奇。

孙子曰：

倍则分之。

曹操曰：

以二敌一，则一术为正，一术为奇。

孙子曰：

敌则能战之。

曹操曰：

己与敌人众等，善者犹当设伏奇以胜之。

孙子曰：

少则能逃之。

曹操曰：

高壁坚垒，勿与战也。

孙子曰：

不若则能避之。

曹操曰：

引兵避之也。

孙子曰：

故小敌之坚，大敌之擒也。

曹操曰：

小不能当大也。

$$◆\ 原文翻译\ ◆$$

孙子说：

所以，用兵的方法是：兵力是敌人的10倍，就去包围它。

曹操说：

用10倍的兵力对战敌人，就去包围它，这说的是在将领智谋、勇气相等而士卒战斗力也相等的情况下。如果对手实力弱、我方实力强，那就不用10倍的兵力才能包围敌人，我用1倍的兵力就包围了下邳，生擒了吕布。

孙子说：

兵力是敌人的 5 倍，就去进攻它。

曹操说：

用 5 倍的兵力迎战敌人，就用其中 3 倍的兵力从正面发起进攻，另外 2 倍的兵力作为奇兵。

孙子说：

兵力比敌人多 1 倍，就去分割它。

曹操说：

用 2 倍的兵力迎战敌人，就用其中一半的兵力从正面发起进攻，另外一半的兵力作为奇兵。

孙子说：

兵力与敌人相等，可以与它一战。

曹操说：

自己与敌人兵力相等，善于用兵的人就应该设置埋伏，以奇兵战胜敌人。

孙子说：

兵力比敌人少，就要撤退。

曹操说：

敌人有高大、坚固的工事，不要与它交战。

孙子说：

所有方面都不如敌人，就要避免与它交战。

曹操说：

指挥军队主动退却，避开敌人。

孙子说:

所以，力量弱小而与强大的敌人硬拼，一定会成为强敌的俘虏。

曹操说:

弱小的军队，无法抵挡强大的敌人。

<hr>

经典战例

战役名称: 下邳之战

战役时间: 汉献帝建安三年（198）

交战对手: 吕布

 集中优势兵力歼灭敌人，也是经常运用的战略战术。《孙子兵法》提出"十则围之"说的就是这个道理，对于那些重要的对手，与其多次将其击败，不如一次性将其歼灭，为此可以动用更多的兵力。就这一点来说，曹操进一步补充说"若主弱客强，不用十也"，为此曹操举了兵围下邳、生擒吕布的战例进行说明。

 曹操生擒吕布的下邳之战发生在汉献帝建安三年（198）。这一年9月，吕布与刘备闹翻，吕布进攻刘备驻守的小沛，刘备一边向曹操求援，一边抵抗吕布的进攻。不久，小沛被攻破，刘备西逃，于10月在梁国境内遇到了亲率大军而来的曹操，曹操收纳了刘备，以汉献帝的名义任命刘备为豫州刺史。之后，曹操指挥大军继续向东进击，目标就是消灭吕布在徐州的势力。

 曹操原来的进军路线是前往小沛，刘备失败后小沛的重要性已经降低，吕布的主要军事据点是彭城和下邳，小沛在其以北较远的地方，偏离了作战的主轴。吕布也意识到这个问题，虽然他已经占领了小沛，但迅速退了回来，将主力部署到彭城一线，依托彭城周围的低矮山丘以及汳水、济水、泗水等河流，构筑起保卫徐州的第一道防线。

 吕布亲临前线，誓死守卫彭城。但是，在他与曹操的直接交手中总是败多胜少，这一次仍不例外。曹军有过多次痛打吕布的经验，心理上占有优势，加上对彭城这个地方很熟悉，几年前在这里曹军曾与陶谦的军队交锋，所以打起来很顺手。曹军很快取得了胜利，攻克彭城，吕布率军退到他的第二道防线下邳。

曹军攻克彭城后继续进军，直抵下邳城外。吕布将徐州治所移至下邳后，对这里进行了大力整修，这座城池虽不如彭城那样知名，但现如今的防卫能力却大大超过彭城。下邳城有泗水为依托，陈宫建议吕布趁曹军尚未渡过泗水时主动出击，将敌人拒于泗水河西岸。但吕布好像正在研究兵法，他对兵法上说的"半渡可击"深信不疑，觉得如果趁曹军正渡河时发起进攻更为有利。

可是，让吕布不可思议的是，曹军渡河的动作如此迅速，根本没有留下通过发动突然袭击把他们消灭在河里或者打回去的机会，这是因为曹操也注意到了这一点，所以进行了特别防备，没有让吕布占到便宜。更让吕布闹心的是，他还没有组织起有效抵抗，自己这边先乱了阵脚。吕布的属下、广陵郡太守陈登临阵起义，打乱了吕布的布防，吕布大败，手下将领成廉被曹军俘虏。

接连两次败仗让吕布的军心严重受挫，丧失了与曹操一决高下的信心。吕布退回下邳城内，依托坚固的城防工事进行抵抗。为了尽可能减少伤亡，曹操给吕布写了一封信，劝他投降。吕布接到信，真有点儿动心了，但吕布手下的陈宫知道后坚决反对，陈宫认为，曹操的战略对手远不止吕布一个，曹操不敢在下邳久留，只要抵抗坚决，把曹军拖住，时间长了曹操必然得撤军。而且，远途作战会造成粮食供应的困难，可以主动出击，劫夺曹操的粮道，一旦粮食被劫，曹军将士军心必乱。

吕布认为陈宫的分析有道理，准备与曹操打一场持久战。吕布计划亲自带队去劫曹军粮道，军事会议也开了，各项部署也下达了，吕布回家收拾东西，顺便跟妻子交代一下，但吕布的妻子却坚决反对，她担心吕布出城以后，如果遇到什么意外，自己将失去依靠。吕布一向听妻子的，听到妻子这么说，于是放弃了出城劫夺粮道的计划。

陈宫不放弃，又出了一个主意，建议由他来守城，吕布带一支人马到城外驻守，形成呼应，曹军攻吕布，陈宫就出来夹击曹军；曹军攻城，吕布就从后面包抄曹军。陈宫认为，只要守城策略正确，曹军很难找到机会，曹军不可能在下邳城久攻，那样一来粮食供应就会成为问题，当年曹军不止一次兵临郯县城下，最后都无功而返。陈宫反复向吕布说明，只要能顶住，时间一长下邳之围必解。

陈宫的计划有可取之处，因为分兵毕竟可以分散敌人的进攻点，削弱敌人的攻势。同时，分兵可以减轻城内粮食不足的压力，跳到外围作战后，可以变被动为主动。吕布也懂些兵法，知道陈宫的这个主意可行，准备同意，但回到家跟妻子一说，吕布的妻子再次坚决反对。吕布的妻子说"昔曹氏待公台如赤子"，但陈宫仍然舍弃曹操，现在将军待陈宫未必如曹操那样好，把守城的大任交付给他，你孤军远出，一旦情况有变自己"岂得为将军妻哉"？吕布一听，又放弃了分兵出城的计划。曹军攻势很猛，城里的人士气都很低落。

其实，攻城的一方也不顺利，下邳城久攻不下，曹操也很头痛。正如陈宫分析的那样，大军长期滞留在徐州一带，南阳郡的张绣，荆州的刘表，冀州的袁绍，关中的韩遂、马腾，这些人此刻都在盯着徐州战局，会不会趁乱打劫真的很难说。如果出现那样的情况，曹操仓促回军，岂不是当年张邈、陈宫发动"兖州之叛"的重演？

曹操人在徐州，心里一直惦记着许县。而这时又传来情报说张杨在东市起兵，打出支援吕布的旗号向下邳杀过来。张杨是吕布的同乡，是一个实力弱一些的割据军阀，长年盘踞在河内郡一带，吕布被围后，曾派人向张杨求救。张杨起兵的"东市"不知何地，应该在河内郡，有人认为是下邳城的东市，肯定是不对的，张杨此刻应该距下邳还很远。张杨出现异动，让曹操对许县的局势更加担忧。曹操不怕张杨杀到徐州来为吕布解围，他担心的是张杨直接杀到许县去，虽然构不成致命的威胁，但张杨带头一闹，许县四周的实力派更要蠢蠢欲动了。

在这种情况下，曹操想到了撤军，但又不甘心放弃眼看到手的下邳，为此感到很犹豫。随军的谋士郭嘉、荀攸都来劝曹操，认为现在已经到了节骨眼儿上，一定不能松气，如果让吕布缓过这口气，日后再解决他就更困难了。郭嘉分析说，当年项籍有 70 多座城池，从来没有打过败仗，但一朝失势导致身死国亡，这是他恃勇无谋造成的。现在吕布每战必败，已经气衰力尽，内外皆困。吕布的势力比项籍差得远，而现在他的情况比项籍还不如，如果乘势攻之，一定可以将其擒获。荀攸也分析说，吕布自彭城以来连战皆败，锐气已衰，三军以将为主，将衰军队就没有斗志，陈宫虽然有些智谋，但现在他的计谋还来不及施展，趁着这股劲猛攻，一定可以拿下吕布。

郭嘉、荀攸的分析让曹操坚定了一战消灭吕布的信心。下邳久攻不下，一方面是攻城战本来就难打，在缺乏有效攻城手段的冷兵器时代，很容易形成久攻不决的局面；另一方面，曹操的兵力虽远胜于吕布，但还没有达到数倍甚至十倍于敌军的优势。吕布在徐州经营多时，通过收编、整合，人马已经有了相当规模，史书虽然没有吕布所部此时人马数量的确切记载，但吕布不久前曾讨伐过"伪皇帝"袁术，把袁术打得抬不起头来。袁术所部人马数量至少在数万至 10 万之间，吕布能压着袁术打，手中至少也有数万人马。

如果按照"十则围之"的标准，曹军围困下邳的人马数量需要几十万，但曹操此时能集中起的人马顶多 10 万，还有不小差距，这是曹操产生撤兵念头的原因之一。可是，经过郭嘉、荀攸分析后，曹操进一步看清了敌我双方综合实力上的差距，这种差距不仅体现在人马数量上，更主要的是体现在战斗意志、战斗决心以及后勤保障等方面，曹军将士士气较高，吕布所部士气低落；曹军后勤保障尽管也遇到一些困难，但总有克服的办法，而被困在城里的吕布所部很快就将面临断粮的问题。敌对双方在这些方面的差距，进一步强化了攻城部队的优势，让曹操觉得，即使自己人马的数量只能达到守军的一倍，也可以实现"十则围之"的效果，确保将敌人全歼。

曹操全歼吕布的决心下定后，立即指挥人马加紧对下邳城进行围攻。曹军将士日夜不停地从下邳城四面发起攻击，不给守军留有喘息之机，也让守城的将士看不到任何希望。曹军的猛攻收到了效果，吕布手下一部分将领斗志瓦解，他们抓住主张坚决守城的陈宫、高顺，之后打开城门，迎接曹军进城，吕布随之被生擒，吕布集团被彻底消灭。

兵法解析

　　曹操消灭吕布的下邳之战，从当年10月开始，结束于12月底，前后进行了不到3个月，在那时候的攻城作战中，这样的用时并不算太长，曹操一举消灭了颇有实力的吕布集团，算是一次漂亮的胜仗，曹操对此应该是相当满意的，所以在注解《孙子兵法》时特意提到了这场战役。

　　在攻城作战中，攻的一方主动，守的一方被动，实现主动的前提往往是兵力上占有绝对优势。大部分攻城作战都是从围城开始的，什么时候可以发动围城作战呢？《孙子兵法》提出"十则围之"，"十"虽然是虚指，不一定机械地理解为必须达到10倍，但也大体上框定了范围，那就是必须达到守城或守营敌军兵力的数倍至十数倍，才能考虑围城作战。兵力不足，不仅实现不了合围，而且有被守军抓住机会打反击的可能。

　　围城作战代价往往是比较大的，出动数倍于敌人的兵力，耗费不短的时间，需要付出巨大的时间成本、后勤保障成本，同时还要付出比野战更多的牺牲，既然如此，为什么还要强调集中优势兵力打这样的战役呢？这是因为，围攻战付出的代价虽大，但所取得的战果往往也很大，那就是可以将其敌人包围起来彻底消灭。俗话说"伤其十指，不如断其一指"，消灭敌人的有生力量或者将敌人完全消灭，比将敌人反复击溃多次更有价值，当最有价值的敌军目标被锁定后，下定决心集中优势兵力将其一举歼灭，为此而付出一定的代价也是值得的。

　　从反向思维角度看，一旦被敌人优势兵力围攻，尤其看到敌人表现出不胜不休的意志后，不应与敌人再进行恋战，要及时设法脱身，通过机动，跳出敌人的包围圈，避免被敌人围困在孤城里。

要弄清敌我双方的真实情况

孙子曰：

夫将者，国之辅也。辅周则国必强，辅隙则国必弱。

曹操曰：

将周密，谋不泄也。形见于外也。

孙子曰：

故君之所以患于军者三：不知军之不可以进而谓之进，不知军之不可以退而谓之退，是谓縻军。

曹操曰：

縻，御也。

孙子曰：

不知三军之事而同三军之政者，则军士惑矣。

曹操曰：

军容不入国，国容不入军，礼不可以治兵也。

孙子曰：

不知三军之权而同三军之任，则军士疑矣。

曹操曰：

不得其人也。

孙子曰：

三军既惑且疑，则诸侯之难至矣。是谓乱军引胜。

曹操曰：

引，夺也。

孙子曰：

故知胜有五：知可以战与不可以战者胜，识众寡之用者胜，上下同欲者胜。

曹操曰：

君臣同欲。

孙子曰：

以虞待不虞者胜，将能而君不御者胜。

曹操曰：

《司马法》曰"进退惟时，无曰寡人"也。

孙子曰：

此五者，知胜之道也。故曰：知彼知己者，百战不殆；不知彼而知己，一胜一负；不知彼，不知己，每战必败。

曹操曰：

此上五事也。

孙子说：

将领，是国家的保卫者。保卫周全，国家就必然强盛；保卫不周全，国家必然衰弱。

曹操说：

将领处事周全而细致，计谋就不会外泄。情况就会显露出来。

孙子说：

国君对军队带来的灾害有三种情况：不知道军队不能发起进攻而命令他们进攻，不知道军队不能撤退而命令他们撤退，这是牵制军队。

曹操说：

縻，牵制的意思。

孙子说：

不了解三军的事务而参与军队的管理，将士就会感到困惑。

曹操说：

管理军队的方法不能用来管理国家，管理国家的方法不能用来管理军队，礼教不能用来管理军队。

孙子说：

不熟悉三军的指挥而参与指挥，将士就会感到疑虑。

曹操说：

下面的将士不了解上面的意图。

孙子说：

三军既困惑又疑虑，各诸侯国制造的灾难就会到来。这就叫作把军队搞乱，自取败亡。

曹操说：

引，夺取的意思。

孙子说：

有五种情况可以预测到胜利：知道何时可以交战和何时不可以交战的能够胜利；懂得如何使用较多的兵力和如何使用较少的兵力的能够胜利；将士们上下目标一致的能够胜利；准备工作周到并能利用敌人疏忽的能够胜利。

曹操说：

国君和臣属愿望相同。

孙子说：

将领有才能而且国君不干预的能够胜利。

曹操说：

《司马法》说"交战时前进还是后退，要根据战机来决定，没有必要请示国君"就是这个意思。

孙子说：

以上这五个方面，就是预测胜利的依据。所以说：了解敌人也了解自己，每战都不会有危险，可以取胜；不知道敌人但了解自己，取胜和失败的机会相等；不了解敌人也不了解自己，每战都将失败。

曹操说：

这里是上面说的五种情况。

战役名称： 官渡之战

战役时间： 汉献帝建安五年（200）

交战对手： 袁绍

发生在汉献帝建安五年（200）的官渡之战，是曹操与袁绍之间的"终极决战"。对曹操而言，首先遇到的考验是要不要下定决心与袁绍打这一仗，因为从曹操与袁绍表面的实力对比看，曹操明显弱于袁绍。然而，这并不是双方力量对比的全部情况，也不是真实情况，只有把真实情况弄清，才能决定这一仗打还是不打。

官渡之战前，曹操于汉献帝建安三年（198）第二次率大军征讨南阳张绣，但此次南征又无果而终，其中的原因，有自身准备不足的问题，也有一些偶然因素。曹操刚开始在许县创业，便两次遭遇军事上的挫败。曹操回师许县后，密切关注黄河以北的袁绍那边的情况。此次曹操从南阳仓促撤军，很大程度上也是因为袁绍的因素，曹操还在南阳时就听到报告，说袁绍正准备率大军南下，这让曹操有些紧张，撤回许县，也是为了迎战袁绍。

可是，曹操回到许县后并未见袁绍来袭，一个可能是，袁绍之前只是放出了风声，并未有南下的打算，目的只是破坏曹操的军事行动；另一个可能是，曹操较早得到了情报，迅速回师，让袁绍失去了最佳进攻时间，袁绍放弃了奇袭许县的计划。不过，曹操屡次南征不利，让袁绍有点儿看笑话的意思，也滋生了袁绍的骄傲情绪。在袁绍看来，未来最主要的对手就是曹操，他们现在虽然都腾不出手来直接对决，但迟早会有那一天。袁绍看到曹操此前连名不见经传的张绣都打不过，还是觉得挺开心。之前袁绍曾给曹操写过一封信，以许县地理位置偏僻、地势低湿为由，要求曹操把汉献帝迁到兖州刺史部的鄄城，这里虽然还没超出曹操的控制范围，但距袁绍的控制区只隔一条黄河，袁绍的用心很明显，曹操当然拒绝了袁绍的提议。

这次南征张绣回来，曹操又接到了袁绍的信，"其辞悖慢"，流露出对曹操的骄傲和不尊重，曹操看了大怒，以至"出入动静变于常"。众人还以为是征讨张绣失利造成的，钟繇看到这种情况，问荀彧曹公怎么了，荀彧说曹公是一个深谋远虑的人，对于既往之事不会过于放在心上，现在必然是因为别的事。据《三国志》记载，荀彧来见曹操，询问缘由，曹操出示了袁绍的来信，曹操说："今将讨不义，而力不敌，何如？"荀彧听后，说了一段很长的话："古之成败者，诚有其才，虽弱必强，苟非其人，虽强易弱，刘、项之存亡，足以观矣。今与公争天下者，唯袁绍尔。绍貌外宽而内忌，任人而疑其心，公明达不拘，唯才所宜，此度胜也。绍迟重少决，失在后机，公能断大事，应变无方，此谋胜也。绍御军宽缓，法令不立，士卒虽众，其实难用，公法令既明，赏罚必行，士卒虽寡，皆争致死，此武胜也。绍凭世资，从容饰智，以收名誉，故士之寡能好问者多归之，公以至仁待人，推诚心不为虚美，行己谨俭，而与有功者无所吝惜，故天下忠正效实之士咸愿为用，此德胜也。夫以四胜辅天子，扶义征伐，谁敢不从？绍之强其何能为！"

荀彧的这段话，意思是：古往今来面对成败得失，对于确实有才能的人，即使暂时弱小，以后也必然会强大；如果他不是这块料，即使暂时强大，将来也必然会被淘汰，刘邦、项羽的事正好说明这一点，如今能与您争夺天下的只有袁绍罢了，袁绍这个人，外表宽和但内心里猜忌心很强，做不到用人不疑，而您明达不拘，只要有才能就大胆使用，这是在度量上胜过袁绍；袁绍遇事优柔寡断，总是把握不住机会，而您能明断大事，应变有方，这是谋略上胜过袁绍；袁绍治军宽缓，法令不立，士卒虽然多，但实在难以为用，而您法令既明，赏罚必行，士卒虽少，都争相效命，这是在武力上胜过袁绍；袁绍凭着世家的出身，经常装模作样以显示自己的智慧，喜欢沽名钓誉，所以那些没有真本事但喜欢虚名的人愿意投奔他，而您待人真诚，推诚相见，从不华而不实，严格要求自己，对自己很勤俭，而奖赏有功之人从来不吝惜，所以天下忠勇之士都愿意追随您，这是德行上胜过袁绍。

荀彧总结：以上这"四胜论"，凭借它们辅佐天子，匡扶正义，讨伐叛逆，谁敢不从？袁绍再强大又有什么用？曹操听了荀彧这番"四胜论"，心里特别高兴，因为荀彧所说并非虚言，绝不是为图自己舒服编出来的奉承话。荀彧在袁绍身边待过，对袁绍的了解还是比较准确的，曹操心里的阴云散去了大半。

荀彧的"四胜论"就是对袁绍、曹操真实综合实力的分析，较为准确，但还不够全面。《傅子》记载，郭嘉也来见曹操，也有一段很长的谈话，郭嘉说："刘、项之不敌，公所知也。汉祖唯智胜；项羽虽强，终为所禽。嘉窃料之，绍有十败，公有十胜，虽兵强，无能为也。绍繁礼多仪，公体任自然，此道胜一也。绍以逆动，公奉顺以率天下，此义胜二也。汉末政失于宽，绍以宽济宽，故不摄，公纠之以猛而上下知制，此治胜三也。绍外宽内忌，用人而疑之，所任唯亲戚子弟，公外易简而内机明，用人无疑，唯才所宜，不间远近，此度胜四也。绍多谋少决，失在后事，公策得辄行，应变无穷，此谋胜五也。绍因累世之资，高议揖让以收名誉，士之好言饰外者多归之，公以至心待人，推诚而行，不为虚美，以俭率下，与有功者无所吝，士之忠正远见而有实者皆愿为用，此德胜六也。绍见人饥寒，恤念之形于颜色，其所不见，虑或不及也，所谓妇人之仁耳，公于目前小事，时有所忽，至于大事，与四海接，恩之所加，皆过其望，虽所不见，虑之所周，无不济也，此仁胜七也。绍大臣争权，谗言惑乱，公御下以道，浸润不行，此明胜八也。绍是非不可知，公所是进之以礼，所不是正之以法，此文胜九也。绍好为虚势，不知兵要，公以少克众，用兵如神，军人恃之，敌人畏之，此武胜十也。"

郭嘉这段话，意思是当初刘邦不敌项羽，情况大家都清楚，所以刘邦只能采取智取，不能力敌，而最终项羽被刘邦打败，据我看来，袁绍有十败，您有"十胜"：袁绍虽然强大，但他没有什么作为，他繁礼多仪，而您做事自然，没有形式主义，这是道胜；袁绍逆潮流而动，而您顺天而行，这是义胜，桓帝、灵帝以来，政治失于宽怠，袁绍以宽治宽，所以手段不够强硬，而您纠之以严，使上下法令顺利施行，这是治胜；袁绍外宽内忌，用人而生疑，所重用的人都是亲戚子弟，而您外易简而内机明，用人不疑，唯才是用，不问远近，这是度胜；

袁绍多谋少决，抓不住机遇，而您有了计划就大力推行，应变无穷，这是谋胜；袁绍是世家后代，喜欢沽名钓誉，喜欢说好话和奉承自己的人，而您待人以诚，不为虚美，忠正之士、有才之人都愿意为您所用，这是德胜；袁绍看见有人饥寒，也能给予体恤，马上进行接济，但对于看不到的也就想不到了，而您对小事有可能忽略，但大事都考虑得周到细致，恩之所加，都超过他们自己的期望，即使看不到的，也都有考虑，这是仁胜；袁绍手下大臣争权，逸言惑乱，而您对下属治理有方，逸言不能通行，这是明胜；袁绍是非不清，而您对待正确的事以礼相待，对待坏事都用法律去纠正，这是文胜；袁绍好虚张声势，不了解打仗的要领，而您善于以少克众，用兵如神，使敌人害怕，这是武胜。

从荀彧"四胜论"到郭嘉的"十胜论"，分析了袁绍、曹操的优劣，可谓一针见血，二人做出上述判断虽然不乏一定主观因素，但基本上说的都是实际情况。对于部下的溢美之词，曹操听得有点儿不好意思，笑着说怎么可能像你们所说的那样，我有何德何能可以胜任哪！

对曹操来说，这两场谈话非常重要，让曹操看清了敌我的真实状况，虽然自己在人马数量、控制的地盘多少等"硬实力"方面还不如袁绍，但在用人、士气、战略规划等"软实力"方面超过了袁绍，从综合实力对比看完全可以与袁绍一决高下。这两场谈话坚定了曹操的信心，吹响了官渡总决战的号角。

兵法解析

《孙子兵法》说："知彼知己者，百战不殆。"要战胜敌人，就要先从了解敌人开始，不了解敌人的情况，就会盲目地做出判断，就会造成决策上的错误和执行中的偏差。同时，"知己"也很重要，有时还以为了解自己，其实并不完全了解，有的人低估了自己的不足，有的人低估了自己的优势，同样都会做出错误判断。

"知彼知己"还有一层意思，那就是谁来"知"才算真正的"知"。士兵"知"而将领"不知"，将领"知"而国君"不知"，都不是真正意义上的"知"，只有上下都"知"，尤其是起决定作用的国君和将领都"知"，才能算"知彼知己"。所以，将领要了解发生在军队基层的实际情况，了解士兵们的思想和状态，了解真实的战斗力；国君要了解前线的真实情况，掌握军队的真实动态，不要偏听偏信。只有君臣、将士上下齐心，保持信息通畅，才能打胜仗。

在这里，曹操强调了管理军队的方法不能用来管理国家，管理国家的方法不能用来管理军队，以此说明要了解军队的真实情况必须考虑管理军队的特殊规律。军队管理和指挥有其特殊性，有些行政管理和经济管理中的方法，并不能直接照搬到军中。比如，军队更强调纪律，强调绝对服从与执行，针对普通百姓的礼教强调的则是潜移默化，中庸、谦和、恕道等应用于普通人没有什么，直接运用在士兵的管理上却容易出问题，所以曹操说礼教不能用来管理军队，这些都是经验的总结。当然，曹操这里所说的并非是军中完全排斥"礼"的存在，而是说礼教所常用的方式方法不能用来治军。

"知彼知己"如此重要，要做到这一点，必须有精准的观察力和判断力，必须注意收集各方面信息。荀彧、郭嘉都是曹操身边一流的谋士，他们不仅具备高超的战略眼光，更随时注意了解自己和敌人的情况。以郭嘉为例，他曾在关键时刻多次做出过大胆预言，事后都一一证明是正确的，这种神奇的预判能力并非真的只是来自"大胆"和瞎猜，而是长期日积月累的结果，每一次预言都是建立在对自己和敌人真实情况准确分析的基础上。

第四章

形篇

力量不足时要学会隐藏自己

孙子曰：

昔之善战者，先为不可胜，以待敌之可胜。不可胜在己，可胜在敌。

曹操曰：

军之形也。我动彼应，两敌相察情也。守固备也。自修理，以待敌之虚懈也。

孙子曰：

故善战者，能为不可胜，不能使敌之可胜。故曰：胜可知而不可为。

曹操曰：

见成形也。敌有备故也。

孙子曰：

不可胜者，守也；可胜者，攻也。守则不足，攻则有余。

曹操曰：

藏形也。敌攻己，乃可胜。吾所以守者，力不足也；所以攻者，力有余也。

孙子说：

从前，善于用兵的人首先设法让自己不被敌人战胜，然后等待时机战胜敌人。不被敌人战胜取决于自己创造的条件，能不能战胜敌人取决于敌人。

曹操说：

形，指的是军队的实际情况。我军行动，敌方应对，敌我双方互相了解对方的情况。防守，就要做到设防坚固。把自己的军队治理好，等待敌人出现漏洞。

孙子说：

所以，善于用兵的人有办法让自己不被战胜，却不一定能够战胜敌人。所以说：虽然知道如何能获胜，却不一定最终能获胜。

曹操说：

因为敌人显露了军形。原因是敌人有了防守。

孙子说：

使自己不被战胜，依靠防守；使自己战胜敌人，依靠进攻。当兵力不足的时候采取防守的策略，当兵力充足的时候采取进攻的策略。

曹操说：

防守，就要隐藏好自己。敌人进攻自己，就可以取胜了。我之所以采取防守的策略，是因为力量不够；我之所以采取进攻的策略，是因为力量充足。

经典战例

战役名称： 山阳之战

战役时间： 汉献帝兴平元年（194）

交战对手： 吕布

汉献帝兴平元年（194），曹操与吕布在兖州展开激烈争夺，一开始，争夺的焦点是吕布据守的军事重镇濮阳，双方势均力敌，曹操还中了吕布的诱敌之计，差点儿在濮阳城中丧命。但到了后来，曹操整顿人马，逐渐占据上风。到这一年的冬天，吕布渐渐不支，决定放弃濮阳。

吕布计划先退往南面的济阴郡、山阳郡一带，做好向徐州撤退的准备。济阴郡太守名叫吴资，是坚定的"反曹派"，吕布想到那里与他会合。进入济阴郡的第一站是乘氏县，此地靠近钜野泽，钜野泽是一处面积很大的天然湖泊，周围河网纵横，不适于骑兵作战，加之随吕布撤退的还有不少家眷以及大批军需物资，所以行动比较迟缓。

在乘氏县境内，吕布突然遭遇一伙人的攻击，看样子不是曹军主力部队，而像是当地的大族武装，他们人数很多，又熟悉地理环境，吕布不敢跟他们恋战，命令队伍向东边的山阳郡转进。等到了山阳郡境内，发现这里的湖泊、河流更多，泗水、济水等川流其间，行动更加困难。吴资在济阴郡的定陶县，吕布原打算绕道山阳郡去定陶与吴资会合，但这次绕道耽误了时间，曹操亲率大军也奔向了定陶，并且跑在了吕布的前头。

关键时刻吴资表现神勇，组织军民顽强地抵抗住曹军的进攻。看到定陶城仍在，吕布不急于进城，而是从外围向曹军不断发起进攻，分散曹军的精力。曹操也不敢放手攻城，又没办法一口将吕布吃掉，只好分出兵力来与吕布周旋，围绕着定陶的争夺就此拉开。其间，曹军数度攻城，均被吴资打退。曹操不再硬拼，而是把战场扩大到济阴郡、山阳郡全境，派出多路人马，逐一收复那些反曹的县城，战事重新陷入胶着状态。

曹操一面继续围攻定陶，一面派手下曹仁、曹洪、夏侯渊、于禁、典韦等将领分兵占领了济阴郡的各县，同时向山阳郡扩大战果，定陶成为一处孤城。附近唯一的外援是山阳郡最北面的钜野县，吕布的盟友、陈留郡太守张邈派手下薛兰、李封占领此处，曹军围攻濮阳期间，吕布曾写信给薛兰和李封，请他们率兵由曹军身后包抄，但不知是信没送到还是二人不敢来，总之钜野县方向一直按兵不动。

曹操派本地人李乾回钜野县聚集人马准备反攻，李乾名气不大，但他有个侄子，就是曹军日后的名将李典。李乾的行迹被薛兰、李封侦知，他们把李乾抓起来杀了，曹操于是率主力进攻钜野。钜野是一处战略要地，吕布立即集合人马前去增援。但曹操似乎已经料到吕布会来，在路上设了埋伏，吕布不幸中计，损失颇大，只得撤回到定陶附近。薛兰、李封二人不敌曹操，钜野被攻破，二人兵败被杀。吕布想继续南撤，但曹操不想让他走，一定要把他消灭在兖州境内。曹军一部分主力死死咬住吕布不放，另一部分工主力攻占了济阴郡南面的梁国很多县城，堵住了吕布南逃的去路。吕布从濮阳出来后，一路连吃败仗，人马损失惨重，不过此时陈宫突然率领一支人马赶来了，让吕布士气大振。吕布开始反攻，双方展开了多场混战。

一天傍晚，吕布亲自带队进攻一处曹军的营寨，当时吕布手里有数千人，而该处曹军大约1000人，吕布决定把这支曹军就地包围消灭。吕布不知道的是，曹操本人就在这处营寨内，据王沈《魏书》记载，曹操派手下多位将领分别进攻周围的据点，自己身边的人马非常有限，不巧的是，偏偏被吕布撞上了。双方实力悬殊，与上一次在濮阳城内发生的险情一样，曹操再次面临危险。幸好吕布对此并不知情，只是把眼前的这支人马当成普通的曹军，他大概认为，如果曹操本人出现的话身边一定有重兵拱卫，这为曹操寻求脱身之策创造了机会。

面对数倍于己的敌人，曹操命令妇女们都登上营寨的外墙守卫，把精壮士兵集中起来迎敌。曹军营寨的西面有一个大堤，大堤的南面是一片茂密的树林，吕布率军来到此地，看到树林，怀疑里面有埋伏。不是吕布生性多疑，而是他最近实在被曹军打怕了，吕布对手下说："曹操多谲，勿入伏中！"吕布下令在离曹军营寨10多里的地方扎营，由于双方距离较远，吕布从而错过了一个最佳的进攻时机。直到第二天，吕布才率兵来攻，此时曹操把队伍隐藏在大堤内，派一半兵力在堤外，吕布率军进攻，曹操派少数人迎击，等敌人逼近，伏兵杀向堤外，吕布大败。曹军缴获了不少敌人的战鼓、车辆，一直追到吕布大营才回军。

以上是《魏书》对这场发生在山阳郡内战斗的描写，写得很生动，但有一些细节却不符合事实，如果有人拿这个当案例指挥打仗，结果只有一个：敌人打不垮，自己反而要全军覆没。这是因为，打仗不能脱离一些基本常识，其中一条常识是，除非有极特殊的情况，在阵地战中区区几百人是打不退上万人的，更不要说对方是吕布、张辽、高顺这样一流的猛将了。

曹军获胜是有可能的，但不是这样的打法。面对远远优势强于自己的敌人，曹操可选择的只有两条路：一条是突围，承认自己失败，能不能安全冲出去全靠命了；另一条是固守待援。一开始，曹操身边的人马不多，所以他用了疑兵之计，让吕布不敢进攻，从而达到安全隐藏自己的目的，为其他人马来增援以及后续反攻争取了时间。曹军的其他部队距此应该不会太远，不用曹操派人求救，他们听到消息后也会赶来增援。这样，等吕布第二天再来进攻时，曹军实力已经大增，这是一举击退吕布的关键。

兵法解析

诸葛亮的"空城计"家喻户晓，但史书中没有对空城计的记载，"空城计"是虚构的。但是，根据史书记载，类似"空城计"的战例在汉末三国至少发生过两次，一次就是上面说的曹操在兖州山阳郡境内反击吕布的这场战斗，另一次发生在汉中，是赵云上演的。

赵云指挥的那场战斗发生在汉献帝建安二十四年（219），对手是曹操亲率的大军，当时曹军在汉中与刘备展开激烈争夺，双方在阳平关以东、南郑以西的汉水谷地展开对攻，时任翊军将军的赵云参加了这场战役。一次，曹军的运粮队从北山下经过，队伍很长，黄忠认为可以袭击一下，把粮食劫过来。汉中是个不大的地方，突然间云集了这么多军队，军粮供应是个大问题，如果能把对方的军粮劫过来，那对敌人将是双重打击。

刘备同意了黄忠的建议，派赵云、黄忠一块儿劫粮。黄忠先出发，赵云在后，但到了约定时间黄忠仍然未归，赵云便率几十名骑兵出了营寨去接应，据《云别传》记载，赵云一出来就遇到曹军主力，双方展开激战，赵云身边只有几十个人，他们且战且退，奋力杀出重围。这时赵云发现部将张著负伤被围，又折返回去，杀入重围把张著救出，之后杀回自己的营寨。但赵云的营寨已被曹军占领，曹军闭门拒守，赵云杀了进去，将营寨重新夺回，之后把营门打开，偃旗息鼓，大批曹军随后赶到，看到这种情况，怀疑营内有伏兵，不敢攻营，于是撤退。赵云不干，雷鼓震天，用弓弩射击曹军，曹军惊骇不已，自相践踏，还有不少坠入汉水被淹死。

严格说来，曹操、赵云直接指挥的这两场战斗还不能称为"空城计"，因为他们都没有"城"，称"空营计"更恰当。不过，这两场战斗的原理是一样的，那就是在实力明显弱于对手的情况下，不要惊慌失措，也不要盲目地去与敌人拼命，而是冷静下来，寻找敌人的弱点，比如敌人还没有摸清情况、生性又多疑等，之后把自己隐藏起来，为最终脱险争取时间和机会。

利用气象变化作战

孙子曰：

善守者，藏于九地之下；善攻者，动于九天之上，故能自保而全胜也。

曹操曰：

因山川、丘陵之固者，藏于九地之下；因天时之变者，动于九天之上。

孙子曰：

见胜不过众人之所知，非善之善者也。

曹操曰：

当见未萌。

孙子曰：

战胜而天下曰善，非善之善者也。

曹操曰：

争锋也。

孙子曰：

故举秋毫不为多力，见日月不为明目，闻雷霆不为聪耳。

曹操曰：

易见闻也。

孙子曰：

古之所谓善战者，胜于易胜者也。

曹操曰：

原微易胜，攻其可胜，不攻其不可胜也。

孙子曰：

故善战者之胜也，无智名，无勇功，故其战胜不忒。

曹操曰：

敌兵形未成，胜之无赫赫之功也。

孙子曰：

不忒者，其所措必胜，胜已败者也。

曹操曰：

察敌必可败，不差忒也。

◆ 原文翻译 ◆

孙子说：

善于防守的人，会隐藏自己如同在九重的地下；善于进攻的人，行动起来如同来自九天之上。因此，他们既能保全自己，又能取得全面胜利。

曹操说：

凭借山河、丘陵这些有利地形开展防守的，就是"藏于九地之下"；利用气象条件变化作战的，就是"动于九天之上"。

孙子说：

能预见到普通人都可以预测的胜利，不能算高明之中最高明的。

曹操说：

应当在事情没有发生时就已预见到。

孙子说：

经过战斗取得胜利，被天下人称为高明，也不能算高明之中最高明的。

曹操说：

因为是经过激烈交锋才取得的胜利。

孙子说：

因此，能举起秋毫算不上力气大，能看见太阳和月亮算不上眼睛明亮，能听见雷声算不上听力好。

曹操说：

这些都是容易看到和听到的。

孙子说：

过去的那些被称为善于用兵的人，战胜的都是容易战胜的敌人。

曹操说：

观察细致容易取胜，攻打那些能战胜的敌人，不攻打那些不能战胜的敌人。

孙子说：

所以，善于用兵的人打了胜仗，既没有为他们赢得有智谋的名声，也没有为他们赢得功绩，因为他们打胜仗并没有意外。

曹操说：

敌人的兵力还没有部署到位，这时战胜他们，无法赢得赫赫战功。

孙子说：

打胜仗不出意外，是因为所有措施都保证了必然取得胜利，所战胜的是已经处于失败状态的敌人。

曹操说：

能够观察到敌人失败的地方，所以打胜仗不出意外。

经典战例

战役名称：官渡之战

战役时间：汉献帝建安五年（200）9月

交战对手：袁绍

在官渡之战期间，曹操一度被袁绍压着打，显得很被动，原因是袁绍兵力强于曹操。劣势之下的曹军不得不选择主动进攻，以求化解被动局面。但是，两军对峙完成后，曹操指挥人马多次出击都未成功，据《三国志》记载曹军"合战不利"。

汉献帝建安五年（200）9月的一天，官渡地区突然发生了一次日食。日食作为异常的天文现象在古代被视为凶兆，也被看作上天对人类的一种警告。发生日食后，远在许县的汉献帝刘协照例下诏，要求公卿"上封事"，也就是针对朝政得失写出专题报告，汉献帝特别强调，大家可以"靡有所讳"。汉献帝同时下诏，中央和地方要大力荐举人才，标准是孝行突出的人，并且下达了"任务指标"：三公每人荐举2人，九卿以及郡国守相、校尉等各荐举1人。汉献帝的这些举措未必出自曹操的授意，一来在官渡前线的曹操此时应该无心考虑这些事，二来在人才观上曹操主张以才为先，以后又提出了"唯才是举"的用人理念，与"以孝为先"的传统用人观不太一样。

日食之所以与政治联系起来，是因为古人对日食的真正成因并不清楚，认为这是上天的警示。在古人眼中，日食对于战争也有着影响，日食预示着不吉利，通常情况下发生日食的时候交战双方都要停下来，因而日食有时候还起到意想不到的休战作用，最著名的战例发生在公元前 6 世纪到 7 世纪间的伊朗高原，当时米底王国和吕底亚王国在哈吕斯河一带激烈交战，战事旷日持久，连打了 5 年还没有完。有一天，两军正在厮杀，忽然发生了日全食，顷刻间太阳全被吞没，仿佛夜幕降临，士兵们被眼前的景象惊呆了，停止了厮杀。尽管不久之后太阳重新出来，一切恢复正常，但交战双方都认为这是上天不满战争而发出的警告，于是决定不再打下去了，一场打了 5 年的战争因为偶遇一次日食而终结。

在官渡前线，曹操看到了这次日食，但曹操决定反其道而行之，利用敌人认为日食不宜作战的心理向袁军发起突然攻击。曹操下令全军出击，袁军果然被打了个措手不及，此战虽然未能彻底打败袁军，但在一定程度上缓解了曹军的不利形势，为后面彻底击溃袁军打下了基础。

战役名称：潼关之战
战役时间：汉献帝建安十六年（211）冬天
交战对手：马超、韩遂

在潼关之战中，曹操也有利用天气条件变化进行作战的战例。此战发生在汉献帝建安十六年（211），曹操当时在南方战线失利，所以决定向西面的凉州拓展，实际控制着关中地区的马超、韩遂等听到消息，联手起兵抵抗，在潼关、渭南等地与曹军发生大战。

"关中联军"本来拥有潼关、黄河、渭河等天险，但曹操连施妙计，将主力巧妙转移，先是顺利渡过黄河，让潼关天险失效，继而渡过渭河，来到渭河以南与"关中联军"对峙，"关中联军"所依靠的黄河天险、渭河天险也不复存在。马超慌了，组织人马出击，他能想到的是趁夜劫营，但这种小儿科的事曹操怎会想不到？曹军有了准备，将劫营的敌人击溃。之后，曹军全部人马都到了渭河南岸，在此扎营，与"关中联军"对垒。

不过，曹军这时也遇到了麻烦。"关中联军"在渭河以南已经长时间驻扎，建有现成的军营和防御工事，而曹军新到，需要临时修筑营垒。在筑营时，曹操发现这一带都是沙土地，土质异常疏松，这并不奇怪，这里是黄河与渭河的交汇处，这两条河流带来大量泥沙，尤其是黄河，在这里做了一个近乎90度的拐弯，泥流由此淤积下来，形成新的土地，而这样的土地非常松软。松软的土地为筑营增添了麻烦，如果时间充分，可以从别的地方运石块、砖头等材料筑营，但现在没有这样的条件，对曹军来说，要在短时间里修筑起一座坚固的营垒十分困难，而如果敌人有营垒而自己没有，那就异常被动，敌人来进攻时就很难防守。

这个情况事先无法预料，一时难坏了曹军将士。此时是农历九月，由于这一年闰八月，所以九月相当于十月，天气已经相当寒冷了。曹操的谋士娄圭建议，可以利用天气寒冷的特点筑营，先用沙土修筑营垒，一边筑一边浇水，马上就能结成冰，这样的营垒不仅像铁一样坚硬，固若金汤，而且"功不达晓，百堵斯立"，也就是一夜之间就能筑起百道营墙。曹操一听有道理，就下令筑"冰营"，果然一夜而成。

这样，曹军在渭河南岸也有了坚固的防御工事，可以完全站住脚。马超之后多次来挑战，曹操有"冰营"可坚守，就闭营不出，马超进攻受挫，陷入深深的焦虑之中。马超觉得还是曹操强大，自己没有取胜的信心，于是求和，愿意"求送任子"，也就是把儿子送到曹操那里做人质，以示忠心。

● 兵法解析 ●

气象是大气中的冷、热、干、湿、风、云、雨、雪、霜、雾、雷电等各种物理状态和物理现象的统称。气象条件指的是某一地区一定时间或一定时期内气象要素和天气现象的综合。气象条件对军事活动有着直接或间接影响，比如，严寒或酷暑条件下会影响技术装备性能的发挥，从而造成非战斗减员；恶劣的能见度条件下不利于射击和观察；雨雪天气条件下影响行军速度，不利于大兵团机动。

气象条件较差时，会影响正常军事行动的进行，但这样的气象条件对于特定的行动也会创造一些机会，比如能见度较差时，虽然不利于观察敌情，但有利于隐藏自己，以达到作战行动的突然性，再比如雨雪天气虽然不利于行军，但同样有利于隐蔽，从而隐藏起作战行动的意图，麻痹敌人。《孙子兵法》强调"自保而全胜"，方法是"善守者藏于九地之下，善攻者动于九天之上"，其中的"善守"，就是要利用各种各样的有利条件来达成目标，曹操结合自己的军事实践，进一步提出"因山川丘陵之固者，藏于九地之下；因天时之变者，动于九天之上"，提出随时变化的气象条件也可以用于作战。

在人们印象中，汉末三国时代将气象变化引入作战的最著名战例是诸葛亮"借东风"，不过在史书里并没有这方面记载，"借东风"是艺术作品虚构的。不过，在汉末三国时代的战争中，有许多将领有意识地关注气象变化，并寻求和利用其作战，以获得战胜敌人的机会，这方面的例子还有很多，比如董卓借助"流星雨"攻击敌人、关羽借汉水暴涨发动北伐、司马懿借天降陨石诛灭公孙渊等，这些都是将"天时之变"引入作战的战例。

做好综合实力评估

孙子曰：

故善战者，立于不败之地，而不失敌之败也。是故胜兵先胜而后求战，败兵先战而后求胜。

曹操曰：

有谋与无虑也。

孙子曰：

善用兵者，修道而保法，故能为胜败之政。

曹操曰：

善用兵者，先自修治，为不可胜之道，保法度，不失敌之败乱也。

孙子曰：

兵法：一曰度，二曰量，三曰数，四曰称，五曰胜。

曹操曰：

胜败之政，用兵之法，当以此五事称量，知敌之情。

孙子曰：

地生度。

曹操曰：

因地形势而度之。

孙子曰：

度生量，量生数。

曹操曰：

知其远近、广狭，知其人数也。

孙子曰：

数生称。

曹操曰：

称量己与敌孰愈也。

孙子曰：

称生胜。

曹操曰：

称量之，故知其胜负所在也。

孙子曰：

故胜兵若以镒称铢，败兵若以铢称镒。

曹操曰：

轻不能举重也。

孙子曰：

称胜者之战民也，若决积水于千仞之溪者，形也。

曹操曰：

八尺曰仞。决水千仞，其势疾也。

孙子说：

因此，善于用兵的人总是让自己立于不败之地，并且不错过任何能够战胜敌人的机会。所以，打胜仗的军队总是先创造胜利的条件，然后再寻求与敌人交战；打败仗的军队总是先寻求与敌人交战，然而再去找胜利的条件。

曹操说：

这是有智谋与无智谋的区别。

孙子说：

善于用兵的人，处理军务合乎时宜，制定并执行军法，从而能掌握胜败的决定权。

曹操说：

善于用兵的人，首先合乎时宜地处理军务，以创造不被敌人战胜的条件，然后让法令制度贯彻执行，以不失去打败敌人的机会。

孙子说：

用兵要考虑的方面：第一是空间的度量，第二是物力资源的估测，第三是人口多少的计算，第四是军事实力的比较，第五是取胜机会的判断。

曹操说：

胜败的机会，能不能用兵，应当以上面的5个方面进行评估，掌握敌人的真实情况。

孙子说：

空间的度量来自土地幅员的大小。

曹操说：

要根据土形情况来度量。

孙子说：

度量土地面积的数量，就能估算出物力资源的多少。

曹操说：

知道了土地面积，就能估测出人口的数量。

孙子说：

人口的数量，决定了军事实力的大小。

曹操说：

比较一下，看看我方与敌方谁的军事实力更强。

孙子说：

军事的实力，决定了谁会取得胜利。

曹操说：

了解人口数量、军事实力这些因素，就知道胜负在哪一方了。

孙子说：

所以，胜利的军队打击失败的军队，就像用上百斤重的镒去打击只有一粒稻谷重的铢；失败的军队抗击胜利的军队，就像用只有一粒稻谷重的铢抗击上百斤重的镒。

曹操说：

轻的东西无法抗击重的东西。

孙子说：

胜利者指挥部队作战，就像在万丈悬崖决开积水一样，一泻千里，所向披靡，这就是军事实力的"形"。

曹操说：

8尺叫作仞。决开处于1000仞高处的水，是说它的气势很强、速度很快。

战役名称：官渡之战

战役时间：汉献帝建安五年（200）

交战对手：袁绍

发生在汉献帝建安五年（200）的官渡之战，有人将其总结为"以少胜多"的经典战例，《三国志》等史书甚至认为曹操与袁绍兵力极其悬殊，比率还达不到1∶10，即袁绍有10多万人，而曹操不足1万人，且曹军"伤者十二三"。

情况如果真是如此，只能说明曹操在战略上太冒险了，即便最终打赢，也只能说是一场豪赌，因为用如此悬殊的兵力发动一场综合性大决战，胜利的机会十分渺茫。曹操一向用兵谨慎，不会盲目去打一场大战役，更不会拿自己和军队去赌，他敢于应战，一定是对敌我双方的综合实力做过充分的评估。

先来看袁绍的军队

袁绍此次南下，是经过一段时间精心准备的，他从"袁绍控制区"各地抽调人马重新编组和训练，组成了一支强大的南下军团，总兵力的确是十一二万人，其中步兵约10万人，骑兵1万多人，还有北方少数民族雇佣兵近万人。

袁军不仅数量占优，而且组织严密，兵种齐全，从史料中可以查到的此时在袁绍手下担任校尉一级的高级将领有：马延（步兵校尉）、韩定（越骑校尉）、王摩（越骑校尉）、睦元进（步兵校尉）、韩莒（屯骑校尉）、赵叡（越骑校尉）、蒋奇（步兵校尉）、荀谌（长水校尉）、高览（步兵校尉）、张郃（屯骑校尉）、韩莒（越骑校尉）、吕旷（射声校尉）、张觊（步兵校尉）。沮授、郭图、逢纪、颜良、文丑、淳于琼、蒋义渠等人职务是监军或将军，如果说校尉类似于师长，沮授等人就类似于兵团司令或军长，而辛评、许攸、苏由等人是袁绍的高级参谋。

从上面这些职务看，袁军不仅有步兵、骑兵，还有射声校尉营即弓箭兵部队。而骑兵又分屯骑和越骑，屯骑是重装骑兵，人着盔甲，马披重铠，士兵用长枪和马刀，承担冲锋陷阵的任务，也称突骑。越骑是轻骑兵，士兵穿薄甲，配弓箭，承担远途奔袭、追击、搜索以及警戒等任务。除了骑兵，还有长水校尉营，担负水上作战任务，同时负责架设桥梁、开辟道路以及攻城等相关的土木作业，类似于水军和工兵的混合部队。

再来看曹操的军队

《三国志》等史书对袁绍军队数量的估计大体不错，但对曹操军队的数量明显低估了。曹操起兵的时候有5000人马，在以后的大小各次战役中，曹操胜多负少，按照史书的说法，曹军的胜率在70%~80%，"败者十二三而已"，仅破黄巾一役就收降卒30多万人，即使这里的"降卒"不都是可以参加战斗的士兵，即使这些人在以后的战斗中不断有损耗，但到官渡之战时曹军也不会少得只有一两万人，曹操要是只有这点儿人马，再发挥主观能动性，再英勇顽强，也几乎没有取胜的可能。

官渡前线的曹军不可能只有一两万人，理由至少有三条：一是袁绍构筑的屯营东西达数十里，而曹操能分营相守，说明曹军兵力虽少，但不会太少；二是假如袁军是曹军的10多倍，袁绍应该采取围攻的办法，而不是像现在这样两军对垒，让曹军进退自由、屡屡得手；三是后来袁绍失败，很多史料都记载曹军曾坑杀袁军8万人，以一两万之众完成坑杀8万人的事是不可能的。

不仅如此，袁曹两军的总兵力与他们投入官渡前线的兵力也是两回事儿。算袁军的兵力不能只算他们在官渡前线的兵力，袁绍诸子袁谭、袁熙、袁尚以及外甥高干统率的人马还有不少，不在十一二万之列。同样，计算曹军在官渡前线的兵力也不能把在各地的兵力都算进来，曹军总兵力假如有 10 万人左右，他们能用到官渡前线的有三分之一就不错了，"曹操控制统区"还有数十个郡国、数百个县需要防守。

总之，曹军在正面作战的兵力被明显低估了，这一数字不是一两万，而应该在四五万左右，甚至更多一些。这样分析有充分的史料依据，根据史书记载，参加官渡之战的曹军至少包括步兵约 3 个"军"，屯骑和越骑各 1 个"军"，长水和射声各不足 1 个"军"。"军"是汉代的军队编制，曹操注《孙子兵法》引《司马法》称每"军"编制约为 12500 人。以上曹军就有 6 个"军"，只是有的"军"内部编制不满员，所以综合起来兵力在 5 万人左右更合理。

曹军人数虽然不足，但规范化程度和训练水平较高，战斗经验丰富，战斗力较强。在当时的曹军中，军职较高一级的是将军，夏侯惇、曹洪、曹仁已经升任此职，还有一个张绣，曹操手下的"军长"至少有 4 个人，以下是偏将、裨将，相当于副军长，再以下是中郎将、校尉，相当于师长，下面还有相当于旅长的都尉等。除了官渡正面战场，曹军在其他地区也有一定守军，算是预备部队。

再看双方控制的地盘

以上说的是兵力，虽然达不到"10∶1"的悬殊程度，但一方多、一方少是明显的，曹操依然是以"少"战"多"。不过，如果从双方控制的地盘看，曹操的劣势就没有那么明显了。

此时袁绍占有冀州刺史部的全部，幽州刺史部、并州刺史部的大部以及青州刺史部的一部，此外还有兖州刺史部的东郡在黄河以北的地区，统计起来大约有 30 多个郡国、300 多个县。曹操实际控制着司隶校尉部、徐州刺史部、豫州刺史部、兖州刺史部的大部，以及青州刺史部、扬州刺史部、荆州刺史部的各一小部分，郡县数与袁绍相当甚至还略多。

不过，曹操对这些地区的控制力不如袁绍，地盘虽大，老的根据地不多，相当一部分是新占的地方，有的如汝南郡、关中地区、徐州刺史部等还很不稳定。地盘分散且面积很大是曹操的不利之处，他必须分兵把守，使兵力更不够用，在正面主战场就明显处于下风。

重视后勤保障

官渡之战耗时数月，双方直接调用的兵力加在一起有十几万人，间接调动的更是多达二三十万，这是近年来少有的时间跨度长、兵力调动规模大的一次战役，如此大的战役，后勤保障无疑十分复杂繁重，是双方此前都没有遇到过的挑战。

兵强马壮的袁绍在后勤保障方面也有软肋，那就是需要将后方征集的粮食往前线运，不仅途中损耗很大，而且运粮道太长，容易被敌人攻击。随着战事越拖越久，袁绍遇到的这个难题逐渐暴露出来，虽然袁绍也下了不少功夫解决这个问题，但始终没有解决好。

作为防守一方的曹操，后方基地虽然离主战场相对近一些，粮食运输的成本、时效和安全性好于袁绍，但曹操不敢大意，在后勤方面投入的人力也很多。荀彧、钟繇、夏侯渊、任峻等人都负责后勤保障方面的工作，在极其艰难的情况下保证前线的供应需要。钟繇负责的关中基地距离战场较远，但他工作完成得也非常出色，不仅尽可能将关中的粮草运往前线，还征集到2000多匹马送来，对前线的支援作用非常大。

在长期相持中，劫敌军粮道往往是出奇制胜的手段，沮授就建议袁绍专劫曹军粮道，使敌人因粮食供应不上而军心动摇，不战取胜，这给曹操增添了困扰。除了袁军外，四处盛行的流寇也经常打劫曹军的粮食，任峻负责粮草运输时就深为流寇袭扰而头疼。不过，由于曹操对后勤保障工作十分重视，在曹军将士努力下，粮食运输总体而言没有出现太大问题，比如任峻总结出经验，运粮时集中上千辆运输车一齐走，并加派兵力予以保护，流寇看到了，想劫粮也不敢动手。

● 兵法解析 ●

战争史上常有"以少胜多""以弱克强"的战例，不知是不是巧合，汉末三国的"三大战役"中至少官渡之战、赤壁之战都属于这种情况，有人甚至认为"以少胜多"是汉末三国时代的战争规律，人马少的一方反而更好打，更容易取胜。

这其实是对历史的误读，因为就常识而言，在其他条件相等的情况下"多"应该胜"少"才对，所以《孙子兵法》说"胜兵若以镒称铢，败兵若以铢称镒"，曹操也认为"轻不能举重"。《三国志》等史书强调在官渡之战中曹军以1∶10的极其悬殊兵力击败了袁军，但通过详细分析可知，虽然双方兵力有差距，却达不到"极其悬殊"的程度，曹军能够取胜，也是有一定实力基础的。

官渡之战是曹操与袁绍的生死之战，曹操敢于摆下三道防线迎战袁绍，而不是在大军压境时实施战略转移，在做这样的战略部署前曹操肯定是经过认真评估的。对于曹军来说，人马数量的不足是客观存在的事实，但自己一方也有其他优势，比如地盘并不像人马数量那样差距那么大，这就使得在后续兵源补充、后勤物资保障等方面曹军甚至可以与袁军旗鼓相当。再比如，曹操一方拥有汉室朝廷这个招牌，在政治上更有号召力，袁绍主动讨伐曹操，在很多人看来是不义之战。经过综合实力的评估，曹操认为可以与袁绍一战，这才有了战场上的对决。

类似的情况也发生在赤壁之战中，那时候曹军在人马数量上也占有优势，孙刘联盟兵力不足，曹操对外宣称自己有数十万人马，但周瑜冷静分析了敌我兵力情况，指出曹军能参战的部队不到20万，且包括许多降卒，又是"客场作战"，自己一方有5万人马就能将其战胜，后面发生的事完全如周瑜所评估的那样。

所以，无论官渡之战还是赤壁之战，"以少胜多"只是表象，"多"与"少"是数量，但还有影响"质量"的因素，只有全面、客观地进行综合分析，才能对敌我双方综合实力做出真实的判断，从而为战略决策提供依据。

第五章

势篇

要善于出奇制胜

孙子曰：

凡治众如治寡，分数是也。

曹操曰：

用兵任势也。部曲为分，什伍为数。

孙子曰：

斗众如斗寡，形名是也。

曹操曰：

旌旗曰形，金鼓曰名。

孙子曰：

三军之众，可使毕受敌而无败者，奇正是也。

曹操曰：

先出合战为正，后出为奇。

孙子曰：

兵之所加，如以碫投卵者，虚实是也。

114

曹操曰：

以至实击至虚也。

孙子曰：

凡战者，以正合，以奇胜。

曹操曰：

正者当敌，奇兵从傍击不备也。

孙子曰：

故善出奇者，无穷如天地，不竭如江河。终而复始，日月是也。死而复生，四时是也。声不过五，五声之变，不可胜听也；色不过五，五色之变，不可胜观也；味不过五，五味之变，不可胜尝也；战势不过奇正，奇正之变，不可胜穷也。奇正相生，如循环之无端，孰能穷之？

曹操曰：

自"无穷如天地"已下，皆以喻奇正之无穷也。

――◆ 原文翻译 ◆――

孙子说：

凡是管理很多人能像管理几个人一样容易，是因为组织工作做得好。

曹操说：

指导战争要用"势"。组织起较多的人叫作分，组织起较少的人叫作数。

孙子说：

管理较多的人就像管理较少的人一样容易，都是因为指挥联络通畅。

曹操说：

用旌旗指挥联络叫作形，用金鼓指挥联络叫作名。

孙子说：

三军遭到敌人的攻击而不失败，是因为运用了奇、正的战术配合。

曹操说：

首先出兵、从正面布置兵力叫作正，从后面出兵叫作奇。

孙子说：

指挥军队打击敌人如同投掷石块击向鸟蛋一样，这是在用兵时做到虚实配合的缘故。

曹操说：

用最坚实的兵力打击敌人最空虚的地方。

孙子说：

通常，在指挥作战中，用正兵交战，用奇兵获取最后胜利。

曹操说：

用正兵抵挡敌人，用奇兵攻击敌人没有防备的地方。

孙子说：

善于运用奇兵的人，战胜敌人的办法多得如天地一样无穷无尽，如江河一样永不枯竭。不断往复，像太阳落下、月亮升起一样不断循环。死后又复生，像四季一样不断交替。音乐只不过由五种音符构成，但五种音符结合所形成的变化数不胜数，人们无法听尽；色彩只不过由五种基本颜色构成，但五种颜色结合所形成的变化数不胜数，人们无法看尽；味道只不过由五种基本的味觉构成，但五种味道结合所形成的变化数不胜数，人们无法尝尽；作战的方式只不过由奇、正构成，但奇、正结合所形成的变化数不胜数，人们无法说尽。奇、正可以相互转化，就像绕着圆圈运动一样没有终点，谁又能说尽呢？

曹操说：

从"如天地一样无穷无尽"以下，都是用来比喻奇、正变化无穷的。

战役名称： 北征乌桓之战

战役时间： 汉献帝建安十二年（207）

交战对手： 乌桓首领蹋顿

汉献帝建安十二年（207）春天，曹操发动了北征乌桓之战。乌桓人是北方地区新崛起的少数民族，他们代替之前的匈奴人，成为北方草原上的新生力量，在曹操与袁绍的对抗中，乌桓人站在袁绍一边，袁尚、袁熙失败后又逃到了乌桓人那里，乌桓人与袁氏集团在北方地区均有很大影响力，如果不将他们彻底打败，将成为曹操在北方地区的一大隐患，当曹操向南边用兵时将有后顾之忧，所以曹操下决心北征乌桓。

乌桓人生活在幽州刺史部以北的广大地区，大本营是柳城，这个地方具体在哪里至今仍有争论，一般认为它位于今辽宁省朝阳市西南。曹军主力由邺县远征柳城，路途遥远，关山阻隔，困难重重。为确保远征取胜，曹操战前做了精心准备，为此耗费了数年时间，花费了巨大的人力物力，这一战曹操志在必得。

这一仗当然要由曹操亲自率队，他带上了曹军中最有战斗力的几支队伍，包括张辽、徐晃、张郃、曹仁、张绣所部，还有曹纯统率的虎豹骑，韩浩、史涣等人统领的中军，参谋人员以郭嘉为首。这些将领和谋士其实对乌桓并不熟悉，对少数部族的生活习惯、人文地理也很陌生，好在曹操手下还有鲜于辅、阎柔和牵招等人，他们几个长期生活在北方，长年同乌桓人打交道，这一次远征也离不开他们的帮助。

大军向北进发，开始较为顺利，很快推进到了幽州刺史部境内。过易水时，曹操特意考察了公孙瓒当年在这里修筑的那些超级城堡。尽管那些庞大的建筑早已荒败，但依稀能看见当年这些工程是如何的威武坚固。之后，大军继续前进，进入涿郡境内。这时，郭嘉向曹操提出建议，认为兵贵神速，要远赴千里之外袭击敌人，辎重太多不利于机动，时间长了敌人会知道，就会早做防备，不如把辎重留下，轻兵兼程，快速推进，以掩其不备。曹操接受了郭嘉的建议，从各部人马中抽选出精兵，全部骑马，加上虎豹骑，组成一支快速纵队，其他部队留在幽州刺史部一带作为后援。

曹操亲自率快速纵队向北疾进，很快进入无终县境内。汉末的无终县即今天津市蓟州区，曹操听说这里有一个人很有影响，而且对北边的情况特别熟悉，如果能把他请出来帮忙，此次北征至少成功一半。这个人就田畴，原是幽州牧刘虞的部下，公孙瓒杀刘虞的时候田畴曾冒险为刘虞哭丧，公孙瓒差点儿杀了他，田畴对世事彻底失望，带领本族的人以及自愿随行的乡亲共数百人进入老家无终县北部的无终山里，想避开乱世，开辟另外一种与世无争的生活。曹操派人请出田畴，任命他为司空户曹掾。

再往北，就是乌桓人的活动区了。这时正是夏天，下起了大雨，一连下了很长时间，结果坏事了。自古以来，由无终一带进入东北地区只有两条路可走：一条是所谓的滨海道，穿越幽州刺史部辽西郡境内，即今辽西走廊，这条路现在是条交通要道，在这条道路上有蓟州、唐山、山海关、锦西、锦州等重要城市，但如果摊开东汉的地图，会发现辽西郡所属的14个县都不在这条线上，这说明当时这里很荒僻，主要原因是当年这一带地势比现在还低，一下大雨容易积水，实际上变成一片泽国，说水浅吧，无法通车马；说水深吧，又不能通舟船，阻断了南北交通。另一条道路在西侧，由徐无过卢龙塞直驱柳城，也就是从今天的喜峰口到冷口一线。西汉时期乌桓人与匈奴人作战频繁，这条道路主要为保障战事需要而开辟，但东汉以后随着战事转向西北地区，这里逐渐被废弃，最后变成人迹罕至之地，这条道路不仅艰险，而且出山以后还要面临500多里的不毛之地，直到越过白檀、平冈才好走一点儿。

现在第一条路已阻断，而走过第二条路的人少之又少，曹军进退两难。田畴认为，现在蹋顿看到大军到达无终以后面对道路泥泞难行的情况会不进而退，所以防备必然松懈，如果对外声称撤军，暗地里却走第二条道路越过卢龙、白檀等险地，出其不意，蹋顿一定可以不战而擒。曹操大喜，采纳了田畴的建议，佯装要回师，还"署大木表于水侧路傍"，上面写着："方今夏暑，道路不通，且俟秋冬，乃复进军。"乌桓人的侦察兵看到了，以为曹军真的要回家避暑去，迅速向蹋顿报告。

曹操命令田畴及其手下为向导，悄悄开进如今辽西走廊西侧的燕山山脉中，当时它被称为徐无山，沿着西汉时期开辟出的小路直抵卢龙塞。卢龙塞即今长城沿线著名的要塞喜峰口，位于徐无山脉的最东面，坐落在梅山和云山之间，这里周围是一片低山丘陵，由南向北地势迅速抬升，形成突兀地形，从而成为一处险地。滦河那时候称濡水，穿徐无山而出，形成天然河谷，成为南北往来的通道，卢龙塞就扼守着濡水进出的咽喉处，是兵家必争的重地。由于有田畴及其部下做向导，曹军顺利越过了已经荒废的卢龙塞。

再往前，道路更不好走了。曹操带来的都是骑兵，曹操命令他们暂时改成工兵，一边填山开路，一边艰难前行。就这样，终于越过了平冈、白檀，到达了白狼山附近，伸入乌桓人控制区的腹地。直到这时，蹋顿仍然没有察觉，结果被曹操打了个措手不及，曹操先在白狼山击败乌桓人的主力，并一举斩杀蹋顿，之后直捣乌桓人大本营柳城，取得北征乌桓的全面胜利。

兵法解析

曹操亲自指挥的北征乌桓之战，是一次精彩的远征战和奇袭战，此战曹军大获全胜，解除了北方的威胁，此后的30多年里，曹魏北方的形势一直较为平静，让曹魏在中原及南方地区用兵时没有后顾之忧。其实，曹操此战的对手乌桓人是很有战斗力的，如果认为乌桓人本来就不堪一击就大错特错了。乌桓人能长期驰骋于北方，不是吹出来的，尤其是蹋顿，有勇有谋，在乌桓人中很有号召力。

乌桓人之所以大败，一方面，参加此战的主力部队张辽、曹纯等部是曹军中最能打的精锐，他们作战勇敢，如今身处险地，又誓死一搏；另一方面，也是最重要的，是曹操运用了出其不意的战术，从敌人意想不到的地方突然出现，打了敌人一个措手不及。抓住战机后，曹操又趁远道而来的敌人人困马乏、阵形不整、互相联络不畅之机，不给敌人休整的机会，通过发动强攻将其歼灭。

"奇"与"正"是《孙子兵法》中一对重要概念，"正"强调常规战术、常规战略，在正面与敌人交战；"奇"强调迷惑敌人，在出乎敌人意料之外的地方用奇特战术和提前安排好的军队重伤或者牵制敌人。曹操对"奇正"的解释是"先出合战为正，后出为奇"，认为出"奇"兵，可以让敌人意想不到，从而达到迅速取胜的效果。人们常以"螳臂当车""以卵击石"形容不自量力，而"奇正"兵法恰恰相反，是"以石击卵""以虚击实"的打法，乘其不备，攻击其最薄弱和最致命的地方，达到一击致命的效果。

出奇制胜的道理容易理解，难点在于如何实现、如何做到迷惑敌人的效果。通常有两个方面：一是用战术迷惑敌人，通过刻意营造的假象，让敌军误判我方军情，使敌人摸不清我方的战术和战略部署，做出错误的御敌策略；二是了解和熟悉对方将领的性格及战术习性，根据其战术习性，抓住其性格弱点，做出突破对方作战思维的战略部署，达到攻其不备的效果。

"奇"与"正"虽是相对的，但也互为依托。《孙子兵法》强调"以奇胜"，但绝不是以此否定"正"，《孙子兵法》将"以正合"放在"以奇胜"之前，曹操也强调"正者当敌"，说明"正"是用兵的基础，也是出奇制胜的先决条件。曹操以一支孤军兵出卢龙塞，直达敌人核心地区，如果没有后方的大部队作为依托，是不敢轻易这么冒险的，因为即便可以首战告捷，重创敌军，但在没有后援的情况下，敌人如果重新集结并发起反扑，"奇兵"就会变成败兵。

"奇"与"正"的运用，核心在于"变"字。《孙子兵法》强调奇正是循环变化的，"正"可以随时变为"奇"，"奇"可以随时变为"正"。在具体运用中，"奇"中可以生"正"，"正"中可以生奇；或者"正"中有"奇"，"奇"中有"正"；或者我预设为"奇"，使敌视之为"正"，我预设为"正"，使敌视之为"奇"。《孙子兵法》用日月、四时、五声、五色、五味等论述奇正循环往复、互相转化的特性，强调其"不可胜穷"的本质。

曹操深得"奇正"之道，除奇袭乌桓的经典战例外，还多次运用出奇制胜的战术打败敌人，如官渡之战中的延津之战、奇袭乌巢之战等，都是以出其不意的战术突然出现在敌人面前，打得敌人措手不及，从而取胜。为了更好地运用这样的战术，曹操还特意训练了一支"快速挺进部队"，这就是被史书多次提到的虎豹骑，这支部队训练有素、装备精良，善于急行军，最适合快速穿插，在实践中，这支部队多次深入敌后，充当"奇兵"的角色，执行出奇制胜的特殊任务，屡建奇功。

用假象迷惑敌人

孙子曰：

激水之疾，至于漂石者，势也；鸷鸟之疾，至于毁折者，节也。

曹操曰：

发起击敌。

孙子曰：

是故善战者，其势险，其节短。

曹操曰：

险，犹疾也。短，近也。

孙子曰：

势如扩弩，节如发机。

曹操曰：

在度不远，发则中也。

孙子曰：

纷纷纭纭，斗乱而不可乱也；浑浑沌沌，形圆而不可败也。

曹操曰：

旌旗乱也，示敌若乱，以金鼓齐之。车骑转而形圆者，出入有道，齐整也。

孙子曰：

乱生于治，怯生于勇，弱生于强。

曹操曰：

皆毁形匿情也。

孙子曰：

治乱，数也。

曹操曰：

以部分名数为之，故不可乱也。

孙子曰：

勇怯，势也；强弱，形也。

曹操曰：

形势所宜。

孙子曰：

故善动敌者，形之，敌必从之。

曹操曰：

见赢形也。

孙了曰：

予之，敌必取之。

曹操曰：

以利诱敌，敌远离其垒，而以便势击其空虚孤特也。

孙子曰：

以利动之，以卒待之。

曹操曰：

以利动敌也。

孙子说：

将水拦截，之后突然放开，以至可以冲走石头，这是冲击力造成的；猛禽发起袭击，能撕碎猎物的身体，这是掌握了适当时机和距离造成的。

曹操说：

突然出动，打击敌人。

孙子说：

所以，善于用兵的人，其制造的势是险峻不可抵挡的，其进攻的节奏是简短有力的。

曹操说：

险，意思是迅速有力。短，意思是距离近。

孙子说：

上面说的势，就像弓已经被拉满，就像箭正在等待击发。

曹操说：

距离敌人不远，箭就容易射中。

孙子说：

战场上交战双方旌旗杂乱，战斗看起来混乱，但指挥不能乱；战场上交战双方迷蒙不清，阵形保持圆形不散，就不可能被战败。

曹操说：

旌旗看起来有些乱，这是故意给敌人看的，实际上是用金鼓指挥以保持队伍整齐。战车、骑兵在交战中穿插回旋，阵形始终不乱，是因为进退都有固定的通道，从而阵形整齐。

孙子说：

一方混乱，是因为对方治军更严整；一方怯懦，是因为对方更勇敢；一方弱小，是因为对方更强大。

曹操说：

都是为了伪装我们的阵形，隐藏我们的军情。

孙子说：

混乱还是严整，取决于组织工作。

曹操说：

把部曲按照规则组织起来，就不会产生混乱了。

孙子说：

勇敢还是怯懦，取决于战场的态势；强大还是弱小，取决于战场的军形。

曹操说：

军形和态势，应该是这样的。

孙子说：

所以，善于调动敌人的人，向敌人故意展示假象，敌人必然跟从。

曹操说：

故意展现出较弱的样子。

孙子说：

给予敌人，敌人必然来取。

曹操说：

用利益诱惑敌人，敌人就会远离他们的营垒，就可以用有利的态势攻击它最空虚和孤立无援的地方。

孙子说：

用利益调动它，用士卒迎击它。

曹操说：

用利益调动敌人。

经典战例

战役名称： 徐州之战
战役时间： 汉献帝初平四年（193）至兴平元年（194）
交战对手： 陶谦

曹操就任兖州牧后，父亲曹嵩和弟弟曹德准备来投奔曹操。曹嵩父子一行人从徐州刺史部琅邪国赶往兖州，曹操属下的泰山郡太守应劭负责中途迎接，应劭还未赶到，曹嵩一行人全部遇害，由于没有留下一个活口，所以真相扑朔迷离，而曹操坚信是徐州牧陶谦干的，曹操决意复仇。

还没等曹操动手，陶谦主动发起了进攻。曹操所控制的兖州刺史部南面和东面与陶谦控制的徐州刺史部相邻，陶谦要攻打曹操，可以从这两个方向用兵，而陶谦选择的是东面，主战场是兖州刺史部泰山郡，该郡并非曹操势力的核心区，曹嵩一行人遇害后，泰山郡太守应劭弃官逃走，这里一时成了群龙无首的地区，结果泰山郡很多地方被陶谦占领，附近任城国的一些地方也相继失守。

面对陶谦的先发制人，曹操立即兵分三路给予还击：一路由夏侯惇统领，留守兖州刺史部，重点是鄄城、濮阳、定陶、东武阳等战略要地，荀彧、程昱协助；一路由曹仁率领，由东郡的北部进入东平国、任城国，进而到泰山郡迎击那里的徐州军队；一路由曹操亲自率领，由济阴郡南下，进入已被陶谦所控制的豫州刺史部沛国的北部，进而攻击徐州刺史部彭城国、下邳国等地，直捣陶谦大本营郯县。曹操的策略是，以偏师对抗陶谦的主力，而将自己的主力向敌人防守相对薄弱的南边发动进攻，对于已失去先发优势的曹军来说，这不失为一个正确选择。

汉献帝初平四年（193）秋天，曹操开始了反击。陶谦的主力都在东面，其他方向相对空虚，所以曹操亲自率领的南面这一路势如破竹，一口气拿下兖州刺史部南部十几座被陶谦占领的城池，直逼徐州刺史部境内的战略要地彭城。陶谦完全没料到曹操会来这一手，放着东面不管而出击南面，就像两个人格斗，一个人举枪刺向对手的喉咙，按照人的本能反应应该举刀去挡，但对手却没有，放着咽喉不管，一刀奔着对方的胸脯就去了。这是自杀式打法，比的是谁更凶狠。

陶谦的心理素质没有曹操强大，于是从东面撤军，亲自率主力到兖州南面的新战场迎敌，双方在彭城一带展开激战。彭城即今江苏省徐州市，这是一座古城，也是一处古战场，400年前刘邦和项羽曾在此有一场大战，结果刘邦完败，项羽险些把刘邦生擒。彭城四周虽然被大小不等的丘陵、高地所环绕，周边还有泗水、汳水在此交汇，交通却十分发达，东汉时有一条起自洛阳的东方大道，基本走向是，前半段约沿着现在的陇海铁路，后半段约沿着现在的京沪铁路，彭城就是这条大道上的交通枢纽，自古至今都是兵家必争之地。

曹操与陶谦的彭城之战没有楚汉相争时打得那么惨烈，战事呈现一边倒的态势，曹军大胜。之后，陶谦向东撤退，退到郯县。曹操随后攻至郯县，陶谦不敌，眼看有被歼灭的危险，这时陶谦的盟友公孙瓒派刘备率一支人马来支援，郯县有了生力军，局势才稳定住。曹操久攻郯县不克，后勤保障面临压力，只得撤兵，第一次南征徐州之战结束。

汉献帝兴平元年（194）春天，曹操第二次南征徐州。鉴于上次南征徐州时虽打到郯县城下却没有力量组织围城，致使整个行动没有达到预期目标，这次再征徐州，曹操做了大量准备工作，不仅将能抽调的人马全数带上，而且向冀州的袁绍请求增援。袁绍倒也爽快，派朱灵率三营人马前来听从曹操指挥。当时正规军编制一般有部、曲、屯、队、什、伍等层级，没有"营"，但朝廷中央军之一的北军的编制中有"五营"，每营有1000多人，如果袁绍派来的援军参照北军进行编制，3个营应该有四五千人，对这时的曹操而言，已经不算少了。

第二次南征徐州，曹操仍留下夏侯惇、荀彧、陈宫、程昱等人分率不多的守军留在兖州，其他人马都随他出征。曹操和手下大多数人的家眷在鄄城，由荀彧、程昱留守；夏侯惇驻守在黄河上的重要渡口和战略要地濮阳；陈宫负责处理地方日常政务，并督办粮草，为前线提供后勤支持。

上一次南征时曹操采取"声东击南"的打法，极大地迷惑了陶谦，让陶谦十分被动。这一次，曹操准备再用假象迷惑敌人，他派少部分人马由兖州刺史部济阴郡、山阳郡向徐州刺史部彭城国、下邳国方向佯攻，而亲率主力部队绕到东边的泰山郡，攻击徐州刺史部北面的两个郡国，即琅邪国和东海郡，陶谦的大本营郯县就在东海郡。这个进攻路线和上次刚好相反，上次偏师在东、主力在南，这次偏师在南、主力在东。这种"声南击东"的战术可以避开陶谦重兵把守的彭城防线和下邳防线，攻击其相对薄弱的北部地区，并且可以直捣其大本营郯县，令陶谦更难防备。

陶谦方面，上次曹操撤军后陶谦知道他还会再来，不过究竟会从哪个方向来，陶谦却吃不准。上次搞错了敌人的主攻方向，结果吃了大亏，陶谦觉得这一次不能再搞错了。每遇大事，陶谦都要先问问手下的著名佛教徒笮融，陶谦又把笮融找来，问他这次曹军会从哪个方向主攻，笮融像煞有介事地说要问问佛，结果昏天黑地弄了一通，告诉陶谦说曹操会从北面来。笮融说的"北面"是从陶谦所在方位说的，换成曹操的方位就是南面。

陶谦深信不疑，把重兵摆在了徐州刺史部北部的彭城、下邳一线，结果又吃了亏。曹军主力突然从东面的泰山郡杀出，防守在徐州刺史部北部的陶谦主力始料不及，琅邪国的5座城池先后被曹军攻占，曹军攻下这几个地方后大搞破坏活动，《三国志》记载："多所杀戮，所过残破。"这5座城池应该是琅邪国东南部的缯国、即丘、开阳、临沂、阳都等地，其中开阳是琅邪国的治所，也是曹操夫人卞氏的老家，而阳都一般认为是今山东省沂南县，是诸葛亮的老家。

陶谦赶忙调集人马，准备应战，同时派人给刘备送信，让他火速增援郯县。上次保卫郯县的战斗结束后刘备没回青州，而是留了下来，陶谦表奏刘备为豫州刺史，增派了5000名丹扬兵给他，让他驻扎在小沛。小沛是汉代对沛县的别称，即今江苏省沛县，当时属豫州刺史部的沛国。这里虽然与徐州刺史部的彭城国近在咫尺，却是豫州刺史部的地盘，这让刘备这个豫州刺史倒也多少有些实至名归。

曹操率军从琅邪国攻入东海郡，直逼郯县城下，而刘备率所部也从小沛赶到了，陶谦命手下将领曹豹率军出城与刘备会合，在郯县东郊与曹军展开激战。战斗在郯县附近的沂水两岸展开，虽然这场战斗在史书里没有留下更多文字记载，不过仍然可以推测出双方的参战阵容：曹操方面应该有曹仁、曹洪、曹纯、夏侯渊以及还是基层军官的史涣、典韦、乐进等人；刘备、陶谦联军方面应该有关羽、张飞、赵云以及曹豹等人。曹操和刘备亲自指挥了这场战斗，以后他们直接交手的战斗还有很多场，像大多数情况那样，胜利的一方属于曹操，曹军占领了郯县以东近40里的襄贲。

有了落脚点，曹军攻打郯县更方便了。困守在郯县城里的陶谦日子很难过，让人找笮融来问问是怎么回事，下面的人回来报告说笮融早已不知去向，陶谦气得要死。派人一查，发现笮融前几天已经领着手下人以及一些信徒共一万多人逃往长江边上的广陵郡。陶谦气得要命，却又无可奈何。眼见曹操大兵压境，陶谦也想一走了之，他想学笮融，撇下徐州不管了，溜回丹扬郡老家养老去。

如果没有后面发生的事，陶谦还真就那么做了。关键时刻曹操那边出了大事，张邈、陈宫联络吕布在兖州发动叛乱，兖州绝大多数县城尽归叛军，曹操不得已，只好再次从徐州撤军。尽管两次南征徐州都无功而返，但曹操"声东击南""声南击东"的打法给人留下了深刻印象，也取得良好战绩。

兵法解析

《孙子兵法》的一个重要观点是要善于在战场上制造假象，它既是战术手段，也是战略手段。通过制造假象，可以迷惑敌人，也可以用来掩盖真相。

制造假象的方法很多，可以故意向敌人"透露"不真实的情况，让敌人做出误判；可以给敌人故意放出诱惑，哄骗其上当，从而掩盖真实的意图；可以派出疑兵，在次要方向发动佯攻，而将真正的作战目标隐藏起来；可以故意向敌人示弱，造成不能战的姿态，时机成熟时突然发动攻击。假象的背后是真相，真相才是唯一的追求，是需要向敌人保守的最高机密。

说到制造假象、掩盖真相，人们最容易想到的是"三十六计"之一的声东击西，此计最早出自《淮南子·兵略训》："故用兵之道，示之以柔而迎之以刚，示之以弱而乘之以强，为之以歙而应之以张，将欲西而示之以东。"声东击西的要点是忽东忽西、时东时西，在战场上即打即离，通过制造假象，引诱敌人作出错误判断，然后乘机歼敌。为使敌方判断发生混乱，有时采取灵活机动的行动，不打算进攻甲地，却佯装进攻；决定进攻乙地，却不显出任何进攻迹象。这条计策类似可为而不为，又类似不可为而为之，致使敌方无法推断己方意图，被假象迷惑，最终做出错误判断。

在"三十六计"中还有许多属于此类计谋，比如瞒天过海、围魏救赵、抛砖引玉、调虎离山、偷梁换柱、树上开花等，这些都是把真实意图隐藏起来从而让敌人无法防备、最终达到取胜目的的计谋。这类计谋都可以归入兵法中出奇制胜的范畴，其要点在于转移敌人的关注目标，使敌人疏于防范，之后再出其不意、攻其不备。此类计谋有多种变化，但都有一个重要前提，那就是真实的企图和行动要绝对保密，只有这样才能争取主动，牵着敌人的鼻子走，否则就会变主动为被动，反受敌人的牵制。

制造假象的最高境界是多次通过假象麻痹同一个对手。对手通常并不笨，也知道从失败中总结教训，上当一次就会产生警惕，遇到类似情况就不容易再上当。这时，就需要研究对手的性格与心理，站在对手的角度思考问题，针对不同的行动方案，模拟出对手的可能反应，要么以不变应万变，要么敌变我变，不因循于一谋一策，以此占据策略上的主动地位，将对手始终置于被动接受的处境中。

对将士不要过于苛求

孙子曰：

故善战者，求之于势，不责于人，故能择人而任势。

曹操曰：

求之于势者，专任权也。不责于人者，权变明也。

孙子曰：

任势者，其战人也如转木石。木石之性，安则静，危则动，方则止，圆则行。故善战人之势，如转圆石于千仞之山者，势也。

曹操曰：

任自然势也。

孙子说：

所以，善于作战的人，追求有利的态势，不苛求手下的将士，因此能选择合适的人去承担有利的态势。

曹操说：

追求有利的态势，靠的是权变。不苛求手下将士，靠的是高明的权变。

孙子说：

善于创造有利态势的将领，与人作战如同转动木头和石头。木头和石头的本性是，处在平坦的地方就安静，处在斜坡上就运动，形状是方形的就静止，形状是圆形的就滚动。所以，善于指挥作战的人所创造的势，如同在千仞的高山上向下推下圆石，这就是势。

曹操说：

利用他们自身具备的力量。

● 经典战例 ●

战役名称：第一次汉中之战
战役时间：汉献帝建安二十年（215）
交战对手：张鲁

刘备夺取益州后，下一步将占领汉中，曹操不得不调整战略部署，从对孙权的作战中抽身，转换战场，提前发起汉中战役，抢在刘备之前把汉中夺过来。

汉献帝建安二十年（215）3月，曹操率主力到达长安。此时整个关中地区已在曹军的占领中，曹操在长安略作休整，随即进军汉中。由关中到汉中必须越过秦岭，最便捷的通道是穿越其中的几条栈道，著名的栈道有三条，自东向西分别是子午道、傥骆道、褒斜道。这些栈道穿行于大山之间，虽然路途近，但崎岖难行，又容易遭遇伏击，由于此次征战的准备工作有些仓促，所以曹操决定放弃走这三条栈道。那就只有一条道路可供选择了，这是绕行大散关。大散关是关中四关之一，位于今陕西省宝鸡市南面的大散岭上，是由陕西进入四川的要道，号称"川陕咽喉"，当年刘邦"明修栈道，暗度陈仓"就是走的这里，与现在曹军进攻的方向刚好相反。

这一年4月，曹操率军抵达大散关。到了一看，道路也很难走，曹操写了一首《秋胡行》，记录行军的艰辛，诗中写道："晨上散关山，此道当何难！牛顿不起，车堕谷间。坐磐石之上，弹五弦之琴。作为清角韵，意中迷烦。歌以言志，晨上散关山。"大意是：清晨登上了大散关，关山路险，牛都累得僵卧不起，有些车辆坠落到山涧。坐在大圆石上，弹一曲五弦琴，但心情仍然烦乱。

不仅行军艰难，还遇到氐人发起的叛乱。曹魏新置的雍州刺史部辖下有不少氐人，曹操率军南下汉中时氐王窦茂突然起兵反叛，他们聚集一万多人，占据汉中以西武都郡一带，持险不服，曹军如果继续南下，氐王就如同顶在背后的一把刀，这不是小事。曹军不得不停下进军的步伐，先解决氐人问题。曹操派张郃、朱灵率所部在雍州刺史张既配合下攻打氐王，窦茂退守河池，即今甘肃省徽县一带。曹操下令猛攻，于这一年5月将河池攻破，曹操下令屠城。屠城虽广受诟病，但也的确对敌人造成了强力威慑，有一个记载说当时韩遂所部还在雍州刺史部境内活动，韩遂的部下麹演、蒋石等人把他斩杀，把首级呈给曹操，如果这条记载准确，韩遂这个曹操的老朋友、老同事也是老对手死时已经70多岁了，起兵至今超过30年。

还有一个叫刘雄鸣的，是关中人，郭汜、李傕作乱长安时隐入秦岭山中，很多人依附他，形成一股很大的势力，慑于曹军的威严，刘雄鸣主动前来拜见，曹操很高兴，对他说："孤方入关，梦得一神人，即卿邪！"曹操任命刘雄鸣为将军，让他召集部众随同大军行动。刘雄鸣其实就是秦岭山中的土匪，就像民国时期这一带的大土匪王三省、魏辅堂一样，这些人自由惯了，并不喜欢被招安。于是，刘雄鸣在部下的鼓动下再次反叛，参加叛乱的多达数千人，他们占据要道，曹操不得不派夏侯渊前往讨伐，刘雄鸣率叛军余部逃往汉中。汉中的西邻是雍州刺史部武都郡，郡太守名叫苏则，是关中人，举过孝廉、茂才，才能品行都不错，曹操在行军路上召见了他，对他的工作很满意，曹操"见则悦之，使为军导"。

被上面这些事一耽搁，就到了夏天，麦子成熟了。张既、苏则等组织民众就地收获小麦，加上从关中调来的粮食，军粮供应就不成问题了。这时大家才明白，原来曹丞相这么急于进军汉中，时间都是算好的，如果晚来一两个月，收麦子就赶不上了。有粮食还要保证运输，雍州刺史部地广人少，曹操命京兆尹郑浑、河东郡太守杜畿等征调运输队来前线负责运输，杜畿迅速征调了5000人，亲自带往汉中前线，虽然跋山涉水、远离家乡，但大家士气很高，没有一个人逃亡，大家互相勉励："人生有一死，不可负我府君！"

这一年7月，曹军主力进抵阳平关。阳平关位于今陕西省勉县境内，是汉中的西大门，它北面是秦岭，南临汉水和巴山，处于陈仓故道和金牛道交会处，这两条古道中有一条是关中南下汉中的必经之路，一条是汉中入川的必经之路，阳平关处于其接合部。之前曹操曾向当地人询问阳平关一带的地形，有人告诉他阳平关的地势一点儿都不险要，关前南北两山相距很远，不容易守住。到了阳平关，曹操看后才知道完全不是那么回事，不由得感叹："他人商度，少如人意。"意思是，以前只听别人转述，实地勘查才发现情况不是那样的。

听说曹操亲率大军到达阳平关，张鲁自知不是曹操的对手，准备投降，但是遭到其弟张卫的反对。张鲁于是派张卫以及杨昂等人率兵数万，在阳平关前横着筑石城十多里，拦住曹军的进攻。曹军大约有10万人，张鲁军大约3万人，但在这样的地形条件下人多并不是最有利的因素，由于地势险要，易守难攻，曹军死伤惨重，曹操感叹道："作军三十年，一朝持与人，如何？"面对这样的困难，身经百战的曹操生出了退意。曹操是理性的，他不能苛求将士，让他们做那些难以做到的事，所以曹操想到撤兵，但奇迹发生了。

曹操撤退的命令已下达，夏侯惇、许褚所部接到命令后连夜撤退，夜里看不清路，结果误入敌人兵营，敌人不知究竟，还以为曹军攻营得手，居然四散败走。侍中辛毗、刘晔等人随军行动，他们告诉夏侯惇、许褚说已经占领了敌人的要塞，夏侯惇、许褚不相信，亲自来察看，果然是真的，立即报告曹操。还有一个记载，说当时"夜有野麋数千突坏卫营，军大惊"，曹操手下的高祚等部离此不远，高祚吹响鼓角，召集其他友军，张卫大惧，以为这都是曹军预谋好的攻营战术，于是投降。

阳平关就这样稀里糊涂地被攻下了，曹操一看，那就不撤了。南郑无险可守，曹操最终将汉中夺取，张鲁逃入巴山。曹操任命夏侯渊为都护将军，率领张郃、徐晃所部留守汉中。汉中郡之前已被刘焉改为汉宁郡，曹操下令恢复汉中郡，将汉中郡的安阳、西城等县分出来设置西城郡，将锡县、上庸县等分出来设置上庸郡，分别任命了郡太守、都尉。之后，曹操率主力撤出汉中，第一次汉中之战结束，此战结果虽然大获全胜，但胜得较为惊险，在某种程度上说，完全靠的是运气。

战役名称： 第二次汉中之战
战役时间： 汉献帝建安二十四年（219）
交战对手： 刘备

第一次汉中之战进行的同时，刘备正在夺取益州。汉中郡属益州，刘备虽然占领了成都，但汉中被曹操占据，相当于在刘备的背上顶上一把刀，刘备感到不安全，于是倾全力也要夺取汉中。

汉献帝建安二十三年（218），刘备进军至阳平关，当时曹操已经离开汉中，夏侯渊率张郃、徐晃等拒敌。次年正月，刘备自阳平关渡过汉水，驻军于定军山，夏侯渊亲自前来迎战，结果在一场战斗中战死。夏侯渊是曹军西线战场的总指挥，他突然战死，曹军"三军皆失色"，丞相府原长史杜袭此时在汉中任督军，他与曾任五官中郎将府门下贼曹的郭淮收敛散卒，共举张郃主持大事，张郃重新调整了部署，安好营寨，大家才稍稍安定下来。张郃指挥人马，远远地列阵于汉水北侧，刘备生疑，不敢贸然渡河。在张郃的主持下曹军暂时稳住了阵脚，避免全线溃败，他们坚守在汉水北岸，等待援军到来。

此时曹操在长安，他意识到汉中已危在旦夕，立即从长安出发赶往汉中。为节省时间，这次曹操率军改走秦岭山中的褒斜道，上次由汉中返回长安时曹操走的就是这条道路。经过亲身体会，曹操对这条道路的艰险情况已有认识，他的结论是"南郑为天狱"，褒斜道是"五百里石穴耳"，说明这条道路在当时狭窄、深险并且路程漫长。这条栈道非常艰险，行军的难度超过大散关，但情况紧急，为节省时间，曹操现在只得率军走这条道路了。

在褒斜道南端有一个石门隧道，位于今陕西省汉中市褒城镇境内，石壁上有摩崖石刻，内容是东汉汉中郡太守王升表彰杨孟文等人开凿石门隧道的功绩，这篇石刻就是在书法史上堪称国宝的《石门颂》，后因修建石门水库而将其移至汉中博物馆。曹操一生曾三次经过褒斜道，想必作为书法家的他也曾在《石门颂》前流连过吧。在汉中博物馆还保存有一通石碑，上面书有"衮雪"两个隶书大字，相传为曹操亲笔所写，如果属实，它就是迄今人们能看到的曹操唯一的手迹。它原来也刻于石门附近的崖石上，据说曹操题完这两个字，有人不解其意，等字刻好后大家发现，山崖边上就是滚滚的褒河水，山涧间满布大大小小的石头，流水长年冲刷，一块块石头上都圆圆的且很光亮，远看像堆着的雪一般，曹操题的两个字很合意境。至于"衮"字，本来应该写成"滚"，但有褒河水在边上，等于添了个"氵"字旁，所以曹操把它省了。但这只是传说，未见于任何正史中，这两个字是不是出自曹操亲笔也需要进一步考证。

汉献帝建安二十四年（219）3月，曹操终于出了褒斜道，到达汉中。看到老对手来了，刘备"敛众拒险，终不交锋"。刘备新获定军山大捷，信心十足，对左右说，曹操虽然亲自前来，也必然会无功而返，我军一定能拿下汉中。在阳平关以东、南郑以西的汉水谷地，双方展开了对攻。

刘备屯兵于山上，派养子刘封下来挑战。曹操大怒，骂道："卖履小儿，长使假子拒汝公乎？待呼我黄须儿来，令击之！"黄须儿就是曹操的儿子曹彰，曹操从邺县出发前派曹彰领兵征服代郡乌桓，当时代郡的乌桓人造反，曹操让曹彰以北中郎将的身份代理骁骑将军，领兵镇压叛乱。在曹操眼中曹彰是儿子中最有军事才干的一个，曹操还真的让人去唤曹彰来汉中前线，曹彰接到命令后昼夜西行，往这里赶来。

双方相持了一个多月，刘备看到无法立即取胜，干脆来了个拒险死守，跟曹操拼消耗。曹军连失重地，只能在南郑等据点坚守，时间长了后勤供应果然成问题，由于吃不饱饭，曹军士兵有不少逃跑开小差，《三国志》记载："操与备相守积月，魏军士多亡。"还有些人投降到敌人那里，让曹操很苦恼。蜀汉后来有一个挺有名的将领叫王平，多次随诸葛亮北伐，他原来就是曹军的将领，正是在这个时候投降刘备的，被刘备提拔为裨将军。

眼看短时间内无法取胜，曹操又一次萌生了放弃汉中的打算。一天，有人请示当夜的口令，曹操说了一个"鸡肋"，大家不知道是什么意思，随征的丞相主簿杨修听到后就开始收拾行李，大家很惊讶，问何故，杨修说："夫鸡肋，食之则无所得，弃之则如可惜，公归计决矣。"杨修的理解是正确的，曹操实在不想把主力部队长期集中在汉中这个大山中的盆地里，合肥一线的孙权，襄阳一线的关羽，还有北方的公孙氏和乌桓人，哪一个都不让他省心。近一两年来，各地又频频发生叛乱活动，曹操已经有了心力交瘁之感，于是曹操下令从汉中全线撤退。这一年 5 月，曹军正式撤往关中，汉中再次易手，这块战略要地在曹操手里前后只有不到 3 年时间。

兵法解析

关于"将"与"兵"的关系，自古有许多说法。比如："强将手下无弱兵"，强调"兵"强不强，主要受"将"的影响；"千军易得，一将难求"，强调"将"的作用更大，一头狮子率领一群羊，羊个个也能变成狮子，而一群狮子被一只绵羊领着，狮子就可能变成羊，与拿破仑所说的"一头狮子带领的一群羊可以打败一只羊带领的一群狮子"异曲同工；"兵熊熊一个，将熊熊一窝"，强调的也是"将"在整个团队中的核心作用，如果"将"不强，"兵"再强也没有用。

还有一句话也很有名："一将无能，累死三军。"这句话出自《左氏春秋》，这里的"将"指的是在秦国与赵国长平之战中纸上谈兵的赵军总指挥赵括，由于他的无能，断送了赵军 40 万将士的生命，也断送了赵国的前途。

纵览历史上大小战例，可以得出一个普遍规律，那就是没有无能的"兵"，只有无能的"将"。什么样的"将"是称职的呢？标准比较多，诸葛亮在《将苑》中把将领的基本素质归纳为九个方面："道之以德，齐之以礼，而知其饥寒，察其劳苦，此之谓仁将；事无苟免，不为利挠，有死之荣，无生之辱，此之谓义将；贵而不骄，胜而不恃，贤而能下，刚而能忍，此之谓礼将；奇变莫测，动应多端，转祸为福，临危制胜，此之谓智将；进有厚赏，退有严刑，赏不逾时，刑不择贵，此之谓信将；足轻戎马，气盖千夫，善固疆场，长于剑戟，此之谓步将；登高履险，驰射如飞，进则先行，退则后殿，此之谓骑将；气凌三军，志轻强虏，怯于小战，勇于大敌，此之谓猛将；见贤若不及，从谏如顺流，宽而能刚，勇而多计，此之谓大将。"在诸葛亮看来，勇猛只是对将领的基本要求之一，且排在靠后的位置，首先强调的除"仁""义""礼"外就是"智"，也就是要有智谋，在战场上多依靠智慧取胜，而不是每场仗都去强攻敌人。

《孙子兵法》始终强调以智谋取胜的重要性，强调将领应当善于创造有利态势，而不是一味要求士卒流血牺牲。在战场上，流血牺牲是难免的，但流血牺牲必须有意义、有价值，无谓的流血牺牲应当坚决避免。曹操以治军严而著称，从《曹操集》中保存的一些军令来看，曹军内部纪律十分严明，对于违反军纪的官兵，处罚相当严厉。但是，"要求严"不等于"用兵狠"，对将士要求严格与对将士的爱护是相辅相成的，在客观条件难以达到的情况下，盲目开展军事行动，导致将士没有必要的流血牺牲，这种事情曹操很少做。

在两次汉中之战中，曹操都萌生过退兵的想法，这是汉中异常艰苦的作战条件所决定的。汉中介于关中与益州之间，是益州北面的门户，曹操想统一益州，必须先拿下汉中，汉中的战略地位举足轻重。然而，曹操更看到了地理环境恶劣、气候多变、后勤补给困难等客观困难，面对的又是实力不弱的对手，曹操认识到在这里勉强作战，即便侥幸取胜，也将付出极大代价。在这些不利条件下，智谋也难以施展，面对这种情况，曹操没有一味强求，而是最终主动放弃了汉中。

人们常说"不达目的，决不罢休"，军人强调"不胜不休"，但这只是一种战斗精神和态度，绝不意味着任何情况下都只能前进不能后退，不顾客观条件也要干属于冒险和蛮干。战场上要靠智谋取胜，能"不战而屈人之兵"，最好不战；能少一些流血牺牲，那就尽量争取；实在无法取胜时，就果断放弃。保持理性客观，承认现实困难，学会妥协让步，这不是懦弱，恰恰是强大的表现。

第六章

虚实篇

出击敌人必救的地方

孙子曰：

凡先处战地而待敌者佚，后处战地而趋战者劳。故善战者，致人而不致于人。

曹操曰：

能虚实彼己也。力有余也。

孙子曰：

能使敌人自至者，利之也。

曹操曰：

诱之以利也。

孙子曰：

能使敌人不得至者，害之也。

曹操曰：

出其所必趋，攻其所必救。

孙子曰：

故敌佚能劳之。

曹操曰：

以事烦之。

孙子曰：

饱能饥之。

曹操曰：

绝其粮道以饥之。

孙子曰：

安能动之。

曹操曰：

攻其所必爱，出其所必趋，则使敌不得不救也。

孙子曰：

出其所不趋，趋其所不意。

曹操曰：

使敌不得相往而救之也。

孙子曰：

行千里而不劳者，行于无人之地也。

曹操曰：

出空击虚，避其所守，击其不意。

孙子曰：

攻而必取者，攻其所不守也。守而必固者，守其所不攻也。故善攻者，敌不知其所守；善守者，敌不知其所攻。

曹操曰：

情不泄也。

孙子曰：

微乎微乎，至于无形；神乎神乎，至于无声，故能为敌之司命。进而不可御者，冲其虚也；退而不可追者，速而不可及也。

曹操曰：

卒往进攻其虚懈，退又疾也。

孙子曰：

故我欲战，敌虽高垒深沟，不得不与我战者，攻其所必救也。

曹操曰：

绝其粮道，守其归路，攻其君主也。

孙子曰：

我不欲战，画地而守之。

曹操曰：

军不欲烦也。

孙子曰：

敌不得与我战者，乖其所之也。

曹操曰：

乖，戾也。戾其道，示以利害，使敌疑也。

孙子说：

凡是先到达交战地点、等待敌人到来的就能安逸，凡是后到达交战地点仓促应战的就很疲惫。所以，善于作战的人，能调动敌人而不被敌人所调动。

曹操说：

能正确判断敌我双方的虚与实。力量有余。

孙子说：

能把敌人调动起来，让其自己前来，是用利益诱惑他们。

曹操说：

用利益诱惑敌人。

孙子说：

能阻止敌人不得前来，是让其感到了危害。

曹操说：

前进到敌人必然经过的要道，进攻敌人必然要救的地方。

孙子说：

所以，敌人虽然安逸，也能够让其疲惫。

曹操说：

制造事端困扰敌人。

孙子说：

敌人粮食充足，也能让他们陷入饥饿。

曹操说：

断绝敌人的粮道。

孙子说：

敌人很安稳，也能让他们不得安宁。

曹操说：

攻击敌人重视的地方，前进到敌人必然经过的地方，就能让敌人不得不前来救援。

孙子说：

前进到敌人必然经过的地方，在敌人意想不到的情况下发起攻击。

曹操说：

就能让敌人不得不前来救援。

孙子说：

千里行军却不觉得疲惫，是因为行进在敌人没有设防的地方。

曹操说：

行军在无敌之境，攻击敌人防守空虚的地方，避开敌人防守严密的地方，袭击敌人意想不到的地方。

孙子说：

进攻一定能够攻下，是因为攻击的是敌人没有防守的地方。防守一定能够守住，是因为防守的是敌人无法进攻的地方。所以，善于进攻的人，能让敌人不知道该在哪里防守；善于防守的人，能让敌人不知道该从哪里进攻。

曹操说：

真实的情况不能泄露出去。

孙子说：

微妙啊微妙，以致无法捕捉形迹；神奇呀神奇，以致无法听到声音，因此能掌握着敌人的命运。向前进军，让敌人无法阻拦，是因为攻击的是敌人最虚弱的地方；向后撤退，让敌人无法追赶，是因为撤退的速度很快，敌人追不上。

曹操说：

突然进军，攻击敌人防守最松懈的地方，撤退的时候又速度极快。

孙子说：

因此，我想交战时，敌人即使有高垒和深沟也不得不与我们作战，这是因为我们进攻的是敌人不得不援救的地方。

曹操说：

截断敌人的粮道，在敌人回师的路上设下埋伏，进攻敌人君主所在的地方。

孙子说：

我如果不想交战，在地上画条线就能守住。

曹操说：

军队都不希望被烦扰。

孙子说：

敌人无法与我交战，是因为我们让敌人改变了前进的方向。

曹操说：

乖，改变的意思。改变敌人前进的方向，将利害关系展示给敌人，让敌人产生疑心。

战役名称：东郡之战

战役时间：汉献帝初平二年（191）秋天

交战对手：于毒、白绕、眭固等黑山军

汉献帝初平二年（191），于毒、白绕、眭固等率领的几股黑山军联合作战，人数有 10 多万，攻击魏郡和东郡等地。东郡属兖州刺史部，跨黄河两岸，治所濮阳县是黄河上的著名城市，也是战略要地，自古以来常有大战在此发生。当时，黄河是主要航运河道，濮阳的地位有点儿像现在长江上的重庆、武汉或者南京，袁绍曾在此当过县长，曹操在距此不远的顿丘县当过县令。

黑山军越过魏郡、河内郡后，迅速进入东郡境内。当时的东郡太守是王肱，他组织人马迎战黑山军，但不是黑山军的对手，被打得落花流水。东郡眼看落入黑山军手中，这让袁绍十分着急，因为黑山军总是跟袁绍作对。袁绍当时的主要势力范围在冀州刺史部，东郡虽属兖州刺史部，但它与袁绍的大本营河内郡相邻，东郡陷落后，袁绍的侧翼将完全暴露在敌人面前。对袁绍来说，当今之计是尽快收复东郡，赶走黑山军。

但袁绍那时正与韩馥争夺冀州，正入白热化阶段，关键时刻不能松劲儿，所以他本人既抽不开身，又派不出人。袁绍想来想去，觉得只有曹操可用。曹操早年起兵，参加了反抗董卓的"关东联军"，他作战非常勇敢，但时运不济，连吃败仗，无奈之下只得暂时依附于袁绍。

这一年的秋天，曹操受袁绍之命率所部渡过黄河，进入东郡境内与黑山军作战。袁绍给了曹操一个东郡太守的头衔，让他驻兵于黄河下游北岸的一座小城东武阳，东郡的大部分地区在黄河以南，曹操暂时控制的只有黄河以北的东武阳附近地区。袁绍让曹操到这里来，除了对付黑山军还有一个目的，就是向南拓展势力，这样做会跟同样参加过"关东联军"的兖州刺史刘岱发生摩擦，

所以不能明火执仗地硬来。

　　所谓黑山军，是黄巾起义失败后新崛起的农民起义队伍之一。《资治通鉴》记载："自张角之乱，所在盗贼并起。"在原来黄巾军活跃的地区新出现了二三十支农民起义军，包括张牛角、褚飞燕、黄龙、白波、左校、郭大贤、于氐根、青牛角、张白骑、刘石、左髭丈八、平汉、大计、司隶、掾哉、雷公、浮云、飞燕、白雀、杨凤、于毒、五鹿、李大目、白绕、畦固、苦蝤等，每支队伍多者两三万人，少则六七千人，这些起义军的头领都出身于社会底层，从他们的名字就能看出来。常活动在白波谷的就叫白波，骑白马的就叫张白骑，说话嗓门大的就叫张雷公，胡子多的就叫于氐根，眼睛大的就叫李大目。这些人里最有名气的是张牛角和褚飞燕，他们曾联合攻击瘿陶，即今河北省宁晋县。在这场战斗中张牛角被流矢射中牺牲，临死前把手下头领叫来，让他们共推褚飞燕为主，褚飞燕为纪念张牛角，改名为张飞燕。"飞燕"其实是个外号，意思是动作麻利，来无影、去无踪，张飞燕原名褚燕，所以更多的地方他为张燕。作为一个农民起义军领袖，张燕在历史舞台上活跃的时间很长，影响也很大。张燕合并了各路势力后实力大增，太行山一带的各支起义军纷纷投奔他，部众迅速扩张，《资治通鉴》记载其"部众寝广，殆至百万"，这个数字指的是所有人数，既包括能作战的将士，也包括这些将士的家属，甚至来投靠他们的老百姓。不过，即便这样，在当时这个数字也相当惊人了。

　　张燕所部活动的核心区是黑山，这个地名在汉末三国的史书经常提及，关于它的具体范围，有两种看法：一种看法认为黑山是太行山脉的南端，范围涉及中山国、常山国、赵郡、上党郡、河内郡等，是太行山脉南部各山谷的总称；另一种看法是，黑山即象山，是太行山脉向华北平原过渡的山谷地带，西有群山，东是平原，进可攻，退可守，自古为兵家必争之地，战国时燕国在此筑城抗拒赵国、中山国的侵略。由于经常在黑山一带活动，所以张燕所部被称为黑山军。黑山军曾在张燕率领下归附了朝廷，但后来中原大乱，朝廷无法自保，各派势力忙于攻伐，也就没人顾得上他们了。黑山军于是重新活跃起来，一方面趁势壮大实力，另一方面逐渐向外围的魏郡、东郡等地作尝试性进攻，于毒、白绕、畦固等是崛起的新一代黑山军首领。

袁绍派曹操到东郡，主要任务就是对付黑山军，但刚加入曹操阵营的谋士荀彧建议，正好可以借此机会脱离袁绍而独立发展，不过当前以不与袁绍闹翻为好，名义上接受袁绍的节制，但所有战略必须按照自己的意图制定和实施，具体来说：对袁绍有利、也对自己有利的事，可以干；对袁绍没有利、但对自己有利的事，也要干；对袁绍有利、对自己没利的事，尽量不去干。

对曹操来说，这的确是一个难得的战略机遇期。袁绍当时正面临着来自北面公孙瓒方向的巨大压力，无暇顾及南边，袁绍反而需要曹操为其在南线筑一道屏障，所以对曹操给予大力支持。但这个机遇期可能很短暂，等袁绍解决掉公孙瓒，就会向南边发展，与袁绍的矛盾也就不可避免了。荀彧建议，可以打着袁绍的旗号大胆地抢占地盘，可以从东武阳渡过黄河，向兖州的东郡一带发展，立足东郡，着眼兖州，如果能占有一州之地，就有了逐鹿中原的基础。不过，以曹操现有的实力，要从兖州刺史刘岱手里抢地盘倒也并非易事。

恰在这时，活跃在青州一带的黄巾军余部想跟西边的黑山军会合，于是集合力量向兖州、冀州一带杀来。于毒、白绕、畦固等黑山军各部也离开太行山基地，向东边的河内郡、东郡进攻，策应青州黄巾军的行动。这两支队伍出现的新动向，既威胁到曹操的安全，也为曹操提供了机会。在荀彧策划下，曹操率主力离开东武阳，推进到离战略要地濮阳不远的顿丘县，寻找黑山军交战。黑山军于毒一支见状，悄悄集结人马向东武阳靠近。东武阳是曹操在东郡的后方基地，家属和粮草辎重都在这里，消息传到顿斤，大家紧张起来，曹操手下的大部分人主张立即回师救援。

但荀彧认为不必，因为东武阳兵力虽然有限，但城池坚固，守上一段时间问题不大，不如趁此机会直击黑山军的大后方。曹操认为这个大胆方案是可行的，于是置东武阳不顾，向西北进击，直扑位于太行山南部的黑山军基地。

进攻东武阳的黑山军听到消息，果然紧张起来，立即从东武阳撤兵，想回援后方。曹操事先预计到了这种情况，他"围魏"不仅为了"救赵"，还要趁机给敌人以重创。曹操预先判定了黑山军回师要走的道路，在半路设下埋伏，又打了一个漂亮的伏击，击败了黑山军。这还没完，在曹操率军回师东郡的路上又遇到一支人马，是归顺袁绍后又趁袁军北上反叛的南匈奴单于于扶罗，曹操再次将于扶罗打败。

两场胜仗打下来，东武阳之围应声而解，堪称经典战例。曹操不仅出色完成了袁绍交给的迎战黑山军的任务，还超额完成了计划外的任务，在巩固了以东郡为中心的势力范围的同时，也给了袁绍一个很大的面子。

● 兵法解析 ●

"虚"与"实"是《孙子兵法》强调的另一对相辅相成、可互相转化的概念。"虚"与"实"所指广泛，一般来说，无者为"虚"，有者为"实"；空者为"虚"，坚者为"实"；弱者为"虚"，强者为"实"；无力者为"虚"，有备者为"实"。同时，"虚"与"实"也是相对概念，对于己方，"虚"是手段，"实"是基础；对于敌方，"虚"可能是忽视的地方，"实"可能是陷阱。无论进攻、防守还是行军，都要避开敌人的"实"而攻击其"虚"。这样一来，发起进攻时敌人便无力抵抗，如同打中蛇的七寸，令其无还手之力。

在作战中，"虚"与"实"配合使用才能掌握战场主动权。与敌人作战，在什么地点、什么时间打最好由自己说了算，这样就需要调动敌人，让敌人按照自己的指令行动，这也是运用虚实的目的。在调动敌人的手段中，"攻其所必救"是一项重要战术，即通过攻击敌方的要害而调动敌方的军队，为己方造成有利态势，把难击之敌变为易攻之敌。

战场上的情况千变万化，避实击虚的战术有时也要随之变化，所进攻的目标不能全是"虚"，而要"虚中有实"，只有这样，才能真正调动敌人。这时候的"实"，就是敌人的关键点，是敌人必须保护而不能丢失的地方，只有这样敌人才会冒着上当的危险也要来救援。当然，这时候的"实"并不是要实攻，还是一种"虚"的手段，目的只是让敌人被自己牵着鼻子走。

哪些地方是敌人必须救援的呢？通常来说，有两种情况：一个是敌人的首都、首府或大本营，这里是一个国家、一个军事集团的政治、经济和文化中心，不仅具有军事战略意义，而且也有重大的内外部影响，一旦丢失将极大损害军民信心和抗敌意志，三国时期刘备丢下邳、关羽丢公安和南郡都属于后方中心失陷，结果导致迅速失败，这样的地方一旦出现危险，是必须要救的；另一个是后勤基地或运粮通道，后勤保障是战争的生命线，战争规模越大，对全勤保障的依赖性越大，但后勤保障线往往较为漫长，容易受到攻击，因此也成为最容易被对手利用的环节，官渡之战中曹操突袭乌巢，打击的就是这样的要点，结果导致袁绍的军队很快瓦解。

　　"攻其所必救"的道理很简单，但实现起来也是有难度的。通常情况下，首都、首府、大本营、后勤基础和运粮通道都是重兵保护的地方，轻易向这些地方发起攻击，有很大的冒险性，即便这样的进攻只是一种佯攻也要谨慎行事。"攻其所必救"，并不是无视敌人的防备而盲目攻击，也不是以"实"击"实"，与敌人硬碰硬，而是避开"虚"中之"实"，夺取"实"中之"虚"。

　　如果判断敌人对自己实施了"攻其所必救"的手段，又该如何破解呢？可以放手一搏，让敌人以"实"去击"实"，同时利用敌人主力远出的机会，假装去攻击敌人的"实"，在调动敌人的过程中，寻找歼灭敌人的机会。在上面这场东郡之战中，黑山军原本是奔着曹操大本营东武阳去的，曹操的正常反应应该是回师来救，但他采取了更高明的一招，反而去攻击敌人的大本营，这种"对赌"式的战术，比的是谁的意志更坚决。

隐藏自己的真实意图

孙子曰：

故形人而我无形，则我专而敌分。我专为一，敌分为十，是以十攻其一也，则我众而敌寡。能以众击寡者，则吾之所与战者，约矣。吾所与战之地不可知，不可知则敌所备者多。敌所备者多，则吾所与战者寡矣。

曹操曰：

形藏敌疑，则分离其众以备我也，言少而易击也。

孙子曰：

故备前则后寡，备后则前寡，备左则右寡，备右则左寡。无所不备，则无所不寡。寡者，备人者也；众者，使人备己者也。

曹操曰：

上所谓形藏敌疑，则分离其众，以备我也。

孙子曰：

故知战之地，知战之日，则可千里而会战。

曹操曰：

以度量知空虚会战之日。

孙子曰：

不知战地，不知战日，则左不能救右，右不能救左，前不能救后，后不能救前，而况远者数十里，近者数里乎？以吾度之，越人之兵虽多，亦奚益于胜败哉？

曹操曰：

越人相聚，纷然无知也。或曰：吴越雠国也。

孙子曰：

故曰：胜可为也。敌虽众，可使无斗。故策之而知得失之计，作之而知动静之理，形之而知死生之地，角之而知有余不足之处。

曹操曰：

角，量也。

孙子曰：

故形兵之极，至于无形。无形则深间不能窥，智者不能谋。因形而错胜于众，众不能知。

曹操曰：

因敌形而立胜。

孙子曰：

人皆知我所以胜之形，而莫知吾所以制胜之形。

曹操曰：

不以一形之胜万形。或曰：不备知也。制胜者，人皆知吾所以胜，莫知吾因敌形制胜也。

孙子曰：

故其战胜不复，而应形于无穷。

曹操曰：

不重复动而应之也。

孙子曰：

夫兵形象水，水之形，避高而趋下；兵之形，避实而击虚。水因地而制流，兵因敌而制胜。故兵无常势，水无常形，能因敌变化而取胜者，谓之神。

曹操曰：

势盛必衰，形露必败，故能因敌变化，取胜若神。

孙子曰：

故五行无常胜，四时无常位，日有短长，月有死生。

曹操曰：

兵常无势，盈缩随敌。

原文翻译

孙子说：

因此，把敌人的意图暴露在外而把我方的意图隐藏起来，那么我们就能集中兵力进攻而敌人会分散。如果我们把兵力集中于一点，而敌人分散为10处，相当于我军以10倍的兵力进攻敌人，我们在人数上就处于优势，敌人处于劣势。能够以优势兵力进攻劣势的敌人，那么与我们作战的敌人就少了。敌人不知道我们将要与其交战的地点，敌人不能预先知道交战的地点，防守的地方就多了。敌人防守的地点多了，那么在真正交战地点的敌兵就少了。

曹操说：

把真实情况隐藏起来，敌人就会生疑，就不得不把兵力分散以防守我方进攻。这里说的是，敌人兵力少就容易进攻。

孙子说：

所以，防备前边，后边的兵力就少了；防备后边，前边的兵力就少了；防备左边，右边的兵力就少了；防备右边，左边的兵力就少了。每一个方向都防备，那么所有方向上的兵力都少了。敌人兵力少，是因为敌人的兵力分散；我军兵力多，是因为我们让敌人处处防备自己。

曹操说：

以上所说的是，隐藏真实情况让敌人生疑，敌人就不得不分散兵力，以防备我们的进攻。

孙子说：

因此，能事先判断出作战的地点，能事先判断出作战的时间，即使在千里之外也可以前往交战。

曹操说：

通过详细分析知道敌人的虚实，预判出交战的时间。

孙子说：

不能事先判断出作战的地点，不能事先判断出作战的时间，那么左边不能救援右边，右边不能救援左边，前边不能救援后边，后边不能救援前边，何况远的在数十里以外，近的也在数里以外呢？根据我的分析，越国的兵力即使很多，对战争胜利又有什么帮助呢？

曹操说：

越国的军队聚集于一处，纷乱的样子，缺乏智谋。有人说：吴国和越国是仇敌。

孙子说：

所以说：胜利是可以创造的。敌人即使很多，也可以让他们失去战斗力。通过分析判断，可以知道敌人计划的得失；激怒敌人，可以判断出敌人行动的规律；设法暴露敌人，可以判断出敌人布防的要害；用少量兵力与敌人较量，可以了解敌人防备的虚实。

曹操说：

角，较量的意思。

孙子说：

因此，兵力运用的最高境界，是没有形迹可循。没有形迹可循，隐藏最深的间谍也无法窥探，最有智谋的人也无计可施。根据敌情变化而制订的作战计划取得胜利，即使把胜利摆在众人面前，众人也不知道其中的奥妙。

曹操说：

根据敌情变化，来制定战胜敌人的方法。

孙子说：

人们都知道我克敌制胜的方法，却不知道我是怎样灵活运用这些方法制胜的。

曹操说：

不能用一种方法去应对一万种不同的情况。有人认为，这些无法全部了解。制胜的意思是，人们都知道我凭借什么取得了胜利，不知道我是按照敌情变化、灵活制定对策而取得胜利的。

孙子说：

因此，取得一场胜利后，不要重复其方法，而要根据敌情变化灵活制定对策，将其运用到无穷无尽的程度。

曹操说：

不重复一种作战方法，而针对敌情变化制定应对策略。

孙子说：

用兵的规律就像水流动的规律一样，水流动的规律是，避开高处向低处流动；用兵的规律是，避开敌军的主力或者防守坚固的地方，攻击空虚的地方。水根据地势的高低决定流动的方向；用兵根据敌情变化决定取胜的方法。因此，用兵没有固定不变的方法，就像流水没有固定的形状一样。能够根据敌情变化而取得胜利的，可以称为用兵如神。

曹操说：

强盛的气势必然有衰败的时候，军情暴露必然招致失败。所以，能根据敌情变化而变化，这样取得的胜利可称为用兵如神。

孙子说：

因此，金、木、水、火、土五行相克相生，没有哪一个能永远占据优势；春、夏、秋、冬四季交替循环，没有哪一个能永远保持。白天有长也有短，月亮有圆也有缺。

曹操说：

作战没有固定不变的方法，是进是退要根据敌情变化来定。

经典战例

战役名称： 冀州之战

战役时间： 汉献帝建安七年（202）至九年（204）

交战对手： 袁谭、袁尚

汉献帝建安七年（202）5月，一代风云人物袁绍因病去世，留下了未竟的事业，留下了深深的遗憾，也留下一个以冀州为中心的"烂摊子"。

袁氏二子相争

说袁绍留下的是一个"烂摊子"，倒不是说袁绍此时的家业不够大，实力不够强。相反，虽然经过官渡之战的惨败，但袁绍一手缔造的袁氏集团仍然保持了强大实力，只是直到临死前袁绍都没有解决好内部纷争问题，随着他的死去，这个集团也开始了更为严重的内讧。

袁绍的妻子姓刘，能嫁入"四世三公"的袁家，说明她的家世也相当不凡，她与前兖州刺史刘岱是亲戚，刘岱和当过扬州刺史的刘繇是兄弟，他们都是正宗的汉室宗亲。袁绍的这个妻子出身皇族，还是一个极厉害的女人，在很多方面都能当袁绍的家。在袁绍的3个儿子中，刘氏喜欢小儿子袁尚，"数称于绍"，经常在袁绍面前说他的好话，而对老大袁谭抱有成见。推测起来，也许作为长子的袁谭不是刘氏所生，但这一点没有史料依据，只是猜测。

家和万事兴，家里不和则外人欺。当初，袁绍迟迟不明确继承人问题，官渡之战前夕又分别委派3个儿子和外甥高幹作为北方4个州的刺史，无异于向世人宣告他们家庭内部出现了矛盾和分歧。沮授、田丰等有责任感的人看到后向袁绍苦谏，而逢纪、审配、辛评、郭图这些投机分子则看到了机会，逢纪、审配依附于袁尚，辛评、郭图依附于袁谭，形成了两大派系。

逢纪和审配原来并不和，但官渡之战后二人的关系发生了戏剧性的改变。袁绍官渡之败，审配应该负重大责任，后来有人向袁绍说审配的坏话，袁绍问逢纪，逢纪使劲儿帮审配打圆场，袁绍很奇怪，放在以前，这正是逢纪求之不得落井下石的好机会。袁绍于是问逢纪原因，逢纪居然冠冕堂皇地说以前我们闹矛盾是私人恩怨，现在可是国家大事。其实，他们眼里的私人恩怨从来都重于国家大事，过去如此，现在依然这样。逢纪之所以护着审配，是因为郭图、辛评已经团结在一起，他没有人可联络，只能团结审配。为了共同的目标，这一对互为眼中钉的对手走到了一起。

曹操的机会

袁绍大概没想到自己会死得那么早，所以一直到闭眼的那一刻还没有给大家一个明确的政治交代。袁绍死后，大多数人认为袁谭是老大，应该推举他做接班人。但此时袁谭在外地，逢纪、审配等人在刘氏帮助下掌握了先机，伪造袁绍的遗嘱，抢先让袁尚接班。

刘氏生性嫉妒，为人凶残，袁绍刚死，还没来得及入殡，她就把袁绍生前宠爱的 5 个小妾全部杀死。刘氏很迷信，她怕这几个人到阴间见到袁绍告状，于是把她们"髡头墨面"，也就是把头发剃了、用墨涂黑她们的脸，把她们全部毁容。袁尚倒也挺孝顺，帮助老妈把这些女人的家人全部杀光。

史书对袁谭的评价较袁尚好，认为袁谭颇为仁爱聪慧，而袁尚仅仅长得英俊而已。袁谭此前担任青州刺史，虽然说不上有什么特别建树，倒也基本称职，在实践中锻炼了才干。袁绍吐血而死的时候袁谭估计还在青州，他听到消息赶到邺县时，袁尚已经宣布继位，大势已去，袁谭于是在辛评、郭图等人辅佐下移驻到黄河边上的战略要地黎阳，在那里自称车骑将军。

一开始，袁谭、袁尚还没有完全翻脸，逢纪、审配拥戴袁尚是"代绍位"，即代替袁绍的职位，袁绍死前是大将军，袁尚继承的应该是这个职位，虽然这个职位应该由朝廷任命，但现在的实际情况已经不可能，袁尚比较方便的做法就是把朝廷颁给父亲的印绶拿过来自己用，反正印章上也没刻着名字。袁谭自称车骑将军，这是大将军的副手，说明他名义上仍愿意服从袁尚的领导。黎阳是与曹军对峙的前线，袁谭替兄弟袁尚看大门，可袁尚"少与之兵"，还把逢纪派过去监视袁谭的行动。袁谭请求增兵，审配鼓动袁尚不要答应，袁谭于是忍无可忍，把逢纪杀了，兄弟俩正式翻脸。

曹操得到报告后认为这是个机会，于是在这一年的 9 月渡过黄河，进攻黎阳的袁谭，袁谭向袁尚求援。"兄弟阋于墙，外御其侮"是《诗经》里的句子，袁尚再笨，也知道什么是"敌我矛盾"，什么是"内部矛盾"。袁尚决定亲自率兵支援大哥，之所以要亲自来，不是出于对敌情的重视，而是害怕派别人来镇不住大哥，"恐谭遂夺其众"。袁尚让审配守邺县，自己率部到达黎阳。

曹操故意撤兵

汉献帝建安八年（203）2 月，在曹操亲自指挥下，黎阳被曹军攻克，袁谭、袁尚退还邺县。曹操率军追击，双方于途中发生激战。之后，曹操突然下令放弃追击，就连已经占领的黎阳也不要了，直接退回到黄河南岸。

曹操此举让人不解，其实这是有深意的。攻克黎阳后，曹操手下一部分人认为应该趁机扩大战果，迅速出击北方各州，将其占领，军谋祭酒郭嘉认为时机不成熟，他认为袁绍生前不知道两个儿子谁继位好，结果让郭图、逢纪等人做他们的谋士，造成现在他们之间的争权夺利，如果进攻太急他们会团结在一起，进攻稍缓他们会更加闹起内讧，不如做出南征刘表的样子，让他们内讧，然后趁机出击，再一举攻占河北。曹操认为郭嘉的这个意见好，于是回师黄河以南。就在袁氏兄弟闹内讧的这段时间里，曹操亲自带兵到汝南郡的西平一带，做出一副远征荆州的姿态。

结果让郭嘉料对了，曹军撤退后袁谭、袁尚即闹起了新的内讧。看到曹军撤退，袁谭对袁尚说："我铠甲不精，故前为曹操所败。今操军退，人怀归志，及其未济，出兵掩之，可令大溃，此策不可失也！"袁谭自愿为前部，请求更换将士铠甲并派兵进行支援。对于袁谭的这个建议，袁尚"疑而不许"，既不增兵，也不给袁谭更换装备。袁谭大怒，郭图、辛评趁机对袁谭说："使先公出将军为兄后者，皆是审配之所构也。"袁谭相信了，于是率兵攻打袁尚，双方交战于邺县城外。此战袁谭失利，退到渤海郡南皮，这正是曹操想看到的结果，也是他主动撤兵的目的。

进一步分化敌人

袁谭退到南皮后，处境更加不利。论实力袁谭处于下风，袁尚被立为继承人后，袁绍的大部分政治遗产和军队都让袁尚得去了，袁熙和高干在他们争斗中虽然还没有明确表态支持袁尚，但二人都想观望，也不会表态支持袁谭。袁尚亲自率军来攻南皮，袁谭再次大败，退到婴城。袁尚又围攻婴城，袁谭逃往青州刺史部平原郡。

袁谭一路败退的时候，他的别驾王修劝道：兄弟就像左右手，有人打架先把自己的右手砍断，而对人家说我必赢，这可能吗？现在的问题是有奸人在其中捣鬼，请您不要听他们的，可以杀上几个奸人，然后兄弟和睦，则可以横行天下。

王修说得很有道理，但袁谭听不进去。这倒不能全怪袁谭，因为即使他能听进去，袁尚也未必肯合作。这时郭图给袁谭出了一个主意，把袁谭吓了一跳。郭图竟然想与曹操结为联盟，郭图分析说，如今将军您的地盘小、人马少，粮食匮乏，袁尚如果再来进攻，时间长了我们无法抵挡，我以为可以联络曹操来抗拒袁尚，曹操到了，必先攻击邺县，袁尚回兵相救，将军再率兵出击，如此邺县以北的地区都可以归将军，如果袁尚不是曹操的对手而失败，他必然奔亡，将军可以收留他以抗拒曹操，曹军远道而来，粮饷不济，打上一阵必然退去，到那时，整个北方将尽归我们所有，足以与曹操抗衡。

这个主意实在太过卑下了，袁谭开始不同意，后来想想，事到如今不这样办也没有别的好办法，于是同意了。袁谭问郭图谁可以出使曹操，郭图推荐了辛评的弟弟辛毗，辛毗是豫州刺史部颍川郡人，跟荀彧、郭嘉等人既是同乡又是熟人，派他去好办事。辛毗于是南下，在西平见到了曹操，转达袁谭的问候，曹操十分高兴。不战而屈人之兵，坐收渔人之利，这样的目的看来达到了，并且是对方主动送上门来的，当然是好事。

曹操召集内部会议进行研究，出乎意料的是，大多数人认为刘表势力强大，应该先平定刘表，袁谭和袁尚反正已经内斗，不用有什么顾虑，别管他们，抓紧时间先把刘表解决掉。表面来看，情况确实是这样，二袁在北方内斗，曹操正好腾出手来解决南面的刘表。

但是，这只看到了眼看的一步，而没有看到下一步。荀攸就持不同意见，他认为现在四方都有战事，而刘表坐拥江汉之间，这么多年来一直没有什么作为，说明他缺乏雄才大智，袁氏仍然有 4 个州的地盘和 10 万之众，在河北一带有一定群众基础，如果袁谭、袁尚兄弟二人联合起来，将是很难攻破的，现在他们内斗，正是各个击破的难得机会，这个机会千万不能错过。曹操认为荀攸说得更有道理，于是率军北上。

再次主动撤退

汉献帝建安八年（203）10 月，曹操率军北渡黄河，再次来到黎阳，这一次他做了较为充分的准备，摆出大打一仗的架势。此时袁尚正率主力在平原国围攻袁谭，听到消息后立刻回师邺县。平原之围解除，袁谭暂时化解了危机。

看到袁谭暂时不会被消灭，曹操决定回师。曹操之所以不扩大战果，跟上次撤兵所考虑的问题是一样的。能在高处随心所欲地走钢丝的人，必须有时刻保持两边力量均衡的本领，要做到这一点，除了艺高胆大之外，手中还要有一根木杆，以此调节平衡。当这个木杆要向一边落下时，及时出手把它抬起来，一旦恢复了平衡，就可以悠闲地坐在那里赏风景了。曹操明白这样的道理，所以他决定收手。

要让二袁继续内斗，就要给相对弱小的袁谭"打气"，增强袁谭的信心。为此，曹操主动提出跟袁谭结成了儿女亲家，让儿子曹整娶了袁谭的女儿。曹整是曹操的李姬所生，此时年龄不超过10岁，这桩婚事不仅是政治婚姻，而且属于典型的"早婚"。这门亲事很有意思，曹操的儿子娶了袁绍的孙女，意味着曹操自愿在袁绍面前降低一辈，后来曹操的儿子曹丕又娶了袁绍的儿媳妇，曹操又跟袁绍变成了平辈。

时机成熟再动手

办完这些事，曹操主动撤军。看到外部威胁解除，袁尚那边果然又行动起来。汉献帝建安九年（204）2月，袁尚让审配、苏由守邺县，自己再次率大军攻打驻守在平原国的袁谭。

袁尚走后，留守邺县的苏由打起了战场起义的主意，他悄悄跟曹军联络，准备杀了审配献出邺县，结果情报泄露，审配发觉，双方战于城中。此时袁尚的主力在洹水附近，距邺县并不太远，袁尚回师，苏由不敌，闯出邺县后投奔曹军。曹操得到苏由起事的情报后，立即率军向邺县杀来，但晚了一步，苏由已经败逃出邺县。苏由虽然事败，但经过这一番折腾，加上前面二袁之间的多次相攻，袁氏集团内部已不可能再复合，实力也大为下降，曹操觉得发动总攻的条件成熟了，于是顺手就把邺县围了起来。

曹操兵围袁氏的大本营邺县，城中只有审配负责守城，袁尚、袁谭均率军在外。袁谭不仅不帮审配、袁尚，在曹操围困邺县期间还向袁尚发起进攻，在曹操、袁谭的双重打击下，袁尚败走幽州，投奔二哥袁熙去了。汉献帝建安九年（204）8月，邺县被曹军攻克，审配被俘。之后，曹操以袁谭反叛为由，写信对袁谭大加训斥，又派人送还袁谭的女儿，解除双方婚约。曹操征讨袁谭，在南皮将袁谭击败，袁谭被斩杀。至此，袁氏集团势力最核心的地区冀州被曹操全部占领，为下一步统一整个北方奠定了基础。

● 兵法解析 ●

袁绍死后，袁氏集团的势力还是比较强大的，如果要将其全部歼灭，对曹操来说必须集中起全部的力量才行，并且还要付出很大代价。曹操没有强攻，而是通过智谋，挑动敌人内部的矛盾，在战场上先后两次打破常规，在优势情况下主动撤兵，把自己真实的意图暂时掩盖起来，让敌人内斗，待时机成熟时再发动总攻，一举将敌人消灭，以较小的代价实现了最终的目标。

在战场上，双方都急于知道对方的打算，摸清对方的真实意图。如果不了解对方的意图，不知道对方下一步的攻击重点，就要把兵力分散开，处处设防，即曹操所说"形藏敌疑，则分离其众，以备我也"。而了解对方的意图，知道对方下一步的攻击重点，就可以有重点地设防，做到"我专而敌分"。同样的兵力，不同的防御方案，最后的效果可能完全不同，历史上常有"以少胜多"的战例出现，其中一个重要原因，是因为"多"与"少"只是相对概念，也是动态概念，总体上"多"，但局部可能"少"；此一时"多"，但彼一时可能"少"。所以"多"与"少"并不是决定胜败的唯一因素，掌握战场主动权，往往可以弥补"少"的不足，形成局部"多"的优势。

要想掌握主动，就要隐藏起自己的意图，通过一些故意做出的行为来诱惑敌人，让敌人产生错觉，有时还需要反复伪装，或让敌人丧失警惕，或让敌人对错觉深信不疑，待时机成熟时，再抓住敌人的疏漏给予其致命一击。

要隐藏真实的意图，手段很重要。隐藏得好，就能瞒天过海，就能达成目标；隐藏得不好，就会画蛇添足，弄巧成拙。为此，要善于抓住对方的弱点，各种手段和策略都围绕着对方弱点进行。对方多疑，就设法让他疑心更重；对方内部不和，就设法让他们内部的矛盾更多；对方贪利，就设法给他好处，诱惑其犯错。《孙子兵法》强调"形兵之极，至于无形"，说的是要把隐藏工作做到最好，让我方的真实意图没有半点儿泄露。曹操则进一步强调"势盛必衰，形露必败，故能因敌变化，取胜若神"，说的是通过随时调整策略以适应战场上的不断变化，从而达到"无形"。

　　当然，敌人也不是完全被动的，一定会通过各种手段侦察、推测我方的真实意图。一方面，要做好"反侦察"，了解敌方监视和收集情报的手段，故意释放假信息，进一步麻痹敌人，干扰敌人的判断；另一方面，可以主动出击，通过转移视听的办法，把敌人的关注点从对我方真实意图的探察中吸引过来，也就是通过一种行动来掩盖另一种行动，曹操假装进攻刘表，就是这样的策略。

　　要战胜敌人，一切就要围绕敌人展开。战场上虽然变化多端，但抓住敌人的关切点并围绕着它做文章，就容易抓住主动权，《孙子兵法》强调"战胜不复，而应形于无穷"，曹操强调"兵常无势，盈缩随敌"，说的都是计谋应不断调整变化以达到"敌变我变"的指导原则。在战场上，即使处于优势也不能高枕无忧，瞬间的变化可能会改变战场局势，稍微疏忽可能会招致失败。始终不忘谨慎，始终清楚敌人的意图，而把自己的意图尽可能隐藏起来，才能立于不败之地。

第七章

军争篇

夺取胜利的主动权

孙子曰：

凡用兵之法，将受命于君，合军聚众。

曹操曰：

两军争胜。聚国人，结行伍，选部曲，起营为军陈。

孙子曰：

交和而舍。

曹操曰：

军门为和门，左右门为旗门，以车为营曰辕门，以人为营曰人门，两军相对为交和。

孙子曰：

莫难于军争。

曹操曰：

从始受命，至于交和，军争难也。

孙子曰：

军争之难者，以迂为直，以患为利。

曹操曰：

示以远，迩其道里，先敌至也。

孙子曰：

故迂其途而诱之以利，后人发，先人至，此知迂直之计者也。

曹操曰：

迂其途者，示之远也。后人发、先人至者，明于度数，先知远近之计也。

孙子曰：

故军争为利，军争为危。

曹操曰：

善者则以利，不善者则以危。

孙子曰：

举军而争利，则不及。

曹操曰：

迟不及也。

孙子曰：

委军而争利，则辎重捐。

曹操曰：

置辎重，则恐捐弃也。

孙子曰：

是故卷甲而趋，日夜不处。

曹操曰：

不得休息，罢也。

孙子曰：

倍道兼行，百里而争利，则擒三将军。劲者先，疲者后，其法十一而至。

曹操曰：

百里争利，非也。三将军皆以为擒。

孙子曰：

五十里而争利，则蹶上将军，其法半至。

曹操曰：

蹶，犹挫也。

孙子曰：

三十里而争利，则三分之二至。

曹操曰：

道近，至者多，故无死败也。

孙子曰：

是故军无辎重则亡，无粮食则亡，无委积则亡。

曹操曰：

无此三者，亡之道也。

───────◆ 原文翻译 ◆───────

孙子说：

一般来说，用兵的方法是这样的，将领从君主那里接受命令，之后集结军队，动员百姓。

曹操说：

军争指的是两军争夺胜利的主动权。聚拢国内百姓，集结成军队，选拔军事指挥员，设置军营，摆出阵形。

孙子说：

与敌人营垒对峙。

曹操说：

军营的正门叫作和门，左右两边的门叫作旗门，用战车结下的军营的大门叫作辕门，用士卒结下的军营的大门叫作人门，两军的营垒相对叫作交和。

孙子说：

没有什么比夺取胜利的主动权更困难的了。

曹操说：

从开始接受命令，到两军营垒对峙，夺取胜利的主动权是最困难的。

孙子说：

夺取胜利的主动权之所以困难，是因为要变迁回为近直，变不利为有利。

曹操说：

用长途行军的假象迷惑敌人，暗中加速行军，在敌人的前面到达预定战场。

孙子说：

因此，故意迁回行军并用利益诱惑敌人，虽然出发比敌人晚，但却能比敌人先期到达预定战场，能这样做的，就是懂得迁回和直接关系的将领。

曹操说：

故意迁回行军，是告诉敌人自己的距离还很远。出发比敌人晚，却能比敌人先期到达，是因为能估计和计算距离，预先制定出变远为近的计谋。

孙子说：

所以，争夺胜利的主动权存在有利的一面，也存在有害的一面。

曹操说：

处理好了就有利，处理不好就有害。

孙子说：

军队携带全部辎重装备去争利，就会影响行军的速度而无法及时到达。

曹操说：

行军速度迟缓，无法及时到达。

孙子说：

放弃辎重装备去争利，又会将辎重装备丧失。

曹操说：

放下辎重，恐怕辎重就会丢失。

孙子说：

如果捆起衣甲，轻装简行，昼夜不息地急行军。

曹操说：

不休息，就会疲惫。

孙子说：

每天加倍行进，一天走两天的路程，奔走百里去争夺先机，那么三军将领都可能被擒。健壮的士卒走得快，疲弱的士卒走得慢，按照常理，最后只有十分之一的士卒能如期到达。

曹操说：

奔走百里去争夺先机，是错误的做法。三军将领都会被擒获。

孙子说：

奔走50里去争夺先机，就会使前锋的将领受到挫败，用这个办法最后只有一半的士卒能如期到达。

曹操说：

蹶，如同"挫"字。

170

孙子说：

奔走30里去争夺先机，用这个办法最后有三分之二的士卒能如期到达。

曹操说：

距离近，能到达的士兵就多，就不会被消灭或失败。

孙子说：

所以说，军队没有辎重装备就会败亡，没有粮食就会败亡，没有储备军用物资也会败亡。

曹操说：

没有上面说的这三样东西，就只有败亡这一条路了。

------- ● 经典战例 ● -------

战役名称： 白马之战

战役时间： 汉献帝建安五年（200）4月

交战对手： 颜良

汉献帝建安五年（200）初，曹操与袁绍之间的官渡之战正式打响，首战发生在黄河北岸的黎阳，此地即今河南省浚县，这是曹操的第一道防线，曹操在这里只放了一小部分人马，因为这是曹军在黄河以北仅有的一座孤城，放再多人马在那里也守不住。

不出所料，曹军在黎阳很快败下阵来，不过他们更多地像是主动撤退，因而损失不大。占领黎阳，袁绍肃清了黄河以北的所有曹军，袁绍决定在这里休整一段时间，准备进一步集结部队后再渡过黄河，发起总攻。在大部队行动前，袁绍让颜良率一部分人马先渡河，去进攻黄河南岸的军事要地白马，此地在今河南省滑县附近。袁绍的主要谋士沮授对这项决定表示反对，他认为颜良"性促狭，虽骁勇不可独任"。袁绍曾经对沮授很倚重，几乎言听计从，可这次却不接受沮授的建议，因为颜良在当时很有威名，在军中的地位和名望远远超过关羽、张飞这些人。

这次袁绍南征，沮授、田丰等本土派都不怎么支持，此前田丰反对南征，袁绍一怒之下将他下狱，而沮授对南征也较为消极。沮授名义上针对的是颜良，其实还是暗中反对袁绍南征。出征前，沮授把本族的人召到一块儿，做了一个令人不解的行动：把家财给大家分了。沮授对族人们说，袁公如果在官渡能取胜，我们就会"威无不加"，但如果不能取胜呢？那我们就难以保全自身，这是我们的悲哀。族人们不理解，一个族弟问沮授，曹操怎么能是袁公的对手呢，沮授摇了摇头说，以曹操的明智和远见，加上挟天子作为后盾，实力不容低估，而我们刚刚打败公孙瓒，士兵疲敝，主将骄纵，成败已经很明显了。

沮授现在以奋威将军的名义任监军，相当于袁绍的"军长"甚至是"兵团司令"，论军职是袁军中最高的，但仗还没打起来，身居要职的沮授已经到处散播"亡国论"，这让袁绍十分厌恶。沮授在冀州的影响力让袁绍不至于立即发难，但对沮授的信任度大为降低。所以，当沮授反对派颜良率兵渡河作战时，袁绍没有听从他的意见，这多少有赌气的成分。不仅如此，袁绍一生气还做出一项决定：把沮授的监军之权一分为三，分别由沮授、郭图和老将淳于琼担任。这是一项重要的人事调整，和临阵换帅差不多，是兵家大忌。

本土派反对袁绍南征，这一点儿都不奇怪，这与之前张邈、陈宫背叛曹操的道理差不多，之后赤壁之战时张昭主张投降，也都是这个原因。作为本土派，他们想得更多的不是个人得失，而是家乡父老的利益，他们只想关起门来踏踏实实过自己的日子，不想沾人家的光，但也不想吃亏。袁绍发起与曹操的决战，如果获胜，对冀州本土派来说也多不了什么，因为江山是人家的，但为此要付出巨大的人员、物资方面的代价，牺牲的是自家子弟，承受的是额外的赋税。如果不能获胜，那就更麻烦了。为什么平白无故地要去冒这个险呢？立场不同，所以观点不一样，这是袁绍与沮授、田丰等人矛盾症结之所在。但对于袁绍来说，眼界当然不局限于一个冀州，他的视野不是那一亩三分地，他的视野更宏大。

这一年4月，颜良率部渡过黄河，兵指白马，身在官渡的曹操看到这种情况，决定亲自去解救白马之围，军师荀攸提出了不同意见，认为现在我方兵力不足，不如袁绍，只有"分其势乃可"，也就是分散他们的兵力，方能取胜。荀攸提出具体作战方案：先赴延津，做出要渡过黄河袭击袁军的样子，袁绍必然调集重兵前来应战，然后轻兵疾进去取白马，掩其不备，那样一来颜良可擒。

荀攸的作战方案，简单地说就是把作战主动权掌握在自己手里，如果直接去救白马，等于被敌人调动了，不如先不管白马，把主力开赴延津，延津是黄河上最重要的渡口之一，曹军在延津集结，就会给袁绍造成一种假象，以为曹军要在此渡河，向袁绍目前所在的黎阳发起反攻，如此一来袁绍就不得不调集周边的人马加强黎阳的防卫，待袁军被调动后，再迅速出击白马，这样一来反而把敌人调动了，变被动为主动。

这是一招妙棋，但它具有很大的冒险性：一方面，如果袁绍看破了曹军声东击西的企图，仍按原来的部署用兵，不调集人马向黎阳方向集中，这个计谋就失败了；另一方面，即便袁绍上当，将兵力主要集中于黎阳方向，但袁军的兵力足够多，既能在延津附近与曹军交战，又能抽出人马去增援白马，这样一来，计谋依然不能奏效。

曹操认真考虑了荀攸的建议，最后还是接纳了。不是曹操对可能出现的风险做出评估后得出了可行性结论，而是他没有其他太好的对策，敌强我弱是现实，在这种情况下如果中规中矩地跟敌人打正面战，肯定会处于下风。于是曹操不去救援白马，而是亲自率一支人马向延津方向开来，而袁绍果然中计，不仅顾不上加强白马方向的力量，而且还将进攻白马的一部分人马调往延津。看到计策成功，曹操决定闪击白马的颜良。曹操命张辽为主将，率一支轻骑兵疾驰白马，张辽领命后向曹操提出一个请求，想让关羽同行，曹操同意。

颜良还毫无思想准备，他得到的情报是曹军主力已开赴黄河岸边的延津，那里距此至少有100多里的路程，正常情况下没有两三天时间不能到这里。没想到，眼前突然杀出来一支劲旅，直接冲着白马就来了，颜良所部其实已经成了孤军，被张辽、关羽两员猛将率领的队伍攻击，结果打了败仗。关羽更大显神威，"策马刺良于万众之中，斩其首还"。汉末三国时代的战争一般是阵法、计谋的较量，主将之间一对一"单挑"其实很少发生，关羽这种亲自斩杀敌方主将的行为是不常见的，这是一件了不起的战绩，关羽在后世扬名，与此战关系很大。

● 兵法解析 ●

战争在某种意义上也是主动权之争，无论军事的主动权还是经济、政治和外交上的主动权，只要掌握在自己手中，就奠定了胜利的基础。《孙子兵法》反复强调争夺主动权的重要性，从"不战而屈人之兵"到"上兵伐谋，其次伐交，其次伐兵，其下攻城"，这些思想都可以归入"争利"的范畴，而"争利"就是争夺主动权。

如何争夺主动权？一个重要的方法是灵活地行动自己、调动对手。在《孙子兵法》中，"形""势""胜"也是一组核心概念，"形"指的是军队和武装，包括多少人、怎样的装备等，是看得见、摸得着的东西；"势"指的是把军队和武装灵活调动，虽然是看不见的，却更厉害；"胜"指的是制胜，抓住战机，取得胜利。聚形、运势、制胜，这是夺取主动权的关键步骤，也是取得胜利的关键。可以作一个形象的比喻："形"如同一块大石头，"势"就是设法把这块大石头运到山顶上去，"胜"就是当敌人从山脚下走过时把石头推下去，将其砸中。

这样的过程看似简单，但实现起来却是复杂的。安静地放在一边的石头并不是武器，只有把它运送到合适的地方才能产生力量，运送的过程往往是艰难的，需要克服重重困难；选择什么样的地方安放石头则更重要，敌人不会主动寻着石头的方位故意来送死，什么地方是敌人必定会来的、敌人什么时候来，这些问题需要精准的预判；敌人来了，什么时间把石头推下去，也需要计算，早一秒不行，晚一秒也不行，必须在敌人经过石头下面的时候果断地推下去。上述这些环节，都需要精确地把握，把握好了，就掌握了主动权，敌人就会听从指挥，乖乖就范。

曹操根据自身军事实践提出掌握战场主动权的两个关键：一个是"快"，一个是"变"。"快"，就是要抢先占领有利地形，占领战略制高点，为此必须准备快、决策快、行军快，还要把迂回的弯路变为直路，把各种各样的不利条件转化为有利条件，即所谓"迂其途者，示之远也。后人发，先人至者，明于度数，先知远近之计也"；"变"，就是在不利情况下，通过用兵的变化以迷惑敌人，变落后为占先，即所谓"示以远，迩其道里，先敌至也"。

有人说掌握主动权就是抢占先机，其实并非完全如此，只能说抢占先机更容易掌控主动权。在战场上，有先发制人也有后发制人，只要方法得当，最终都能主导战场形势。《孙子兵法》在强调争夺主动权的同时，反对"倍道兼行，百里而争利"的做法，曹操也认为"百里争利，非也"，因为这种不顾客观形势而一味抢占"先机"的做法其实是勉为其难，可能会得到相反的结果。

攻击敌人时速度要快

孙子曰：

故不知诸侯之谋者，不能豫交。

曹操曰：

不知敌情谋者，不能结交也。

孙子曰：

不知山林、险阻、沮泽之形者，不能行军；不用乡导者，不能得地利。

曹操曰：

高而崇者为山，众树所聚者为林，坑堑者为险，一高一下者为阻，水草渐洳者为沮，众水所归而不流者为泽。不先知军之所据及山川之形者，则不能行师也。

孙子曰：

故兵以诈立，以利动，以分合为变者也。

曹操曰：

兵一分一合，以敌为变也。

孙子曰：

故其疾如风。

曹操曰：

击空虚也。

孙子曰：

其徐如林。

曹操曰：

不见利也。

孙子曰：

侵掠如火。

曹操曰：

疾也。

孙子曰：

不动如山。

曹操曰：

守也。

孙子曰：

难知如阴，动如雷震。掠乡分众，廓地分利，悬权而动。先知迂直之计者胜。此军争之法也。

曹操曰：

因敌而制胜也。分敌利也。量敌而动也。

孙子说：

因此，不了解其他诸侯国的意图，就不能与之结盟。

曹操说：

不了解对手的情况和想法，就不能与之结交。

孙子说：

不了解山林、险阻和沼泽等地形的分布，就不能行军作战；不使用本地的向导，就不能掌握哪里是有利的地形。

曹操说：

高大又险峻的是山，大量树木聚生在一起的是林，深坑、壕沟是险，一会儿高、一会儿低的是阻，水草丛生、慢慢浸湿土地的是沮，江河汇集一处水却不流动的是泽。不预先侦察出军队扎营的地点以及周围的山川地形，就不能行军。

孙子说：

因此，用兵作战以欺骗为谋略的基础，以是否有利来决定要不要行动，以兵力的分散或集结作为应变的手段。

曹操说：

兵力是分散还是集结，根据敌人的具体情况而变化。

孙子说：

所以，军队行进快的时候要像风一样迅疾。

曹操说：

这是因为要攻击敌人空虚的地方。

孙子说：

行军慢的时候要像山林一样森严不乱。

曹操说：

这是因为还没有看到好处。

孙子说：

发动进攻的时候像火一样猛烈。

曹操说：

攻击的速度很快。

孙子说：

不动的时候像山一样稳固。

曹操说：

指的是防守。

孙子说：

当军队需要让敌人难以知晓时，就要像漫天阴霾一样不可侦测；当军队需要出击时，就要像万钧雷霆一样有力。夺占敌人的乡邑，分配所俘虏的人；扩大占领的地盘，分配所夺取的财物；权衡之后，再做下一步行动。先知道迂直之计的将帅才能赢得胜利。这些，都是军争应遵循的原则。

曹操说：

这里说的是，利用敌人的资源去取得胜利，分配敌人的财物，根据敌情变化采取行动。

经典战例

战役名称： 汝南之战

战役时间： 汉献帝建安五年（200）夏

交战对手： 刘备、何仪等

汉献帝建安五年（200），曹操和袁绍展开了主力决战，即官渡之战。在绪战阶段，袁绍先后在白马、延津连输两战，损失了颜良、文丑两位主将，但"袁强曹弱"的总体态势仍未改变。曹操通过前两道防线迟滞了袁军的进攻，通过连赢两阵提振了士气，不过在强大的袁军面前也只能向后撤退，对于官渡这个最后的战略屏障，曹操只能采取死守的战略。

在力量悬殊的形势下，一部分人产生了动摇，还有一小部分人甚至暗中与袁绍联络，随时有叛乱的可能。更为不利的是，就在双方对峙于官渡的时候，许县后方的汝南郡一带出了问题。汝南郡是袁绍的老家，袁家在这里很有根基，之前曹操率军由兖州进入洛阳时曾路过这里，当时汝南郡以及相邻的颍川郡黄巾军很兴盛，首领分别有何仪、刘辟、黄邵、何曼等人。曹操指挥人马打败了他们，黄邵为于禁所斩，刘辟、何仪等投降。

汝南郡的黄巾军虽暂时归顺曹操，但看到眼前局面对曹操不利，他们马上活跃起来，在汝南郡起兵叛乱，公开响应袁绍。叛军声势很猛，曹操虽然安排李通、赵俨等人据守汝南郡，但曹军主力多集中于官渡正面战场，汝南郡一带实力较弱，没有力量消灭何仪、刘辟等人。袁绍得知了这一消息，大喜过望，决定派人前去支援刘辟等人，给曹操来个前后夹击，袁绍希望在冬天来临之前就能攻下许县，结束战斗。

不过，在派去支援汝南的人选上，袁绍做了一个不太好理解的决定：让刘备带队前往。官渡之战前刘备被曹操打败，此时依附于袁绍，随袁绍大军行动，刘备手下除张飞外，赵云、关羽也先后归队。袁绍虽然待刘备为上宾，尊礼有加，但刘备对袁绍并没有多少信心，他一心考虑的是如何尽快脱离袁绍，当听到袁绍想增援汝南的时候，刘备立即向袁绍竭力请战。袁绍连损颜良、文丑两员大将，能独当一面的高级将领还真不富余，刘备积极性很高，袁绍虽然对他不是完全放心，但还是同意了刘备的请求，刘备于是率部离开官渡，绕行陈留郡、陈国，最终到达汝南郡，关羽、张飞、赵云以及糜竺、孙乾等刘备的老部下都跟随南下。

刘备一行到达汝南郡，就与刘辟等人会合，力量大增。在刘备指挥下，他们自南向北攻击许县，前锋一度到达汝南郡的濦强县，这里距许县仅50多里，已经是许县这个临时国都的"南郊"了。留守许县的是荀彧、王必、满宠等人，主力部队都抽调到了官渡前线，这里的防卫力量较为薄弱。荀彧一方面加紧备战，另一方面派人火速前往官渡前线，向曹操报告情况。

此时，曹操在官渡已经很吃力，他面临的困难是根本无兵可抽、无将可派。为了此事，曹操感到很忧虑，曹仁看到后提出建议，认为南面情势危机，不能不救，刘备手下大都是新从袁绍那里拨来的兵卒，刘备刚带这些兵，指挥起来未必顺手，刘辟等人向来见风使舵，不会跟随刘备苦战。所以，如果快速出击，一定能很快将他们击破。

曹仁出身于曹操本族，是曹操嫡系中的嫡系，虽然他此时正式的职务是议郎这样的文职，但曹操还让他兼任了广阳郡太守，更重要的是让他"以议郎督骑"，是骑兵部队的指挥官。曹仁的建议让曹操有了一个想法，在无力抽调正面战场兵力的情况下，可以让曹仁率一支骑兵快速出击，得手后迅速回师，在袁绍没弄清情况之前解决问题，打一个时间差。这又是一次冒险，如果曹仁此行不顺利，不能很快结束战斗，如果袁绍得到消息后趁机发起正面强攻，后果都不堪设想。但曹操还是向曹仁下达了奔赴汝南的作战命令，原因是舍此他没有更好的办法。

曹仁没有让曹操失望，他挑选了一支人数不多但却很精悍的骑兵，不带辎重，只带少量干粮，从官渡前线悄悄撤下，之后直扑汝南。由官渡到汝南郡大约有 200 里路程，按照骑兵的强行军速度，一天一夜即可到达。面对这样一支快速机动部队，刘备即使在沿途安排有侦察人员也毫无作用，因为这些"便衣侦察员"未必能跑过曹仁的骑兵。

所以，当曹仁的骑兵出现在刘备面前时，刘备吃了一惊，他没有想到来的是曹军主力，也没有想到曹操手下最重要的将领之一曹仁能亲自来。刘备知道自己手下虽然有关羽、张飞、赵云这样的勇将，但兵卒多是袁绍的人，刘辟等人更不堪用。更重要的是，刘备他也没有为袁绍的事业牺牲自己的打算，所以他指挥的人马一触即撤。

刘备没有直接南下荆州投刘表，汝南郡失利后他率部回到了袁绍那里，即官渡前线。但刘备去意已决，后来汝南郡黄巾军又在龚都率领下响应袁绍，刘备再次请战，又南下与龚都会合，曹操派兵镇压，刘备这一次打了胜仗，杀了曹军将领蔡扬，那时官渡的战事发生了戏剧性变化，曹操打败了袁绍，刘备再去进攻许县已无任何意义，刘备这才南投刘表。

这一次，曹仁得手后不敢停留，立即由汝南郡回师，他没有走东路，而是绕道去了西边，推测起来，可能有意从许县附近经过一下，展示一下曹军的铁骑，让后方惶惶不安的人心有所稳定。许县以西有很多山地，如陉山、鸡洛山、梅山等，曹仁率部路过鸡洛山，此山在今河南省密县境内，在这里曹仁与一队袁军突然遭遇，曹仁指挥人马将其击败。

曹仁不知道的是，这支人马是袁绍派出来包抄曹军后路的。原来，刘备南下后，有人建议袁绍不要把希望全放在刘备、刘辟等人身上，还应该再派一支奇兵南下与刘表联络，使南北夹击曹操的计划更有把握。袁绍开始不同意这个计划，他的人马虽然占优势，但正面作战的部队也不是特别富裕，袁绍的想法还是保证正面。但禁不住沮授反复建议，袁绍抱着试试看的想法派遣部将韩荀率一支人马从西面向许县后方迂回，目的地是南阳郡，到那里与刘表配合，组成联军夹击曹操。

韩荀的名气不如颜良、文丑、张郃等人那么大，事迹也不详，但在当时也是与颜良等人齐名的冀州名将。韩荀巧遇曹仁，他还以为在这偏僻的山区也有曹军重兵把守，于是不敢恋战，赶紧撤回官渡袁军大营，向袁绍报告情况。袁绍后悔不已，此后不再提分兵出击的事了。

有一句话叫"兵贵神速"，说的是用兵时行动要快，这句话的典故出处与曹操有关，它是在曹操与手下谋士郭嘉的一次对话中，由郭嘉最早提出来的。在曹操的一生中，对"兵贵神速"的指导思想有过多次实践，类似汝南郡的这场"闪电战"，在曹操的军事生涯中还有多次，如乌巢奇袭战、白狼山闪击战、当阳追击战等。

"兵贵神速"至少包含两层意思：一方面，从战略层面看战争是一项系统工程，如《孙子兵法》强调的"国之大事"，战争的准备、动员、后勤保障等需要征用的资源非常庞大，消耗的时间越长，需要付出的资源也越多，对于国家、对于百姓都是巨大负担，同时，战火一开每天还有大量流血牺牲，所以战争的时间越短越好，这就要求军事的行动尽可能迅速，避免久拖不决；另一方面，从战术层面看，要在战场上取胜，行动也要比敌人快，先敌发现、先敌打击才能先敌制胜。

"兵贵神速"的重点其实并不单纯是速度，一味求快可能反而不快，要想快，必须事先做好周全准备，要了解敌我双方的态势，了解将要进兵地方的地理环境，不解这些情况，就不能轻易进兵，更谈不上求快，所以《孙子兵法》说"不知山林、险阻、沮泽之形者，不能行军；不用乡导者，不能得地利"，曹操说"不先知军之所据及山川之形者，则不能行师也"。

在冷兵器时代，行军速度是决定军事行动快慢的关键，这对平时的军事训练提出了更高要求。曹操擅长"闪电战"，并在战场上屡屡得手，除了曹操在战略思想上对"兵贵神速"格外重视外，更离不开曹操手下有一支"快速机动部队"，也就是史书里多次提到的虎豹骑，它是曹军嫡系中的嫡系、主力中的主力。有人认为，汉末三国有所谓"四大王牌部队"，分别是公孙瓒的白马义从、吕布的陷阵营、曹操的虎豹骑和刘备的无当飞军，这几支队伍不是民间故事演绎出来的，在史书中都有相关记载，它们的一个共同特点就是"快"，而虎豹骑又是其中最快的一支人马，曾创下"一日一夜行三百余里"的当时最快的行军纪录。

虎豹骑是曹操精心打造的一支人马，曹操本人对骑兵作战一向十分偏爱，通过闪击对手，关键时刻往往能收到出奇制胜的效果，所以曹操才花费心血组建了这支战斗力超强的虎豹骑。虎豹骑也是曹操的近卫部队之一，先后由曹仁、曹纯等人指挥，曹休、曹真等曹家下一代青年将领曾在这支军队中服役。这支人马数量不多，在5000人上下，但个个都是千挑万选，《魏书》记载："皆天下骁锐，或从百人将补之。"也就是每有一个缺员，就从上百人里挑选一个补上。正是平时有这样的准备，在关键时刻才能实现"兵贵神速"，一次又一次创造出战场神话。

围城时要留下缺口

孙子曰：

《军政》曰："言不相闻，故为金鼓；视不相见，故为旌旗。"夫金鼓旌旗者，所以一人之耳目也。人既专一，则勇者不得独进，怯者不得独退，此用众之法也。故夜战多火鼓，昼战多旌旗，所以变人之耳目也。故三军可夺气，将军可夺心。是故朝气锐，昼气惰，暮气归。故善用兵者，避其锐气，击其惰归，此治气者也。以治待乱，以静待哗，此治心者也。以近待远，以佚待劳，以饱待饥，此治力者也。无邀正正之旗，勿击堂堂之陈，此治变者也。

曹操曰：

左氏言："一鼓作气，再而衰，三而竭。"正正，齐也；堂堂，大也。

孙子曰：

故用兵之法：高陵勿向，背丘勿逆，佯北勿从，锐卒勿攻，饵兵勿食，归师勿遏，围师必阙，穷寇勿迫。此用兵之法也。

曹操曰：

《司马法》曰："围其三面，阙其一面，所以示生路也。"

孙子说：

《军政》说："说话听不清时就用金鼓指挥，手势看不清时就用旌旗指挥。"金鼓、旌旗是使将士视觉、听觉取得统一的工具。将士行动统一后，勇敢的士兵就不会擅自冒进，怯懦的士兵也不独自后退，这就是指挥军队的方法。所以，夜间作战多用火把、鼓做指挥，白天作战多用旌旗做指挥，这都是根据人们视觉、听觉的实际情况来变化指挥方式的。所以，敌军的士气可以夺取，敌人将帅的勇气可以挫伤。所以，敌军的士气在初战阶段饱满旺盛，过一段时间就会弱下来，到最后就会衰竭。所以，善于用兵的人，懂得避开敌军初战阶段的锐气，等到敌军士气衰竭时再发起进攻，这是对士气因素的控制和运用；用严整的军队对抗混乱的军队，用沉着冷静的军队对抗浮躁喧哗的军队，这是对心理因素的控制和运用；用就近进入战场的军队对抗长途奔袭而来的军队，用休整良好的军队对抗疲劳的军队，用饱食的军队对抗饥饿的军队，这是对将士体力因素的控制和运用。不要迎击旌旗齐整的军队，不要攻击阵形盛大的军队，这是用兵方法上的灵活变化。

曹操说：

左丘明说过："敲第一通鼓时士气最旺盛，敲第二通鼓时士气开始衰落，敲第三通鼓时士气衰竭。"正正，说的是齐整不乱；堂堂，说的是盛大。

孙子说：

总之，用兵的原则是：敌人占据高处时，不要发起仰攻；敌人背靠山丘时，不要从正面进攻；敌人佯装败退时，不要追击；敌人是精锐劲旅，不要轻易攻打；敌人只是诱饵，不要试图将其一口吞下；敌人撤退回国，不要阻击拦截；把敌人包围时，要留下一个缺口；敌人陷入绝境时，不要过于逼迫。以上这些，都是用兵的原则。

曹操说:

《司马法》说:"将敌人从三面围住,留下一面不围,以此向敌人表示,给他们留了一条生路。"

◆ 经典战例 ◆

战役名称: 封丘之战
战役时间: 汉献帝初平四年(193)春
交战对手: 袁术

在汉末的群雄混战阶段,袁术一开始是以南阳郡为根据地对外拓展势力的,大约在汉献帝初平三年(192)的秋天,袁术突然亲率主力离开南阳郡。袁术此行,是要去参加一次联合军事行动,这场联合军事行动的发起人是公孙瓒,参加者除了袁术还有陶谦。

袁术、公孙瓒、陶谦是盟友关系,他们形成了一个势力集团,与之抗衡的是另一个军事集团,成员包括袁绍、曹操、刘虞。当时,公孙瓒正全力迎战袁绍,他知道只靠自己的力量还不够,于是拉袁术和陶谦做外援。公孙瓒策划了一场大会战,他约袁术和陶谦同时发起攻击,从各个方向一齐进攻袁绍和曹操。

为了参加这次会战,袁术几乎倾巢而出,不是他讲义气,而是他在南阳郡的日子其实不好过。南阳郡离刘表的大本营襄阳太近,刘表的势力上升得很快,不断向北出击,双方的矛盾越来越尖锐。按照当时的情况,袁术被刘表挤出南阳郡是迟早的事。刘表不断进攻袁术,重点攻击袁术的后勤补给线,袁术在南阳郡的发展遇到了严重困难。所以,公孙瓒招呼袁术北上,袁术干脆利用这个机会来个"转场",他的想法是,如果能占领冀州或者兖州,就待在那里不走了,省得跟刘表拼命。

汉献帝初平四年(193)春天,袁术亲自带兵进入兖州刺史部陈留郡境内,这里是兖州牧曹操和陈留郡太守张邈的地盘。几年前,袁术、袁绍、曹操、张邈等几个人都还是好朋友，他们都在洛阳供职，公务之余想必经常小聚，现在却要在战场上刀兵相见了。面对不请自来的客人，张邈立即通报曹操，请求增援。在袁术这边，他的行动开始后，黑山军和于扶罗也很快响应，在西北方的侧翼为袁术助威。

袁术的前锋由刘详率领，进驻到匡亭。匡亭的位置在陈留郡的平丘县，这里已深入陈留郡100多里，再往前就是曹操的后方基地东郡了。曹操不敢大意，亲自率兵来迎战。荀彧等人分析，刘详北上只是袁术的试探性进攻，可以先围住匡亭不打，看袁术下一步的反应。曹操采纳，将匡亭围住，袁术果然率主力北上增援。曹操在平丘、东昏一带摆下阵势，等袁军开到，双方展开激战，曹军以逸待劳，袁军北上的只是一部，实力稍逊一筹，结果大败，袁术退到封丘。

封丘距离关东联军当初会盟的酸枣不远，也在陈留郡境内，曹操于是挥军追赶，将封丘围住。对曹操来说这是一个机会，因为袁军主力部队还未全部赶到，袁术孤军冒进，如果曹军行动迅速的话，有可能将封丘城围死，从而打死或活捉袁术。但那将是一件很棘手的事，无论杀掉袁术还是将他活捉，都不符合曹操的利益，所以曹操决定围城的时候留下一个缺口。袁术倒也识趣，知道老朋友诚心放自己一马，于是顺着缺口突围逃走。

但是，袁术逃出来以后就停在了襄邑，此地仍在陈留郡的地盘上。这就不够意思了，曹操又追到襄邑。袁术没等曹操赶到，主动撤到襄邑附近的太寿。自起兵以来，这次北上说起来是袁术亲自指挥的第一仗，以前打了那么多胜仗，都是孙坚和其他手下将领打的，现在一败再败，袁术脸面全失。袁术想，这一回不能再跑了，必须来一场胜仗赢回面子，不然今后还怎么在江湖上混？

但是，这只是袁术的美好愿望而已。围攻太寿虽然不像前几次那么容易，但是曹军仍然取得了胜利，他们采取的办法是掘开附近的河渠，"决渠水灌城"，袁术不敌，放弃太寿，逃到宁陵。襄邑、宁陵相距不远，曹操曾在这一带招募过兵，这里是曹操事业的起点，曹操带兵再次追来。袁术彻底在兖州没法待了，干脆向南面的扬州刺史部九江郡逃去。

由匡亭到宁陵，曹操现身说法地给老朋友上了一堂军事课，把袁术打服了。

曹操取得了五战五捷，开始显示出一名军事家的风采。曹操的胜利来自实践中的磨炼和个人超凡的天赋，也和荀彧等一批智囊的加盟有关。雄心勃勃的袁术则深受打击，袁术一向自负，但亲自带兵打仗居然水平这么差，如丧家犬般一路奔命。从此，袁术心中的雄图大志锐减，不再奢望吞并中原、一统天下，到了扬州刺史部以后，袁术就在寿春住了下来，过起了偏安一隅的日子。

战役名称：壶关之战
战役时间：汉献帝建安十一年（206）正月
交战对手：高幹、夏昭、邓升

并州刺史高幹是袁绍的外甥，袁绍死后，高幹投降了曹操，曹操仍让他担任并州刺史，但曹操对高幹并不放心，担心他迟早会反叛。汉献帝建安十年（205）10月，就在曹操消灭了袁绍长子袁谭后回师邺县时，曹操的担心变成了现实，高幹公开反叛。

高幹的做法有点儿不好理解，当初袁氏势力尚存时高幹主动投降，现在袁氏势力已基本被消灭，他却要叛乱，不知道他是怎么打算的。但可以肯定的是，高幹并不傻，他之所以这样做也许里面有什么隐情，比如他投降曹操时会不会有过约定，要曹操保证袁氏兄弟的安全，曹操杀了袁谭，赶跑了袁熙和袁尚，还把袁熙的妻子给自己当了儿媳妇，所有这些，大概让高幹无法忍受。所以，高幹在起兵的时机选择上没有太多考虑，也不像早有预谋，高幹真想大干一场的话，应该在曹军主力与袁谭激战于南皮时动手，或者最少也应该比现在提前两三个月，在曹操率主力北上，打到现如今的北京市密云水库一带时动手。

高幹把叛乱的时间定在曹军主力回师的时候，注定不会有什么奇迹发生。并州刺史部的范围约相当于今山西省大部、陕西省北部地区以及内蒙古自治区的河套一带，现在的太原、大同、呼和浩特、包头、榆林、延安都在其内，治所是太原郡的晋阳县，即今山西省太原市。由太原郡向东是上党郡，上党郡与邺县所在的冀州刺史部魏郡之间只隔着一座太行山。上党郡太守是曹操的人，高幹把他抓了起来，之后进军并占领了太行山中的军事要塞壶关，妄图以太行山为依托抵挡曹军的进攻。壶关是太行山中的一个山口，也称壶关口或壶口关，位于今山西省壶关县，属长治市，北有百谷山，南有双龙山，两山夹峙，中间空断，山形像一把壶，所以称为壶关，这里地势极其险要，易守难攻。

汉献帝建安十一年（206）正月，曹操率乐进、李典等部进击壶关，将其围住。如果高幹下决心死守，这一仗的结果恐怕还很难说，但高幹明显信心不足，他留下部将夏昭、邓升守城，自己前往南匈奴单于那里求救。除了乌桓人，袁绍生前还有一个传统少数部族盟友——南匈奴人，南匈奴单于扶罗跟袁绍关系密切，官渡之战时南匈奴也派兵为袁绍助战，现在于扶罗已经死了，他的兄弟呼厨泉继位。然而，呼厨泉看到曹操势力日益强大，不敢与他为敌，对于高幹的请求，呼厨泉不予理睬。高幹无奈，只得带着几名随从前往荆州刺史部，要找刘表搬救兵，但路上被一支地方武装截住，高幹就这样被杀了。这支类似于民兵或民团的武装组织首领叫王琰，是上洛都尉。上洛是哪里不详，或许与洛阳有关，因为高幹由并州南下荆州有可能路过河洛一带，而都尉相当于"县公安局局长"。王琰把高幹的首级呈送给曹操，立即被封了侯，受到大家的羡慕，只有一个人高兴不起来，整天待在屋里哭，她就是王琰的妻子，因为王琰从此将要富贵，就会"娶妾媵而夺己爱"。

高幹死了，应该说壶关的这场仗就不用打了。但结果却不是，守将夏昭、邓升很顽强，加上壶关很坚固，曹军久攻不下。曹操火了，发布军令："城拔，皆坑之！"但是，又打了3个月，还是没有攻下。这就是冷兵器时代的攻城战，易守难攻，从之前的郯城、雍丘到东武阳、下邳、邺县，以及之后的陈仓之战，都是在力量悬殊的情况下却打得旷日持久，常常几个月甚至一年都攻不下来。

曹仁看出了问题，向曹操建议："围城必示之活门，所以开其生路也。今公告之必死，将人自为守。且城固而粮多，攻之则士卒伤，守之则引日久；今顿兵坚城之下，以攻必死之虏，非良计也。"曹仁的意思是，围城的时候最好让城里的人看到他们还有活路，现在要是让他们感觉只有死路一条，他们必然会奋力抵抗，加上敌人城固而粮多，我们硬攻必然会有很大伤亡。位于坚固的城池下，去攻打必死的敌人，不是上策。曹操认为曹仁说得有道理，接受了这个建议，城内的敌兵果然很快投降了，曹仁因此被封为都亭侯。

至此，这场壶关之战就结束了。这次西征是曹军主力在连续一年作战后还没有得到充分休整的情况下进行的，加之此次多为山地作战，对擅长平原突袭战的曹军来说又是一个新的挑战。胜负虽然没有大的悬念，却打得异常艰苦。回师的路上要越过太行山，曹操写了一首《苦寒行》，记录了行军的艰辛和自己不得已用兵的感慨，诗中写道："北上太行山，艰哉何巍巍！羊肠坂诘屈，车轮为之摧。树木何萧瑟，北风声正悲！熊罴对我蹲，虎豹夹路啼。溪谷少人民，雪落何霏霏！延颈长叹息，远行多所怀。我心何怫郁？思欲一东归。水深桥梁绝，中路正徘徊。迷惑失故路，薄暮无宿栖。行行日已远，人马同时饥。担囊行取薪，斧冰持作糜。悲彼《东山》诗，悠悠令我哀。"

诗中描绘的情景是：太行山上，山高路险，车轮都能被颠坏。树林萧条，北风呼啸，熊和虎豹时常出没，山谷里人烟稀少。大雪纷飞，抬头仰望怎能不长长叹息。此情此景，令我心感惆怅，甚至想到了回师，为此在路上不断徘徊。路已经迷失，到了晚上还没有找到露营之处，人和马都饥寒交迫了，背负行囊砍柴烧火，凿开冰凌煮粥做饭，想起了那首叫《东山》的诗，又勾起了我深深的哀伤。

诗中提到的《东山》是《诗经》中的一篇，相传为周公东征时3年没有回过家的战士们吟出的思念家乡的诗。从曹操的这首《苦寒行》里依稀可以体会到古代作战的艰辛，这些不是地图上的几个点，也不是史书上的几行字，甚至不是血和泪就能说完道尽的，那种艰苦卓绝，那种斗转千肠，让人忽然明白，所谓战争其实不是简单地拼武力，也不仅仅是拼智谋、拼经济基础，而是拼人性和毅力，是对人的极限的挑战。

兵法解析

"围师必阙"是《孙子兵法》军争篇中列举的用兵打仗应坚持的8条原则

之一，也是最为人们所熟知的一条作战原则。"阙"通"缺"，是缺口的意思，也就是在围城作战时不要将四面都围死，而要故意留出一个方向作为缺口。

一般情况下，被围困在孤城中的人思想压力都很大，如果援军不能很快赶到而城池又随时有被攻破的风险，那么城里的人通常只有两个选择：要么投降，要么死战。但是，这种生与死的选择并不能轻易就做出，有人还会观望，尤其是那些基层官兵，他们的思想波动会很大，这时候将领所做出的每一个决定都会影响到士兵们的心理和判断。

在这种情况下，如果从各个方向把敌人围死，城里的人感到没有生路，就可能促使将领下定决心，拼个鱼死网破：反正都是一死，不如死得壮烈些，既落得好名气，也对外面的家属有好处，一旦英勇牺牲，家属会得到好的照顾。这样的抵抗意志一旦形成，释放出的能量将是惊人的，汉末三国时代有过多次极为惨烈的城池攻防战，败的一方固然惨败，但胜的一方面往往也是"惨胜"，如袁绍与臧洪的东武阳之战等。

不过，人都有求生的本能，如果有生路，很多人又会想尽一切办法选择生。这时，在围城的时候故意留出一个缺口，就会使守城的将领在逃跑求生和坚持死战之间变得摇摆不定，守城的官兵们看到这种情形，也会不断地向将领施加压力，即便将领愿意死战，但官兵们的斗志也已经涣散了。

"围师必阙"不是说对敌人不要穷追猛打，这只是战略战术的一部分。留下缺口的目的是把敌人放出来，变难打的城池攻坚战为野战。敌人放出来之后，通常的做法是设伏，城里的人好不容易有了一线生机，往往会慌不择路，只能按照别人给自己指定的路线走，这样就为设伏创造了条件。在壶关之战中，曹仁建议留下一个缺口，之后敌人就战败投降了。如果只是多了一个缺口的话，敌人是不会投降的，敌人想到的恐怕是如何利用这个缺口逃走，曹仁的建议应该还有更具体的方案，这个方案是什么，史书没有详细记载，应该是诱使敌人出城，之后在半路上对其伏击，迫使其投降。

"围师必阙"还有另外一种情形，是从战略上考虑的。对于有些敌人，可能不便于立即歼灭，将这样的敌人歼灭，在战术上固然得分，但在战略上可能会失分。这时，就要给被围困的敌人一条真正的生路，把他们打跑而不是聚歼，自己拿到城池，目的也就达到了。曹操围攻袁术的封丘之战就是这样的情况，袁术虽是曹操的对手，但当时的战略格局比较复杂，袁绍、袁术各牵头一个军事同盟，曹操只是袁绍军事同盟中的一员，袁术针对的主要目标是袁绍，而曹操的主要对手也不是袁术，曹操对袁绍其实是十分防范的，在这种情况下，曹操拼死围城，将袁术抓住或杀死，获益最大的人不是曹操，而是袁绍，而曹操将会承受更大的压力。曹操的目的只是保卫地盘，他不想成为袁绍的工具，所以只要把袁术打跑就行了。

第八章

九变篇

尽量避开城池攻坚战

孙子曰：

凡用兵之法，将受命于君，合军聚合。

曹操曰：

变其正，得其所用九也。

孙子曰：

圮地无舍。

曹操曰：

无所依也。水毁曰圮。

孙子曰：

衢地合交。

曹操曰：

结诸侯也。衢地，四通之地。

孙子曰：

绝地无留。

曹操曰：

无久止也。

孙子曰：

围地则谋。

曹操曰：

发奇谋也。

孙子曰：

死地则战。

曹操曰：

殊死战也。

孙子曰：

涂有所不由。

曹操曰：

隘难之地，所不当从；不得已从之，故为变。

孙子曰：

军有所不击。

曹操曰：

军虽可击，以地险难久，留之失前利，若得之，则利薄，困穷之兵，必死战也。

孙子曰：

城有所不攻。

曹操曰：

城小而固，粮饶，不可攻也。操所以置华、费而深入徐州，得十四县也。

孙子曰：

地有所不争。

曹操曰：

小利之地，方争得而失之，则不争也。

孙子曰：

君命有所不受。

曹操曰：

苟便于事，不拘于君命也。

孙子曰：

故将通于九变之地利者，知用兵矣；将不通于九变之利，虽知地形，不能得地之利矣。治兵不知九变之术，虽知五利，不能得人之用矣。

曹操曰：

谓下五事也。

● 原文翻译 ●

孙子说：

作战的一般方法是，将领从君主那里接受命令，之后集结军队，动员百姓。

曹操说：

灵活运用和变换战术，得到能用于作战的方法有9种。

孙子说：

不要在被水冲毁的低洼地带扎营。

曹操说：

没有什么依靠。被水冲坏的地方叫作圮地。

孙子说：

在四通八达的地带与邻国结盟。

曹操说：

与诸侯结盟。衢地，指的是四通八达的地方。

孙子说：

不要在荒无人烟的地带停留。

曹操说：

不要长久停留。

孙子说：

在容易被敌人包围的地带要用智谋。

曹操说：

运用奇谋妙策。

孙子说：

在走投无路的地带要誓死战斗。

曹操说：

拼死战斗。

孙子说：

有些道路不能随便行走。

曹操说：

狭窄、难走的道路不能走，不得不走的时候必须灵活多变。

孙子说：

有些敌人不能随便攻击。

曹操说：

有些敌人虽然可以攻击，但由于地势险要而难以久留，如果久留，就会失去之前的胜利成果，即便得到一些，成果也没有多少。被围困的敌人走投无路，必然殊死一战。

孙子说：

有些城池不能随便攻取。

曹操说：

虽然规模小但很坚固、城里储备粮食多的城池，不能攻取。我之所以放弃华县、费县而直接进兵徐州，最后攻取了 14 座县城，就是这个原因。

孙子说：

有些地方不能随便争夺。

曹操说：

利益不大的地方，刚刚夺取就容易失去，这样的地方不用争夺。

孙子说：

君主的有些命令可以不接受。

曹操说：

如果有利于战事，行动不必受到君主命令的限制。

孙子说：

因此，将领如果能精通和运用上面九种战术变化的好处，就算懂得如何用兵了；将领如果不能精通和运用上面九种战术变化的好处，即使熟悉地形，也不能发挥地形的有利作用。统帅军队而不能精通和运用上面九种战术变化，纵然知道其中的五种，仍然不能充分发挥出军队的战斗力。

曹操说：

这里说的是后面的五个方面。

经典战例

战役名称： 雍丘之战

战役时间： 汉献帝兴平二年（195）8月

交战对象： 张邈、张超

在冷兵器时代，最难打的仗估计就是城市攻坚战了，在火药没有广泛应用于战场的情况下，对城池只能靠硬攻，难度非常大，即便把一座城池打下来，也要付出巨大代价。所以，《孙子兵法》强调"军有所不击，城有所不攻"。曹操对此体会更深，在曹操的时代，为攻城而付出惨重代价的情况时有发生，曹操提出"城小而固，粮饶，不可攻也"，曹操为此还以南征徐州战役中避开华县、费县的攻坚战来进行说明。

曹操由兖州发动的南征徐州之战共有两次，第一次的进攻路线是：以一部人马由徐州的东侧进攻，担任佯攻，吸引徐州牧陶谦的注意力，另一部人马由曹操本人带领，由兖州直接南下，进攻陶谦控制的华县、费县以及徐州刺史部彭城、下邳等地，直捣陶谦的大本营郯县。担任主攻的这一路进展虽然顺利，但也打了几场硬仗，在彭城等地的攻坚战中，曹军付出了很大代价。

曹操汲取了第一次南征的教训，到第二次南征时，他改变了行军路线：以一部人马由兖州直接南下，按照上一次主攻的方向进攻徐州，吸引陶谦的主力，曹操亲自率主力从徐州的东侧进入，那里的防守相对薄弱，避免攻坚战。结果，曹军很快就出现在陶谦大本营郯县城外，令陶谦措手不及，曹操接连攻占陶谦控制的十多座城池，要不是张邈、陈宫、吕布等人突然在曹操背后一击，陶谦可能就被曹操消灭了。曹操对这一次进攻路线的选择非常满意，所以在注《孙子兵法》时特别强调："操所以置华、费而深入徐州，得十四县也。"

但是，在曹操的征战史中也有不得已发动城池攻坚战而付出巨大代价的例子，可以作为"城小而固，粮饶，不可攻也"思想的"反面战例"，雍丘之战就属于这样的情况。

雍丘之战就发生在曹操第二次南征徐州之后，当时张邈、陈宫、吕布等人在兖州发动了叛乱，曹操回师平乱，一开始很被动，但曹操很快控制住了局势，经过将近一年的苦战，吕布在兖州全线溃败，一直驻守在陈留郡的张邈这才意识到，在吕布之后，曹军的下一个攻击目标就是自己。张邈是曹操曾经的挚友，为了反董大业并肩作战的盟军，现在必须在战场上刀兵相见了。张邈的年龄不详，当时的学者郑泰曾把他称为"东平长者"，想来他的年龄应该比曹操和袁绍都大吧。

果然，曹操把吕布赶出兖州后没有追击，而是挥师西进，冲着陈留郡这边来了。张邈自知不是曹操的对手，于是放弃了陈留郡的陈留县，集中人马，让他的弟弟张超守住雍丘，他自己则去搬救兵。如果换一个思路，或许会考虑另一种选择，那就是放弃整个陈留郡去追随吕布。但张邈在陈留郡经营了多年，乡亲、部下、家人、财产都在这里，弃之不顾，张邈下不了决心。现在，在张邈眼里能给他带来希望的只有一个人，那就是袁术，作为袁绍和曹操的敌人，袁术是唯一有可能也有能力帮助自己的人。当年在洛阳，张邈与袁术也有一些交情，事已至此，张邈只能亲自跑一趟碰碰运气了。但是张邈没有机会见到老朋友袁术，《三国志》记载："邈诣袁术请救未至，自为其兵所杀。"连身边的人都觉得大势已去，所以杀了张邈向曹操邀功。

汉献帝兴平二年（195）8月，曹操率主力围住了雍丘。汉末的雍丘即今河南省杞县，是一座古城，远古时境内即多杞柳，春秋时此地建杞国，国虽小却延续 1000 多年，又因为杞国人是夏朝王室的后裔，沿用夏礼，与越国公族同出一脉，因此小国享受了大国的荣耀。孔子曾为考察夏礼而专访杞国，但那时杞国文献大多散失，孔子为此感慨地说："夏礼我虽能说出来，但夏朝的后代杞国不能证明我的话；殷礼我能说出来，但殷朝的后代宋国不能证明我的话，这都是因为文字资料和熟悉夏礼、殷礼的人不足的缘故。"与杞国有关的最著名的典故当数"杞人忧天"，从表面来看是形容庸人自扰的无谓担忧，但从深层次来看，反映的却是杞国多经磨难而形成的强烈忧患意识。今河南省杞县下属的圉镇，汉末时称陈留郡圉县，是大学者蔡邕和一代才女蔡文姬的故乡，袁绍的外甥高幹以及三国名人高柔也是这个镇子的人。

曹军围住雍丘城，城里有张邈的弟弟张超及兄弟二人的家眷。此时已气势如虹的曹军在雍丘城外却遇到了麻烦，猛攻多日，竟没能将这座城打下来。不是曹军战斗力突然下降，而是雍丘城异常坚固，这与它曾经作为国都有关。唐朝天宝年间也有一场雍丘之战，真源令张巡率军民 2000 多人守卫雍丘，安禄山手下的令狐潮率 4 万多人来攻，从 2 月打到 7 月，前后 300 多战，也没把雍丘打下来，最后守军利用偷袭反而将敌军击溃，创造了古代城池攻防战中以少胜多的最经典的战例。

雍丘城里大都是本地人，他们听说曹军每攻下一座城池便会大肆杀戮，所以在他们心中唯一的选择就是誓死抵抗，把希望寄托在张邈太守搬来救兵上。救兵迟迟不到，张超不断给大家鼓劲："唯恃臧洪，当来救吾！"张超的意思是，很快就有人来救咱们了，别人不来臧洪肯定会来。臧洪是袁绍手下的东郡太守，张超任广陵郡太守时，发现了臧洪这个人才并延揽到自己手下，臧洪后来到袁绍那里发展。大家都认为臧洪现在是袁绍的手下，不可能来，张超不信，认为臧洪是义士，相信他一定会来。此时的臧洪正奉袁绍之令驻扎在黄河北岸的东武阳，听说雍丘被围，他大吃一惊，马上向袁绍提出请求，要袁绍给曹操下令停止进攻。袁绍当然不予接受，让臧洪原地待命，不得擅自行动。

汉献帝兴平二年（195）12 月，曹军在经历数月进攻后，终于将雍丘城拿下，此战乐进立下头功，第一个登上城头。城破，张超自杀，曹操下令夷灭张邈、张超的三族。夷三族有不同的说法，根据汉代刑法，三族包括父母、妻室儿女和同胞兄弟姐妹。雍丘之战结束了，但事情还没完。张超被夷三族的消息传到东武阳，臧洪无比悲痛，他"徒跣号泣"。臧洪一怒之下在东武阳宣布对袁绍"绝不与通"，等于宣布脱离袁绍独立。袁绍闻讯也大怒，亲自率兵来攻打。

奇迹又出现了：小小的东武阳也硬是打不下来，居然让袁军在城下苦攻了一年之久。其间，袁绍让陈琳给臧洪写了一封信，责备他忘恩负义，让他明智一些，尽早投降。陈琳和臧洪是同乡，他们都是东武阳本地人。陈琳是汉末三国公认的"大笔杆子"，文笔十分厉害，他写的信一定慷慨激昂，有理有据。但是陈琳的这封信没有保存下来，因为在史学家眼里对方的回信更精彩。臧洪的这封回信有1500多字，在古人的书信里算是超长的，但它完整地保留在史书中。这封信写得声情并茂、义正词严，袁绍看后，知道臧洪不可能投降了，于是增兵继续攻城。

臧洪看到城池肯定要破了，对身边的人说："袁氏无道，所图不轨，且不救洪郡将。洪于大义，不得不死，今诸君无事空与此祸！可先城未败，将妻子出。"可是没有人逃走，大家流着泪说："明府与袁氏本无怨隙，今为本朝郡将之故，自致残困，吏民何忍当舍明府去也！"臧洪先后派了几批人出城找救兵，其中有一个叫陈容的同乡，是个书生，跟随臧洪一块从广陵郡出来的，很仰慕臧洪。陈容一出城就被袁绍抓住了，扣了起来。

东武阳被围一年之久，城里可吃的东西基本没了，开始还能挖个老鼠什么的，后来连弓上的牛筋都给煮了，最后全城只剩下3斗米，手下人想拿它煮点儿粥给臧洪吃，臧洪流着泪说："独食此何为？"臧洪让大家一块儿吃。臧洪还做出了一个惊人的举动，《三国志》的记载是："杀其爱妾以食将士。"

但是，和雍丘城一样，东武阳最终还是被攻破了。袁军进城时，发现城里饿死的就有七八千人，大家一个个"相枕而死"。臧洪被抓，押着来见袁绍，袁绍一直很欣赏臧洪，有意留他一条生路："臧洪，何相负若此！今日服未？"臧洪虽然饿得发晕，但还是抖擞精神，当着众人的面痛斥袁绍说："诸袁事汉，四世三公，可谓受恩。今王室衰弱，无扶翼之意，欲因际会，希冀非望，多杀忠良以立奸威。洪亲见呼张陈留为兄，则洪府君亦宜为弟，同共勠力，为国除害，何为拥众观人屠灭！惜洪力劣，不能推刃为天下报仇，何谓服乎？"袁绍无奈，下令把臧洪杀了。

● 兵法解析 ●

　　攻城战是指对城池或要塞发起进攻的战斗，根据模式不同可分为包围战和巷战，目的是夺取建筑、资源和战略要地，并歼灭敌人。在冷兵器时代，攻城战是在不得已情况下才进行的，因为攻下一处城池或要塞往往需要付出巨大代价，尽管人们发明了很多攻城的器具和方法，如抛石机、冲车、望楼等，但在火药和火炮正式应用于战场之前，守城比攻城容易得多。

　　所以，《孙子兵法》将攻城战作为最不得已才使用的战争方式，即"攻城之法，为不得已"。曹操结合自身体会，提出了许多谨慎用兵的具体情况，其中就有"小而固，粮饶"之城不可攻。从战术层面看，能避开坚固的城池就要尽量避开，以免在战场上陷入久攻不下的被动局面。在汉末三国时代，久攻不下反被城中之敌打一个"防守反击"的战例也有很多，著名的如霍峻在葭萌关的防守反击作战。所以，攻城战要慎重发起，曹操第二次南征徐州，尽量避开华县、费县等难以攻打的城池，就是一个明智的选择。

　　说起三国时代最有名的攻城战，很多人马上会想到诸葛亮的陈仓之战。在诸葛亮第二次北伐时，曾率数万大军路过陈仓，守城的只有1000多人，结果几万人费了九牛二虎之力用了20多天硬是打不下一个小小的县城，陈仓之战成为诸葛亮军事生涯的低谷，有人非议诸葛亮的军事才能，常以此为例，曾国藩就认为诸葛亮进攻陈仓之所以被弱小的守城兵力打败，原因是"初气过锐，渐就衰竭"，也就是开始势头太猛，结果导致锐气过后而衰竭。但胡三省的看法较为客观，他认为"攻则不足，守则有余"，如果评论攻城和守城谁更优，基本上都会倾向于守的一方，不是能守城人的才能优于攻城人，而是由主与客的位置所决定的，所以从用兵上看攻城是最难的事，诸葛亮攻陈仓不克，并不是一件多么奇怪的事。"守则不足，攻则有余"是《孙子兵法》中的说法，曹操为之注解时提出"吾所以守者，力不足也；所以攻者，力有余也"，冷兵器时代攻城的艰巨性被无数战例所印证。

坚固的城池难以攻破，这是相对于时间来说的，有足够的时间，城池坚固这个因素在攻防利弊转换中就会被淡化，重新回归到双方整体实力的对决。如果执意攻下一座城池，只要兵力足以占有优势，后勤补给足够充足，给的时间足够长，没有哪一座城池是攻不下来的。但这只是战术层面的考虑，放在战略层面上，还必须考虑攻城的得失，考虑与其他战场的互动。以陈仓之战为例，对手是不会让你放开手来攻打一座城池的，陈仓是孤城，但不会永远都是孤城，援军很快就会来，所以诸葛亮没有恋战。

从战略层面考虑，有一些攻城作战可能又是无法避免的，比如，曹操要想彻底消灭吕布，就必须攻克下邳城，放弃就等于放虎归山。同样的道理，曹操围攻邺县、围攻南皮也都是不得不打的攻城战，不攻就前功尽弃了。所以，对城池攻与不攻，要看战略上的需要，没有多大价值的攻城战才是要避免的。从这个角度看，曹操在汉献帝兴平二年（195）8月发动的雍丘攻城战价值就有些一般了，而付出的代价有些大，在吕布和陈宫逃走、张邈已死的情况下，兖州的叛军基本被消灭，只有雍丘城里的张超一支孤军，更好的做法是为其留一条生路，将其招降，而不是将其逼成孤城中的困兽。分析一下，曹操之所以下令强攻，可能有一定的报复心理，叛军在背后的这一刀太让曹操伤心了，所以才违背理智下令强攻，城破之后还进行了屠城，将张邈、张超夷三族。从战略角度看，这场耗时5个月、付出巨大成本的攻城战并不成功，所以是一个"反面教材"。

东武阳攻坚战是雍丘攻坚战的延续，这一仗对袁绍而言打击更为沉重，在长达一年的时间里袁军主力被拖在南线，在北线只好采取守势。假如没有臧洪事件，这段时间袁绍可以专心对付北面的公孙瓒，解决幽州问题就会提前，但现在只能被拖在一个本来没有战事、战略地位又并不重要的地方。东武阳之战结束一年后，汉献帝刘协回归中原，袁绍本可以将汉献帝和朝廷控制在手中，但他那时正不得不与公孙瓒激战，因而无法分身，这才让曹操占得先机。最终，袁绍虽然先后消灭了臧洪和公孙瓒，但一步没跟上、步步跟不上，袁绍此后的行动在时间进程上都刚好落后了一步：袁绍攻打臧洪的时候，公孙瓒有了喘息之机；袁绍腾出手来攻打公孙瓒的时候，曹操迎接汉献帝东归就有了机会。

劣势时多强调有利因素

孙子曰:

是故智者之虑,必杂于利害。

曹操曰:

在利思害,在害思利,当难行权也。

孙子曰:

杂于利而务可信也。

曹操曰:

计敌不能依五地为我害,所务可信也。

孙子曰:

杂于害而患可解也。

曹操曰:

既参于利,则亦计于害,虽有患可解也。

孙子曰:

是故屈诸侯者以害。

曹操曰：

害其所恶也。

孙子曰：

役诸侯者以业。

曹操曰：

业，事也。使其烦劳，若彼入我出，彼出我入也。

孙子曰：

趋诸侯者以利。

曹操曰：

令自来也。

孙子曰：

故用兵之法：无恃其不来，恃吾有以待也；无恃其不攻，恃吾有所不可攻也。

曹操曰：

安不忘危，常设备也。

──●原文翻译●──

孙子说：

所以，有智慧的将领考虑问题时，必须考虑有利与不利因素。

曹操说：

在形势有利的时候多考虑不利情况，在形势不利的时候多考虑有利情况。应当慎重地做出决定。

孙子说：

考虑有利的因素，可以使制订的计划可行。

曹操说：

研判敌情不能只认为上面说的"五地"只对我方有不利，其实它们也对敌方不利，这样所制订的计划就可行了。

孙子说：

考虑不利的因素，可以使危害得到化解。

曹操说：

既考虑有利的因素，又考虑不利的因素，即使有危害，也能得到化解。

孙子说：

要让诸侯疲惫，就用事情来烦扰他们。

曹操说：

业，事情的意思。让其又烦又累，比如他们想撤回，我们就出击；他们想出击，我们就撤回。

孙子说：

所以，要让诸侯屈服，就要打击他们。

曹操说：

打击其最担心的地方。

孙子说：

要让诸侯不停地奔走，就用利益诱惑他们。

曹操说：

要让他们自投罗网。

孙子说：

所以，战争的基本原则是：不能侥幸地认为敌人不会来，要依靠自己做出的准备来迎接敌人的到来；不能侥幸地认为敌人不会发起攻击，要依靠自己做出的对策让敌人不敢发起进攻。

曹操说：

和平的时候不忘记危险，要经常保持戒备。

经典战例

战役名称：黄河渡河战

战役时间：汉献帝建安十六年（211）

交战对手：马超、韩遂

汉献帝建安十六年（211），曹操发动了潼关之战，以消灭盘踞在关中一带的马超、韩遂以及其他大大小小的割据势力，马超等人组成"关中联军"，依仗潼关天险与曹操的大军对峙，占据了地利上的优势，曹军对潼关发起强攻，无法得手。曹操手下将领认为，应该避其锋芒，沿黄河北上，从河东郡攻击敌军占领的冯翊郡，在那里开辟第二战场，但曹操仍然不着急，且是一副胸有成竹的样子，就这样，双方对峙了一段时间。

在当时情况下，相持对曹军无疑有诸多不利，一方面敌人可以趁机完成集结，另一方面相持太久自己一方后勤保障的压力就会增大，运粮通道一旦出了问题，粮草接济不上的局面随时可能出现。事实上，每天都有各部敌军开到，这方面的情报不断呈报到曹操这边来。听到这样的报告，曹操不仅不发愁，反而喜上眉梢，《三国志》记载："贼每一部到，公辄有喜色。"这场战役结束后，手下将领曾问曹操当初为何听到敌兵纷纷开到时反而那么高兴，对于这个问题曹操的回答是：关中地域广阔，如果各路敌兵依险据守，我们要逐一征讨的话没有一两年不能完成，现在他们自己集中起来，人虽多，但缺少统一指挥，我们趁机一举歼灭，解决关中问题就容易多了，所以我感到高兴。众将领才恍然大悟，敢情曹丞相考虑的不仅是打赢眼前这一仗，他想得更长远。

如果《三国志》所记载的曹操上面这段话确有其事，那么站在这样的角度看此场战役，似乎可以看到战争表象后面的更深一层的含义来。表面看，曹操在此战发动前曾派钟繇出击张鲁，派曹仁移师河东郡增援钟繇，意外地导致了马超等人的反叛。但另一种可能性也十分明显，那就是曹操当初派钟繇出击张鲁根本是虚晃一枪，目的就是逼着关中诸将造反，从而彻底解决关中地区的历史遗留问题。所以，当众将提出在河东郡开辟第二战场时，曹操显得并不是太着急，因为大家考虑的是战役上的胜利，曹操考虑的则是战略上的胜利。

不过，从战役胜负的角度看开辟第二战场无疑是化解目前被动局面的唯一方法，所以在敌人基本完成集结、战略目标初步达成时，曹操接受了开辟第二战场的方案。曹操下令主力转移，但不要大张旗鼓地进行，而是悄悄派一支人马先到达黄河上的渡口蒲阪津，在此渡过黄河，在黄河西岸扎下营寨，策应大部队渡河。虽然行动小心谨慎，但马超最后还是接到了报告，马超急了，因为曹军一旦渡过黄河，自己所依赖的潼关、黄河两大险也就发挥不上作用了。马超立即带着人马火速赶来，试图在黄河沿岸与曹军主力决战。这时，曹军大部分人马已经渡过了黄河，还有一小部分在黄河东岸，情况异常危急。

马超带来的人马是"关中联军"中战斗力最强的一支，综合史料记载看，这支人马大有来历，他们是马超的嫡系，将士多出自凉州，他们擅长使用长矛，不仅把长矛作为手持武器使用，必要时还可以把长矛像标枪一样抛出，杀伤力巨大。这种战法有点儿像古罗马军队的战法，古代罗马军团擅长的是长标和鱼鳞阵，使用加重加大的盾牌作护卫，马超手下的凉州军虽然活跃于西域地区，距离罗马很遥远，但综合一些史料看，马超手下的这支人马与古罗马军团还真的有一些渊源。据考证，大约在公元前53年前后，即我国西汉时期，欧洲的帕提亚草原发生了一场混战，古罗马将军克拉苏远征波斯，结果战死沙场。他部下的第二军、第三军残部败回罗马，而第一军被波斯军队切断，只能在克拉苏儿子浦克琉的率领下向东方撤退。这支罗马军队最后辗转流落到汉朝的西域地区，成为匈奴人的雇佣军，总兵力有 6000 人左右。再后来，匈奴人被汉朝军队打败，这支罗马军队投降汉朝，在河西走廊上的一个叫犁轩的地方居住。20 世纪 80 年代，在犁轩旧城遗址上出土了许多与罗马驻军有关的文物，从而揭开了这支神秘军队的面纱。犁轩后来被荒废了，但东汉末年距古罗马人到犁轩定居时间还不算太长，而犁轩旧城也是马超手下军队的核心活动区。所以，近年来有研究者认为马超是一位"古罗马化的将军"，并不是说他有欧洲血统，而是说他的部队深受古罗马战法的影响，这种战法的特点是速度和力量，使用的是重量级武器和重甲，在战场上的杀伤力很大。

介绍马超和他手下凉州军的战斗力情况，是想说明曹操目前面临了怎样的危险。马超率领强悍的凉州军突然杀到眼前，而曹操当时正在黄河边坐在一个胡床上看军队过河，身边只有张郃、许褚等少数将领和不太多的队伍。马超的人马速度极快，瞬间就杀到了，曹操还在那里坐着，情况万分危急！张郃、许褚看见情况不妙，赶紧招呼人架上曹操就走，试图登船。曹操手下有个校尉名叫丁斐，大概是负责后勤工作的，照管着一些牛和马，还没有渡过河，见到情况危急，赶紧把牛和马赶出来以制造混乱，掩护曹操逃命。马超手下纷纷跑去捉牛捉马，曹操等人才得以登船。

没有渡过黄河的曹军士兵都向船涌去，危急关头，逃生是人的本能，大家也不管丞相是不是在船上，都往上挤，史书说"军争济，船重欲没"。眼看当年汉献帝大逃亡时的狼狈一幕又重演了，并且都是在黄河上，许褚急了，挥刀就砍，这时马超的人马开始向船上放箭，膀大力猛的许褚关键时刻发挥了自己的特长，他一边砍人，一边举起马鞍替曹操挡箭。

潼关一带的黄河水流湍急，船只往对岸使劲儿划，但被水冲着老往东走，一直走了四五里路。马超的军队见状顺着河岸往前追，一边追一边放箭。看到这种情形，已经渡过黄河的曹军将士都吓傻了。偏偏在这时，船工被乱箭射死，船顺着河水使劲儿往下漂流，许褚一手举着马鞍子，一手划船，费尽九牛二虎之力，总算到达了对岸。曹军将士看见丞相坐的船顺水而下，敌人不断放箭，船上不断有人倒下，都惶惧不已。后来，又看见曹操平安归来，大家悲喜交集，

《曹瞒传》记载："至见，乃悲喜，或流涕。"渡过黄河的曹军主力暂时摆脱了敌兵的追击，可以从侧面向潼关守敌包抄过去。

曹操虽然受了惊吓，但看起来仍然满不在乎，笑道："今日几为小贼所困乎！"经历生死险境后获得平安，一般人会有惊魂未定的感觉，想一想刚才那些可怕的事，还会沉浸在后怕之中。但曹操每到这时总会展露出一种轻松的样子，有时不忘开几句玩笑。这看似很随意，却有良苦用心，因为这样可以抚慰部下们心中的紧张和不安，让大家重新获得信心。

兵法解析

将领是一支军队的灵魂，将领的心理素质如何直接关系到军队的战斗力，当突发事件来临时，保持镇定是将领最重要的心理素质。对于将领来说，自己的镇定还会起到心理暗示作用，感染和传递到下属身上，让大家克服突如其来的悲痛或失败感，为走出危机创造条件。所以，越是危险的时候将领越要镇定自如，越是不利的情况下越要强调有利的因素。

《孙子兵法》说"智者之虑，必杂于利害"，曹操强调"在利思害，在害思利，当难行权也"。在战场上，"利"与"害"相伴而生，有"利"必有"害"，有"害"也有"利"，"利"明显大于"害"时好决策，而当众人眼中全是"害"时，对指挥者来说就面临着更大的考验了。在战场上，将领随时会遇到一些紧急、棘手的事情，有时危险就在眼前，每当这时，将领都不能乱了方寸。只有镇定才能激发出智慧，才能在最短时间内对纷乱复杂的问题进行透彻的分析；只有镇定才能想出办法，在困难重重的局面下找到化解危局的钥匙；只有镇定才能出现转机，才能在"山重水复疑无路"的时候迎来"柳暗花明又一村"。不遇到事情时看起来从容不迫、温文尔雅，一遇事情就心慌意乱、六神无主，对于这样的将领，只能说还没有到炉火纯青的程度。

在危险环境下保持镇定，曹操在这方面为带兵者树立了榜样。除了这次潼关渡河作战外，史书里还有多次关于曹操危急时刻临危不乱的记载。张邈、陈宫、吕布发起兖州之叛时，正在徐州前线作战的曹操毫无防备，只得迅速回师。当时兖州全境 80 多个县城里没有投降叛军的只有 3 个县，曹操以及手下大部分人的家眷此时已落入叛军手里，整个队伍弥漫着一股悲观、惶恐气氛。曹操回师平叛，路过战略要地龙亢时，曹操突然高兴地对左右说吕布虽然得了一州，却不能断亢父、泰山之道，从这一点看他没有什么大作为。大家看到领导那么镇定和自信，悲观的气氛减去了不少。

越是这样的时候曹操越注意给大家打气。官渡对峙最艰难的时候，曹操手里只有最多 10 多天的军粮，面对强敌和即将缺粮的窘境，曹操也很发愁，但一到将士们面前，他又显得很轻松。曹操召集大家，亲自训话，说再坚持 15 天，我就有办法战败袁绍，到时候就不再劳烦大家了。其实，这时候曹操还没有想出破敌之策，但他的军粮恐怕最多只能吃 15 天了，所以他给了自己一个最后时限，不赢也得赢，没有任何退路。曹操的镇定和自信又一次鼓舞了士气，加上许攸及时送来了绝密情报，让曹军逆转了战场局势。

曹操在赤壁打了大败仗，一行人从华容道撤退，这时天下起了大雨，道路泥泞不堪，曹军只能靠士兵背负的干草一路填道前行，史书说"赢兵为人马所蹈藉，陷泥中，死者甚众"。面对这种悲惨的局面，曹操反而"大喜"起来，手下人感到奇怪，曹操说刘备、周瑜算是人物，但他们晚了一步，假如他早点儿放火，就没有我们了。曹操的这些话仍然是为部下打气，他明白此时此地镇定和信心多么重要，只要有信心，什么困难都能克服，而任何惊慌失措和盲动都会错上加错，导致不可预知的新的失败。

用兵时要考虑将领的性格

孙子曰:

故将有五危:必死,可杀也。

曹操曰:

勇而无虑,必欲死斗,不可曲挠,可以奇伏中之。

孙子曰:

必生,可虏也。

曹操曰:

见利畏怯不进也。

孙子曰:

忿速,可侮也。

曹操曰:

疾急之人,可忿怒侮而致之也。

孙子曰:

廉洁,可辱也。

曹操曰：

廉洁之人，可汙辱致之也。

孙子曰：

爱民，可烦也。凡此五者，将之过也，用兵之灾也。覆军杀将，必以五危，不可不察也。

曹操曰：

出其所必趋，爱民者，则必倍道兼行以救之，救之则烦劳也。

● 原文翻译 ●

孙子说：

所以，对将领来说有五种情况是很危险的：只会拼命死战，就会被杀死。

曹操说：

只有勇气却没有谋略，只想着拼死相斗，这样的对手不容易使其屈服，可以用奇伏让他上当。

孙子说：

只有求生的欲望，就会被俘虏。

曹操说：

这样的将领，看到战机也怯懦不敢前进。

孙子说：

很容易就发怒，就会被欺负。

曹操说：

对于性情急躁、易于发怒的敌军将领，可以轻视他、怠慢他，让他上当。

孙子说：

过于注重自己的名声，就会被羞辱。

曹操说：

注重自己名声的人，可以羞辱他，让他上当。

孙子说：

爱惜百姓，就会很疲劳。上面说的这五种情况，都是将领性格上的大忌，也是用兵的灾难。军队覆没、将领被杀，都是由这五种危险因素引起的，不能不认真了解。

曹操说：

出兵攻打敌人必然会救援的地方，爱民的将领，必然会率领军队日夜兼程来救援，他的军队就会很疲劳。

● 经典战例 ●

战役名称：逍遥津之战

战役时间：汉献帝建安二十年（215）8月

作战对手：孙权

汉献帝建安二十年（215），孙权调集10万人马，由自己亲自率领进攻合肥。孙权此时出击有战机方面的考虑，因为这时曹操发动了汉中之战，曹操亲率主力西进，目前刚刚攻入汉中的南郑，合肥空虚，对孙权来说这正是可以有所作为的时候。

此次出击合肥，孙权志在必得，所以带来了吴军几乎全部的精锐，吕蒙、甘宁、蒋钦、凌统、陈武、徐盛、贺齐、潘璋等最有战斗力的将领都来了，而曹操留在合肥的守军只有7000人。10万对7000，这个仗看起来不会有悬念。但这一仗却打得很激烈，也很精彩，结果更出乎人们的意料。

曹操前不久来过合肥，赴汉中作战时曹操已经考虑到孙权会趁自己远征之机来进攻，为此也想好了对策，但没有公开，而是写在一封密函里，交给留守合肥的护军薛悌，让他先不要打开，等孙权来进攻的时候再打开。曹操走后，薛悌谨遵指示没有打开过那个密函，直到孙权率10万人马向合肥杀来，薛悌知道时候到了，赶紧当着留守合肥的张辽、乐进、李典等几位将领的面打开来看。

大家还以为曹丞相留下了什么"秘密武器"，期望值挺高，谁知道只看到密函上面写的这样几句话："若孙权至者，张、李将军出战，乐将军守，护军勿得与战。"大家有点儿失望，当前明显寡不敌众，宜采取守势，等待援军到来，主动出击能不能取得胜利？实在值得怀疑。张辽认为曹丞相的指示是正确的，他说丞相远征在外，如果我们坐等待援，敌人必然会击破我们。所以丞相命令我们趁敌人没有集结到位之时发起攻击，挫伤他们的锐气，安定军心，然后才能守住。

乐进、李典等人还有些犹豫，张辽有些生气了，大声说成败之机，在此一战，诸君如果还要怀疑，我张辽愿意单独一战！李典跟张辽平时有些矛盾，此时被张辽的话所感染，慨然对张辽说，这是国家大事，我不能以私心而忘记公义，请让我跟随你向敌人发起进攻！

张辽于是连夜召募"敢死队"，共选了800人，给他们杀牛飨食，饱餐一顿。到了天亮，张辽亲自披甲持戟，率领这800名勇士杀入敌营。对于曹军的这一手，吴军没有任何思想准备，面对10多倍于己的对手，脑子只要还正常，就会选择死守待援，能多撑一天就多一份生的希望，主动发起挑战无异于自杀。哪知敌人不仅杀了出来，而且士气高昂。

张辽一边冲杀，一边大呼自己的名字，他们连杀数十名敌人，其中还包括两员将领。张辽等人冲锋的速度极快，转眼"冲垒入至权麾下"。孙权几乎来不及反应，跟前有一个土堆，孙权顾不了那么多，抱着一把长戟就上了土堆。张辽站在土堆下，高喊孙权的名字，让他下来一战，孙权不敢动，这时孙吴众将杀了过来，将张辽围住，张辽率身边数十人又往外面杀。

刚杀出重围，张辽听见后面有人求救："将军弃我乎？"张辽回头一看，是自己带来的人里有一些被孙吴士兵围住不能脱身，张辽于是又往回杀，敌兵人马披靡，没人敢挡，张辽顺利将被围的士兵解救出来。这一战，从早晨一直打到中午，张辽就用这800人在孙权大营里连冲带杀，孙吴军队居然无奈，几乎是看着他们在杀进杀出，孙吴士气大损。吴军毕竟人数占绝对优势，安定下来后，孙权指挥人马将合肥围住，发起猛烈进攻。但是，城里的守军士气很高，孙吴军队攻了10多天，没有什么成果，在这种情况下，孙权决定撤兵。

吴军各部接到命令，陆续开始撤退，孙权和吕蒙、甘宁、凌统、蒋钦、陈武、潘璋等将领留在后面督阵。合肥城外有条淝水，淝水上有一个渡口叫逍遥津，孙权等人正在逍遥津以北等待过河，被远眺敌情的张辽发现，张辽再次率兵突然杀出，目标直取孙权。这一击实在太突然，孙权等人毫无防备，吕蒙和甘宁拼死保护孙权，凌统指挥身边的人架着孙权就走，《三国志》记载："甘宁与吕蒙等力战扞敌，凌统率亲近扶权出围。"凌统把孙权转移到安全地带，反过身来再与曹军交战，身边的人一个个战死，他也多处受伤，估计孙权已经脱险，才撤离战场。对孙吴来说，此战打得很惨烈，偏将军陈武力战而死，宋谦、徐盛、甘宁等将领负伤。徐盛受伤后长矛都弄丢了，贺齐过来救了徐盛一命，捡回徐盛的长矛。

危急关头，幸亏潘璋及时赶到，"横马斩兵走者二人，兵皆还战"。《献帝春秋》记载，混战中张辽遇到一个紫色胡须的吴将，上身长、下身短，在马上很善射，张辽问孙吴的降卒这个人是谁，降卒回答是孙权，张辽懊悔不已，赶紧跟乐进急追。这个人确实是孙权，他骑马到了逍遥津渡口上的一座桥，这座桥年久失修，桥面已坏，有一丈多宽的地方没有桥板，此时只有亲近监谷利在孙权身边，谷利让孙权握住马鞍，稳住身体，他在后面挥鞭以助马势，战马使劲腾越，最后跳过了断桥。孙权侥幸逃过淝水，遇上贺齐率3000人前来接应，孙权才得以脱险。

兵法解析

　　将领是一支军队的灵魂，将领的性格往往就是军队的"性格"，如果将领在性格上有致命缺陷，对一支军队来说将是非常危险的，所以不得不进行研究。《孙子兵法》总结了将领五种常见的性格缺陷，指出它们既是将领性格上的不足，也是用兵的灾难。《孙子兵法》认为，军队覆没、将领牺牲多半由这五种危险引起的，所以要慎重对待。

　　曹操以善于识人著称，他对将领性格自然高度重视，除了认真分析《孙子兵法》中指出的这些性格弱点及其危害，在实践中曹操还特别善于根据将领的不同性格特点来安排作战任务。人无法做到十全十美，性格上没有任何缺点的人并不存在，越是那些"能打"的将领，性格越是比较突出，要把一个人用好，首先要了解一个人，知道他有什么长处和不足，知道他是什么样的脾气，了解清楚后，重要的不是去改造一个人，让他没有缺点，而是针对他性格上的特点，巧妙地使用好，逍遥津之战就是曹操针对手下将领性格特点而巧妙用兵的例子。

　　逍遥津之战在历史上知名度很高，它是汉末三国多次合肥之战中的一次。此战中，以张辽等人为首的曹军以7000人打退了孙吴10万人的进攻，两次陷孙权于危难，打得吴军损兵折将，创造了战场神话。此战也是张辽军事生涯的顶峰，战后张辽名气更大了，从那时起张辽的名字便与逍遥津联系在了一起，在小说和民间故事中更是有"八百破十万"的说法。此战也是孙权一生中最大的一次失败，人多势众，猛将如云，却被打得难以招架，士气大伤。

　　后人评论曹军在逍遥津之战中取胜的原因，一方面，归功于张辽等人作战勇敢，面对强敌敢于主动出击，以不足十分之一的力量对比，打得敌人节节退缩。另一方面，对于曹操知人善任也给予高度评价，曹操在留下的密函里仿佛已经预知了一年后发生的情况，对于如何用兵给出了清晰指示，曹操知道张辽、乐进、李典等人互不服气，平时都不买对方的账，所以把拒敌方案暂时秘而不宣。曹操相信，一旦关键时刻到来，张辽等人一定能以大局为重，会互相激励，也一定能出奇制胜。曹操之所以让张辽、李典担任主攻，让乐进守城，是因为曹操了解他们的性格，张辽、李典作战勇猛，有狠劲儿，而乐进打起仗来比较冷静，更适合守城。曹操还专门交代护军薛悌不得出城作战，一方面，考虑薛悌是文职人员，上阵杀敌不是他的强项；另一方面，薛悌办事可靠，又能坚持原则，在合肥3位守将之间起到不可替代的协调作用，如果他先牺牲了，合肥各支队伍的联络效率和协同作战能力就会降低。正是充分考虑到以上这些因素，曹操才做出了周密而细致的安排，事实证明这些安排都恰到好处。

第九章

行军篇

通过观察环境找到突破口

孙子曰：

凡处军、相敌，绝山依谷。

曹操曰：

择便利而行也。近水草利便也。

孙子曰：

视生处高。

曹操曰：

生者，阳也。

孙子曰：

战隆无登，此处山之军也。

曹操曰：

无迎高也。

孙子曰：

绝水必远水。

曹操曰：

引敌使渡。

孙子曰：

客绝水而来，勿迎之于水内，令半济而击之，利；欲战者，无附于水而迎客。

曹操曰：

附，近也。

孙子曰：

视生处高。

曹操曰：

水上亦当处其高也。前向水，后当依高而处之。

孙子曰：

无迎水流，此处水上之军也。

曹操曰：

恐溉我也。

孙子曰：

绝斥泽，唯亟去无留；若交军于斥泽之中，必依水草而背众树，此处斥泽之军也。

曹操曰：

不得已与敌会于斥泽中。

孙子曰：

平陆处易。

曹操曰：

车骑之利也。

孙子曰：

而右背高，前死后生，此处平陆之军也。

曹操曰：

战便也。

孙子曰：

凡此四军之利，黄帝之所以胜四帝也。

曹操曰：

黄帝始立，四方诸侯亦无不称帝，以此四地胜之也。

孙子曰：

凡军好高而恶下，贵阳而贱阴，养生而处实。军无百疾，是谓必胜。

曹操曰：

恃满实也。养生，向水草，可放牧，养畜乘。实，犹高也。

孙子曰：

丘陵堤防，必处其阳，而右背之。此兵之利，地之助也。上雨，水沫至，欲涉者，待其定也。

曹操曰：

恐半渡而水遽涨也。

孙子曰：

凡地，有绝涧、天井、天牢、天罗、天陷、天隙，必亟去之，勿近也。

曹操曰：

山深水大者，为绝涧；四方高、中央下者为天井；深山所过，若蒙笼者，为天牢；可以罗绝人者，为天罗；地形陷者，为天陷；山涧道迫狭，地形深数尺、长数丈者，为天隙。

孙子曰：

吾远之，敌近之；吾迎之，敌背之。

曹操曰：

用兵常远六害，令敌近背之，则我利敌凶。

孙子曰：

军行有险阻、潢井葭苇、山林蘙荟者，必谨覆索之，此伏奸之所处也。

曹操曰：

险者，一高一下之地；阻者，多水也；潢者，池也；井者，下也；葭苇者，众草所聚；林木者，众木所居也；蘙荟者，可屏蔽之处也。此以上论地形也，以下相敌情也。

孙子曰：

敌近而静者，恃其险也；远而挑战者，欲人之进也；其所居易者，利也。

曹操曰：

所居利也。

孙子曰：

众树动者，来也。

曹操曰：

斩伐树木，除道进来，故动。

孙子曰：

众草多障者，疑也。

曹操曰：

结草为障，欲使我疑也。

孙子曰：

鸟起者，伏也。

曹操曰：

鸟起其上，下有伏兵。

孙子曰：

兽骇者，覆也。尘高而锐者，车来也；卑而广者，徒来也；散而条达者，樵采也；少而往来者，营军也。

曹操曰：

敌广陈张翼，来覆我也。

◆ 原文翻译 ◆

孙子说：

凡在不同地形布置军队和观察敌情时，应该注意下面几个方面。通过山地时，要靠近山谷行军。

曹操说：

先选择便于行动和作战的地形。靠近山谷行动，是因为可以靠近水草，对行军作战有利。

孙子说：

要把军队部署在高而向阳的地方。

曹操说：

生，是向阳的意思。

孙子说：

作战时不要仰攻占据高地的敌军，这是在山地作战时军队部署的原则。

曹操说：

不要迎击高处的敌军。

孙子说：

渡过江河以后，军队要远离江河。

曹操说：

引诱敌人渡河。

孙子说：

敌人横渡江河而来，不要在江河中迎击敌人，而要等敌人渡过一半时再发起攻击，这样更有利；如果想与敌人交战，不要靠近江河迎击敌人。

曹操说：

附，靠近的意思。

孙子说：

要占据向阳的高地。

曹操说：

在靠近水的地方作战，要把军队部署在地势高的地方，面向水，后面背靠高地。

孙子说：

不要把军队部署在江河的下游，这是在江河地带作战时军队部署的原则。

曹操说：

担心敌人用水淹我们。

孙子说：

通过盐碱沼泽地带时，只能迅速通过，不得停留；如果两军在盐碱沼泽地带作战，必须靠近水草而背靠树木，这是在盐碱沼泽地带作战时军队部署的原则。

曹操说：

只有在不得已的情况下才与敌人在盐碱沼泽地带交战。

孙子说：

在平原地带交战，要占领开阔的地方。

曹操说：

有利于战车、骑兵运动。

孙子说：

侧翼要背靠高地，前低后高，这是在平原地带作战时军队部署的原则。

曹操说：

作战中行动更便利。

孙子说：

以上这四种部署军队的原则所产生的效力，是黄帝战胜其他氏族部落首领的原因。

曹操说：

黄帝刚称帝的时候，各地氏族部落首领也称帝，黄帝凭借这些部署军队的原则战胜了他们。

孙子说：

一般来说，军队要力争驻扎在高处，尽量避免低洼的地方；力争驻扎在向阳的地方，尽量避免背阴的地方；力争驻扎在水草丰茂、军需供应充实且地势高的地方。这样一来，军队里就不会发生各种疾病，军队就会取胜。

曹操说：

依靠军需供应的充实。养生，面向水草丰茂的地方，可以放牧、喂养牲畜。实，高的意思。

孙子说：

凡遇到以下地形，包括绝涧、天井、天牢、天罗、天陷、天隙等，一定要迅速离开，不要靠近它们。

曹操说：

山很深、水很大，称为绝涧；四方地势高、中间地势低，称为天井；在所经过的深山里，到处烟雾弥漫，称为天牢；林木纵横，可以像网一样把人隔断的，称为天罗；地势出现塌陷的，称为天陷；山涧里道路很窄、长达数丈的称天隙。

孙子说：

在丘陵、河堤地带部署军队，一定要占据向阳的一面，让主要的侧翼依托于它，这些对将士有利，可以发挥地势对作战的辅助作用。河流的上游下雨，发生洪水，如果要过河，应等到水势稳下来之后再过。

曹操说：

担心的是，刚渡过一半河水突然暴涨。

孙子说：

上面这几种地形，我们应当远远地避开它们，让敌人靠近它们；我们应当面向这些地形，让敌人背靠它们。

曹操说：

用兵时应远离上面的这六种不利地形，而让敌人接近它们、背靠它们，那么对我们就有利，对敌人就不利。

孙子说：

行军时遇到险阻、潢井、葭苇、山林、蘙荟等地形时，一定要小心地反复搜索，这些都是埋伏敌人奸细的地方。

曹操说：

险，指的是一面有高山、一面有深谷的地方；阻，指的是水网密集的地方；潢，指的是积水成池的地方；井，指的是低下的洼地；葭苇，指的是各种草类聚生的地方；林木，指的是各种树木丛生的地方；蘙荟，指的是草木繁多、可以用来遮蔽的地方。上面论述的是地形问题，下面论述的是如何观察敌情。

孙子说：

敌人逼近了我们，而能保持安静，是因为他们占据了险要地势；敌人从距离我们很远的地方就发起挑战，是想引诱我们发起进攻；敌人占据平坦的地形，是因为这对他们有利。

曹操说：

占据的地形有利。

孙子说：

很多树木摇动，是敌人要来了。

曹操说：

敌人砍伐树木，开辟道路前来，树木所以摇动。

孙子说：

草丛中发现很多障碍物，是敌人布下的疑阵。

曹操说：

在草丛中设立障碍物，是想让我们产生疑虑。

孙子说：

鸟儿惊慌地飞起，那里有伏兵。

曹操说：

鸟儿从上面飞起，下面有伏兵。

孙子说：

野兽惊慌奔走，是敌人要大举突袭；尘土高扬、直冲天空，是敌人的战车要来了；尘土低矮、漫延广泛，是敌人的步兵要来了；尘土稀疏而散乱，是敌人在地上拖着柴木故意制造出来的；尘土较少，时起时落，是敌人正在扎营。

曹操说：

敌人张开双翼，是想来包围我们。

◆ 经典战例 ◆

战役名称： 安众之战

战役时间： 汉献帝建安三年（198）夏

交战对手： 张绣

汉献帝建安二年（197）11月，曹操率军征南阳郡，这是曹操第二次征南阳，对手还是张绣。上一次，张绣降而复叛，打了曹操一个措手不及，曹操几乎丧命，长子曹昂、侄子曹安民、心爱的将领典韦牺牲在南阳。这一次，曹操决心一举拿下南阳，不仅解除后顾之忧，而且要抓住张绣，为爱子和爱将报仇。

曹操率大军首先抵达南阳郡最北边的叶县，与驻守在这里的曹洪会合。如果曹操再不来，曹洪可能真守不住了，张绣的部队以凉州军为老底子，战斗力很强，刘表又派邓济等人支援张绣，南阳郡呈一边倒态势。曹操率大军到达后，首先进军湖阳，那里是刘表的人马驻守，曹军攻克湖阳，生擒了刘表的部将邓济。之后，曹军转攻舞阴，将其攻克。

在肃清外围后，曹操率军攻打张绣的大本营宛县，进军到淯水河畔。这里是曹操的伤心之地，去年，曹昂、曹安民、典韦等人就是在这里战死的。曹操在淯水河畔再次举行仪式，祭奠阵亡将士，曹操亲自参加祭奠，涕泪横流，将士们都深受感动。

但是，这次军事行动却突然中断了一段时间。曹军在宛县一带过了年，之后又回师许县，没有记载显示是张绣、刘表联军打退了曹军的进攻，曹军是自己撤回去的。这里还有一种可能，是史书没有记载的：曹军主力并没有回师，仅是曹操带少数人回到了许县。如果曹操离开主力回到了后方，一定是有重大事情需要处理，但具体何事不得而知。推测起来，上面两种情况中后一种可能性更大，因为曹操在许县仅停留了一个多月就又回到了南阳郡前线，这次他还带上荀攸一同前往。

不过，荀攸劝曹操暂时不要在南面用兵。荀攸认为，张绣与刘表相恃为强，然而张绣只是一股游军，处处要仰仗刘表的接济，刘表一旦不给他提供资助，二人势必分离。不如暂时缓兵，让他们自动分开，如果攻得急，刘表对张绣肯定不能不管，要全力相救。事后证明，荀攸的这个分析是有远见的，但曹操考虑到南面的事不能拖下去，必须尽快解决，好让自己无后顾之忧地去对付东面的吕布和刘备。所以，曹操没有采纳荀攸的建议，继续进兵。

在曹军的强大攻势下，张绣的主力离开宛县南撤，退到距宛县 100 多里的穰县。曹军随即跟进，进攻穰县，与张绣展开激战。张绣顶不住压力，急忙向刘表求援。果然如荀攸分析的那样，张绣之于刘表，就是一面坚固的盾牌，张绣在前面顶不住，刘表不能不管，刘表派兵驰援张绣。刘表派了多少人马前来不得而知，但这一次他一定是动了老本，因为他派来的人不仅有驰援穰县的，还悄悄分出一支人马占领了一处战略要地，要给曹军来个前后夹击，让曹军有去无回。刘表刻意去占领的这个地方名叫安众，接下来将让曹军大吃苦头。

穰县城里的张绣迎来了刘表的援军，士气大振，曹操攻城遇阻。张绣在城里做着长期守城的准备，但他突然接到了报告，说曹军主动撤退了。张绣有些不解，从目前形势看，曹军仍然占有优势，何以无缘无故撤退呢？张绣害怕曹操使诈，下令先不要贸然去追。但曹军撤得很迅速，一路向北而去，张绣看看不像有诈，于是大着胆子追了上来。

张绣有所不知，曹操下令回师并非使计，而是真的，因为许县大后方出了问题。原来，听说曹军主力南下，田丰劝袁绍趁机袭击许县，将汉献帝抢到自己这里来，袁绍手下有人叛逃到曹营，提供了上述情报。曹操接到报告，认为事关重大，不敢有丝毫迟疑，即刻挥师北撤。史书记载的这件事有些蹊跷，要么是田丰真有此议，而袁绍确实准备发兵袭取许县，要么是袁绍造的谣，目的是不让曹操太顺手。还有一种可能，是贾诩帮张绣使出的计谋，为解穰县之围，故意制造谣言，给曹操提供了假情报。不过，曹操在做出回师决定前一定是有充分依据的，如果这样看，上面三种可能性中，第一种可能性最大。

曹军回师许县，最快速的推进方式是走南方大道。东汉的南方大道跟东方大道、东北方大道一样，是全国交通网里的骨干线路，它起自洛阳，连接鲁阳、宛县、穰县、襄阳以及南郡的治所江陵、武陵郡的治所汉寿，走这条路就好比上了那个时代的"高速公路"，直线距离最短，路也最平坦宽阔。曹操现在只想火速回师，以解许县之危，因此想都没有想，指挥人马沿着南方大道就向北疾行。谁知，这条行军路线差点儿让他们全军覆没。

穰县以北是一片山地，地势很险要，南方大道穿山而过，在此形成了一处要塞，也就是安众。曹操包围穰县时，没有想过这么快就会撤军，所以忽视了背后的这处要点。刘表的援军恰恰发现了这里很重要，于是分重兵占领，实际上断了曹军的后路。刘表的人马进入安众要塞后，立即整修防御工事，以南方大道为轴线，以山地为依托，很快建成了一条东西连绵数十里的"安众防线"。曹操率军抵达安众，突然发现过不去了，如果绕道而行，无论向西还是向东都是山区，道路不畅，费时费力不说，而且敌军依托有利地形更容易袭击自己。"安众防线"就像一条铁链，牢牢地捆住了急于回师的曹军。

张绣也指挥穰县的人马从后面杀来，曹军面临前后被夹击的不利处境。双方很快陷入僵持，情况对曹军越来越不利，虽然曹军人数占优势，但在有限区域内兵力难以全部展开，在这种情况下，守着有利地形的一方更占优势，曹军陷入了兵法上所说的死地。然而，在此关键时刻，曹操发挥了军事上的天才想象力，指挥人马神不知鬼不觉地突破了看似牢不可破的"安众防线"，并且基本上没有什么损失。

曹操是怎么做到平安突围的呢？《三国志》对此没有详细记载，《三国志》只是记载说，曹操先是给荀彧写了封信，说只要到了安众，必然能打败张绣，后来果然把张绣打败了。回到许县后，荀彧也曾向曹操讨教破敌的原因，曹操说："虏遏吾归师，而与吾死地战，吾是以知胜矣。"曹操的这番话其实等于没说，因为不是所有的归师都能打胜仗，也不是在所有的死地里都能起死回生。

曹军之所以化险为夷，是因为他们采取了敌人想象不出的作战方式：地道战。曹操白天一边与敌人对阵，一边悄悄地观察周围地形，努力寻找突破敌人防线的办法。经过细致观察，终于让曹操找到了突破口。曹操发现，安众是个山口，要想从此经过，必须攻克安众要塞，而这个要塞十分坚固，易守难攻，发动正面强攻要付出巨大代价，而且存在攻克不了的风险。但安众要塞附近的山地也有一个缺点，那就是宽度有限，这是突破它的关键。

晚上，曹操命人悄悄在最险要的地段挖掘地道，这项巨大工程估计也费了些时间，绝不是一夜之间可以完成的。根据史书记载，曹军到达安众时是5月，回师许县荀彧向曹操讨教破敌秘密的时候已经是7月了，这从侧面印证了安众地道挖掘工程量的巨大。最后，曹军的工兵部队以顽强的毅力挖通了"安众防线"，曹操指挥人马趁夜逃走。

数万曹军一夕而遁，天亮后张绣才发现这个情况。张绣心有不甘，下令追击。贾诩认为现在不能追，劝张绣："不可追也，追必败！"张绣觉得曹军已成败寇，此时追击可以扩大战果，为什么不追呢？张绣没有听从贾诩的建议，指挥所部人马以及刘表的参战部队全军压上，沿着曹军撤退的路线追击。

果然，张绣吃了败仗。张绣率部还没有追上撤退的曹军，却先后迎面遇上了曹军新投入战场的两支生力军，这两支人马不约而同挡住张绣、刘表联军，上来一顿猛打，把张绣、刘表联军打得大败而回。这是曹仁、李通率领的两支队伍，他们倒不是商量好的统一行动，而是碰巧遇到了。曹仁没有随曹军主力行动，曹操派他肃清宛县附近几个县的残敌，而李通驻守在南阳郡以东的汝南郡。这两个人都是得知曹军主力被阻于"安众防线"的消息前来解围的。赶到时，正好遇着曹操率大队人马从地道里钻出来仓促北撤。曹操看到他们来得正是时候，就自己带着从安众突围出来的人马继续北上，而让他们这两支生力军在此阻击追兵。

张绣损失不小，后悔没听贾诩的劝告。哪知，贾诩这时又出来劝张绣追击："促更追之，更战必胜。"张绣以为听错了，对贾诩说："不用公言，以至于此，今已败，奈何复追？"贾诩说："兵势有变，亟往必利。"张绣抱着将信将疑的想法派人追击，这一次竟然打了胜仗。事后张绣请教贾诩胜败的原因，贾诩说曹军开始退却，但以曹操用兵的周密与谨慎，他必然会派精兵断后，我们追击必然失败。打败了我们的追击，曹军又会轻军前进，根本不会料到我们会再来，所以我们就能取胜。张绣听了，深表佩服。

回到许县，曹操进行了反思，对荀攸说："不用君言至是！"从实力对比上看，曹操的实力远远强于张绣，但张绣以一支弱旅反而两次把曹操打得十分狼狈，在曹操的军事生涯中，这是绝无仅有的事。不过，好在安众突围是成功的，让曹操的损失不至于太大。

兵法解析

战争是敌对双方在一定空间里的角逐，作战离不开环境，环境因素制约着战争的进行过程，也影响着战争的结局。聪明的将领在正式交战前都要认真观察地形，了解战场及周边那些有利与不利的环境因素，然后制定相应的进攻或防御战术。

《孙子兵法》对战场环境有非常深入的研究，提出"兵之利，地之助"的谋略，对于在各种地形，尤其是不利地形行军时应该注意的事项进行了分析。在根据环境来判断敌情方面，《孙子兵法》做了许多经验总结，曹操则根据自身丰富的战争实践，进行了更为细致的补充。这些经验大致可分为两种类型：一是依据自然景象的特征和变化来观察和判断敌情，二是根据敌人在一定环境中的行动来观察判断敌情。受限于当时的技术条件，观察敌情大多只能在白昼直接依靠视觉进行，这种观察的方法虽然古朴原始，但仍然充满着智慧。

　　将环境因素引入战术的制定，这是为将者通常都要考虑的地方，而能从环境因素中找出破解危局的方法，则是更高层次的战术能力。曹操在安众突围，就是对战场环境进行细致观察的结果。身处危险的境地，一味猛冲猛打，有时候并不能解决问题，反而让自己更加被动。冷静下来，仔细观察，在不利因素中寻找突破口，有时只是一线生机，有时只是灵光一闪，但把握住了就能事半功倍，化腐朽为神奇。

　　汉末三国时代，将环境因素引入作战最巧妙的战例是董卓创造的。董卓是公认的强人和割据军阀，是汉室朝廷的"掘墓人"，但一开始董卓是汉朝的将领和功臣。汉灵帝中平二年（185），凉州羌人发动了规模很大的叛乱，朝廷派名将张温领兵与叛军作战，任命董卓为中郎将，担任皇甫嵩的副手。叛军势头很猛，战斗力强于朝廷军队，这一年11月的一天，突然发生了奇异的自然现象，帮助朝廷军队反败为胜，史书记载"有流星如火，光长十余丈"，这可能就是流星雨，其中降下了较大的陨石，发出的光也超过寻常。更神奇的是，有颗巨大的陨石正好落在叛军营区里，把营寨都照亮了，营中的驴马等动物受到惊吓纷纷鸣叫起来。古人不了解地震、日食、流星这些自然现象的原理，往往认为是大凶之兆，是上天的某种警示，很不吉利，叛军首领边章、韩遂也这样认为，于是决定撤军。

　　董卓看到处于优势的一方竟然自动撤退，大喜过望，联合右扶风郡太守鲍鸿共同出击，斩首数千级，边章、韩遂退到陇西郡一带。张温指挥大队人马乘胜追击，命荡寇将军周慎率3万人担任主攻，命董卓也率3万人进讨先零部落的羌人。周慎错误判断了战场形势，又不愿意分功给他人，执意从正面发起强攻，结果反被边章、韩遂派兵截断了粮道，周慎慌了，下令放弃辎重突围。

　　友军周慎部突然撤退，让担任辅攻的董卓措手不及，被边章、韩遂所部羌胡兵围困在望垣以北，粮食很快吃完了，敌人围攻又急，情况十分危急。董卓从小在这一带长大，对周围环境特别熟。这里有一条大河，也就是洮水，董卓站在河边突然来了主意，他命人在河上筑坝，把水截住，形成了长达数十里的"堰塞湖"，对外说是要捕鱼充饥，实际是把水断流后人马从坝下过河，之后又突然放水，形成溃坝，冲淹下游的敌人，董卓因而解围。此战中，朝廷共有6支军队参战，其他5支都溃不成军，损失惨重，只有董卓率领的这一支全师而还。

治军要宽严结合

孙子曰：

辞卑而益备者，进也。

曹操曰：

其使来辞卑，使间视之，敌人增备也。

孙子曰：

辞强而进驱者，退也。

曹操曰：

诡诈也。

孙子曰：

轻车先出，居其侧者，陈也。

曹操曰：

陈兵欲战也。

孙子曰：

无约而请和者，谋也；奔走而陈兵者，期也；半进半退者，诱也；杖而立者，饥也；汲而先饮者，渴也；见利而不进者，劳也。

曹操曰：

士卒疲劳也。

孙子曰：

鸟集者，虚也；夜呼者，恐也。

曹操曰：

军士夜呼，将不勇也。

孙子曰：

军扰者，将不重也；旌旗动者，乱也；吏怒者，倦也；粟马肉食，军无悬瓿，不返其舍者，穷寇也；谆谆翕翕，徐与人言者，失众也。

曹操曰：

谆谆，语貌；翕翕，失志貌。

孙子曰：

数赏者，窘也；数罚者，困也；先暴而后畏其众者，不精之至也；来委谢者，欲休息也。

曹操曰：

先轻敌，后闻其众，则心恶之也。

孙子曰：

兵怒而相迎，久而不合，又不相去，必谨察之。

曹操曰：

备奇伏也。

孙子曰：

兵非益多也。

曹操曰：

权力均。

孙子曰：

惟无武进。

曹操曰：

未见便也。

孙子曰：

足以并力、料敌、取人而已。夫惟无虑而易敌者，必擒于人。

曹操曰：

厮养足也。

孙子曰：

卒未亲附而罚之，则不服；不服，则难用也。卒已亲附而罚不行，则不可用也。

曹操曰：

恩信已洽，若无刑罚，则骄惰难用也。

孙子曰：

故令之以文，齐之以武，是谓必取。令素行以教其民，则民服；令不素行以教其民，则民不服。令素行者，与众相得也。

曹操曰：

文，仁也；武，法也。

孙子说:

敌人的使者措辞谦卑,但敌人又在加紧备战,这是准备进攻。

曹操说:

敌人的使者措辞谦卑,是派出间谍来探察我们,敌人其实正在增加作战的

准备。

孙子说:

敌人的使者措辞强硬,又摆出进攻的架势,这是准备撤退。

曹操说:

这是敌人的诡诈。

孙子说:

敌人的战车先出动,部署在两翼,这是准备布阵。

曹操说:

布完阵形,是想开战了。

孙子说:

没有事先约定突然前来求和,这是敌人的阴谋;敌人奔跑着布下军阵,这

是敌人准备交战;像是进军,又像是撤退,这是敌人要引诱我们交战;敌人士

兵斜倚着兵器站立,这是敌人饥饿了;供水的士兵打水后自己先喝,这是敌人

渴了;敌人看到了利益却不进军,这是敌人疲惫了。

曹操说:

敌人的士兵疲惫了。

孙子说：

敌人军营附近有大量鸟儿聚集，说明敌人的军营空虚了；敌人士兵半夜惊呼，说明敌兵感到恐惧。

曹操说：

士兵半夜里惊呼，说明将领不够勇毅。

孙子说：

敌人军营出现惊扰，说明敌人的将领不够威严；敌人的旌旗摇动不整齐，说明敌人的军纪混乱；敌人的军官容易发怒，说明敌人已经疲惫了；敌人用军粮喂马，杀了拉辎重的牲畜吃肉，说明敌人缺乏粮食；敌人收起炊具，士兵不打算再回营房，说明敌人已无路可走；敌人的将领低声下气地与部属说话，说明将领已失去人心。

曹操说：

谆谆，说话的表情；翕翕，失意的样子。

孙子说：

敌人的将领不断犒赏士兵，说明敌军处境困难；敌人的将领不断惩罚部属，说明敌军已无计可施；敌人的将领一方面粗暴凶狠，另一方面又害怕部属，说明不是精明的将领；敌人派使者送来礼物，又好言好语，说明敌人想休兵息战。

曹操说：

一开始轻敌，后来听说敌人众多，心里就害怕了。

孙子说：

敌人盛怒而来，但很长时间都不交战，也不撤退，必须谨慎观察。

曹操说：

防备敌人设下奇伏。

孙子说：

士兵并非越多越好。

曹操说：

双方兵力达到均衡就行。

孙子说：

只是不能莽撞冒进。

曹操说：

没有发现战机，就不要冒进。

孙子说：

完全达到集中兵力、判明敌情、得到部下的信任和支持再进兵。那些无深谋远虑又轻敌的人，必然被对手擒获。

曹操说：

还要做到给养充足。

孙子说：

士兵尚未亲近归附，就惩罚他们，他们就会不服，不服就很难指挥；士兵已经亲近归附，但不执行军法，也无法指挥他们作战。

曹操说：

与士兵之间的感情、信任已经达到了默契程度，但如果没有刑罚，士兵也会骄横懒惰，难以指挥。

孙子说：

因此，要用宽仁的政策使士兵思想统一，用军法使士兵行动一致，这样就一定能取得胜利。平时严格执行军令，士兵就能养成服从命令的习惯；平时军令得不到执行，士兵就会养成不服从命令的习惯；平时的军令能得到执行，说明将领取得了士兵们的信任。

曹操说：

文，是宽仁的意思；武，是军法的意思。

● 经典战例 ●

战役名称：官渡之战
战役时间：汉献帝建安五年（200）
交战对手：袁绍

汉献帝建安五年（200）4月，袁绍指挥人马渡过黄河，开始了与曹操的决战，这一仗就是官渡之战。双方很快陷入对攻，战事胶着，在官渡对垒100多天，历经多次交锋，也分不出胜负。曹军首先面临着粮食不足的问题，曹操一度想撤兵，就在这时袁绍的谋士许攸投降了曹操，向曹操提供了袁绍粮草基地乌巢的情况，曹操亲自率兵攻击乌巢，将袁军的粮食一把火烧了，袁军将士军心浮动，负责进攻曹营的张郃、高览突然临阵投降，袁军立即陷入人溃败。袁绍和儿子袁谭来不及穿戴整齐，仓皇出逃，只带了800名骑兵一口气跑到黄河边，才甩掉了曹军的追兵。袁绍父子过了黄河，没有跑掉的就做了俘虏，官渡之战以曹操的大胜而结束。

此战中曹军究竟俘虏了袁军多少人？这一点从曹操事后向汉献帝呈上的一份奏疏中可以看出来。《三国志》记载，这份奏疏不仅详细报告了官渡之战的战果，还回顾了以往的一些历史，透露出许多有趣的信息。曹操在这份重要的史料中，是这样总结官渡之战的：袁绍宗族累世受到朝廷重恩，却凶逆无道，诸如此类的事不可胜数，所以我整合兵马，与之战于官渡，凭借圣朝之威，最后斩杀其大将淳于琼等以下8名将领，使袁军大败，袁绍和他儿子袁谭仅率一小部分人逃走，共斩首7万多级，辎重财物以亿数。

曹操所言斩杀袁绍8名将领应该是颜良、文丑、韩猛、淳于琼、眭元进、韩莒子、吕威璜和赵叡。至于其他主要战果，这里说得很明确：斩杀 7 万多人。还有的史书说，袁绍和袁谭不是率 800 人逃跑的，而是只有父子二人，袁绍手下其他的人诈降，后来被发现，结果都被坑杀了，总人数多达 8 万人。曹操坑杀降卒是有可能的，因为他们诈降，但按理说只有参与诈降的士卒才会被坑杀，张郃、高览所部战场起义和真心投降的肯定不在此列，8 万多人全部诈降似乎不可能。而且，动辄活埋数万名降卒的事不仅不合乎人性和伦理，而且也不合乎曹操此时作为朝廷司空的身份，更重要的是，不合乎胜利一方的利益。人力资源是此时最稀缺的资源，曹操未必是一个不杀生的善人，但他没有必要浪费资源，使用降将降卒一向是曹操的政策，曹操没有看见降卒就杀的习惯。

真实的情况是，或许曹操坑杀了不少降卒，因为他们诈降，一怒之下活埋他们是有可能的，但这应该是一小部分人。而曹操战报里说的斩杀 7 万多人应该是官渡之战的全部战果，包括官渡之战期间进行的白马之战、延津之战、汝南郡之战、乌巢之战以及徐晃、史涣击败韩猛之战等。

除此之外，曹操还获得了很多其他战利品。这些战利品中除了大量军用物资外，还有两类特别的东西：一类是袁绍随军带来的图书、珍宝，这些是袁绍刻意带来的，袁绍此次出征，还把郑玄老先生请出来随军，基于的是同样的想法，袁绍想的是，一口气拿下许县后就立即着手建立新朝廷，新朝廷的体制、礼仪、官制等都要来一个新的变化，展现新的面貌，所以带来了不少图书资料还有摆在未来皇宫里的用具等，现在这些都成了曹操的战利品；另一类是袁军的公文、书信等档案资料，其中不乏绝密级档案，袁绍败得很突然，来不及带走也来不及销毁，全部落到曹军手中。

据《魏氏春秋》记载，袁绍强大时"曹操控制区"有些地方官员包括许县朝廷以及曹军中的一些人跟袁绍暗送秋波，写了很多信，这些都是通敌的罪证。曹操平生最恨的就是谁跟他玩"潜伏"，现在有了确凿证据，正好秋后算账。可是，曹操却当着众人的面一把火把这些书信都烧了，烧之前曹操甚至没有看一眼。曹操对大家说："当绍之强，孤犹不能自保，而况众人乎？"此举让很多人已经揪起的心又放下了，大家不得不佩服曹操心胸博大，再也没有其他想法了。

曹操以治军严明著称，除了曹操注《孙子兵法》时提出的治军思想和措施外，从《通典》中收录的《魏武军令》《魏武船战令》《魏武步战令》中也都能反映出他严明的军纪，史称曹操"行军用师，大较依孙吴之法，而因事设奇，谲敌制胜，变化如神"，又说他"临事又手为节度，从令者克捷，违教者负败"。但严于治军，并不是一味的严，而是宽严结合，曹操在这方面做得都很好。

曹操手下有个官员叫高柔，从事司法工作数十年，以公正无私著称，是个很能干的人，曹操也很信任他。但说起来，曹操最早对高柔却有一定的成见，甚至想杀他。高柔是东汉陈留郡圉县人，陈留郡是个"四战之地"，很容易被战火波及，高柔劝大家尽早去外地避难，但人们不相信他说的话，大部分乡人没有离开，结果这里很快陷入战乱，许多人遇害了。高柔则跟着一部分族人去了河北，这时他听到一个不幸的消息，自己的父亲在家乡遇害了，高柔不畏路途遥远和兵荒马乱，冒险到父亲任职的地方治丧，一路上历尽艰难，办完丧事又重返河北，前前后后历时 3 年之久。这时候曹操已经占领了河北，听说高柔是个有本事的人，曹操就任命他当了一名县长，高柔治理地方很有办法，对那些不法之徒尤其不手软，许多人不敢在他的治下为非作歹，纷纷逃到外县。县里有些官吏过去做过一些违法的事，害怕高柔追究，打算辞官逃跑，高柔则挽留他们，表示只要他们改过自新就可以包容以往的事，这些人在高柔的鼓励下都成了好官吏。

曹操一向"唯才是举"，对有能力又有政绩的官员自然会提拔和重用，但对高柔却是个例外，不仅不想提拔他，还想治他的罪，这是因为高柔有个堂兄叫高干，是曹操老对手袁绍的外甥，袁绍死后高干投降了曹操，但后来又发起了叛乱，高柔虽然没有参加堂兄的叛乱，但也被曹操看成了"不可靠的人"，高柔虽然感到冤枉却无法分辨，只有用更加勤勤恳恳的工作来表白自己。曹操免了高柔的县令，改任他为刺奸令史，这个官职有点儿像基层法院的院长，史书上对曹操的用意说得很明白，假如高柔在执法中有失当的行为，曹操就会以此为理由把他杀了。然而，很长时间过去了曹操却找不到机会，高柔不仅熟悉法令，没有错判漏判的事发生，而且很敬业，经常在官署里加班到深夜，所管理的监狱里从来没有滞留未判的犯人。

一天晚上，曹操亲自在外面巡察，来到了高柔负责的官署，曹操看到高柔怀里抱着文书睡着了，这让曹操十分感动，他没有让人叫醒高柔，而是悄悄地脱下身上的裘衣，把它盖在了高柔的身上，之后又悄悄地离开了。从此，曹操对高柔有了完全不同的看法，再也不想找他的麻烦了，而是提拔他到了更重要的岗位。后来，曹操根据高柔他为人公正、敬业勤奋的特点和专业特长，让他继续负责司法方面的工作，在很长一段时间里高柔一直是曹魏司法方面的总负责人。

兵法解析

《孙子兵法》行军篇主要论述的是行军作战的要领和观察判断敌情的方法，同时也论及其他内容，可归纳为处军、相敌和治军3个问题，前两个问题与观察战场及敌情有关，后一个问题主要讲治军。治军是《孙子兵法》阐述的重要课题之一，《孙子兵法》的作者孙武就是从严治军的表率，为了治军，他曾杀了吴王心爱的两名宠姬，这一典故早已家喻户晓。

治军要严，当然是正确的。但是，一味严格、严厉并不是最好的治军方法，正确的方式应该宽严结合，该严的时候严，该宽的时候宽。在战场上，用兵该"狠"的时候一定要"狠"，但该爱护的时候也一定敢爱、真爱。战国名将吴起是爱兵的楷模，他贵为将军，平时却"与士卒最下者同衣食，卧不设席，行不骑乘"，行军打仗从不搞特殊化，跟士兵一样自带干粮。据史书记载，有个士兵伤口长了脓疮，吴起看到后亲自把他伤口处的脓血吸出来。这种对部下深切的关爱，自然赢得士兵们以死相报。吴起被称为"战神"，他带兵27年，直接指挥大小战役76次，全胜64次，其余12次均为平手，这样的战绩古今中外少有，而在这个辉煌战绩的背后，正是吴起对将士们深沉的爱。

不过，只有爱也不行，爱的同时也要有严格的管理。有一次，吴起指挥部队与秦人作战，两军相持于旷原，马上就要展开一场厮杀，吴起手下有个士兵一向勇敢，这一天他可能太紧张了，还没听到吴起下达攻击的命令，就率先冲了出去，并且杀了两名敌人，这个有点儿可爱的士兵发现大家还没有动，赶紧跑了回来，吴起下令将其斩首，左右赶紧上来求情，吴起不听，说违抗军令就要杀。

所谓团队，指的是既有组织又有纪律，有组织而没有纪律只能称团伙。除纪律外，团队的领导者还要学会治人拢心之道，二者兼顾，不可偏废。人才多了，如何管理经常让领导者头疼，所谓"远之而生怨，近之而不恭"，常常远不得、近不得，这就需要"两手抓"：一方面要会"治人"，通过加强管理，让队伍保持纪律性；另一方面会"拢心"，会做思想工作，让队伍有凝聚力。

在治人拢心方面，曹操做得很好。治人不用说，曹操素来以严厉著称，手下文武对他都恭恭敬敬、绝对服从。在拢心方面，曹操也很有手段，只是这方面大家相对有些忽略，以为曹操只是一味地严厉，其实他平时很会做部下的思想工作，也很有领导艺术。曹操有一个很好的习惯，那就是经常赞美部下。一般来说，有本事的人容易自负，容易看不上别人，更不要说赞美别人了。汉末三国时代最有本事的人当数曹操，他被认为是"非常之人、超世之杰"，能力超出了那个时代。曹操在很多方面都有极高造诣，"昼携壮士破坚阵，夜接词人赋华屋"，文冠当时、武称第一，综合能力在同时代首屈一指，但曹操却不是一个自负的人，他一辈子都很尊重别人。曹操很爱才，连续三次发布过"求才令"，这在封建王朝中是少有的，他提出的"唯才是举"主张，也是人才观的重大突破，因而在他的手下人才也最为鼎盛。对那些有真才实学的人，曹操都给予重用，给他们舞台，发挥他们的才干，对其中干得好的人，曹操从来不吝惜自己的表扬。

在曹操留下来的书信里，大部分是写给部下的，翻看这些书信，随处可以看到他对部下工作的赞扬。比如，在曹操给王修的信里，一开头就写道："君澡身浴德，流声本州，忠能成绩，为世美谈，名实相副，过人甚远。"王修担任司金中郎将，是一个专业型、实干型干部，曹操对他很满意。曹操给部下、也是好朋友钟繇写过一封信，信中写道："得所送马，甚应其急。关右平定，

249

朝廷无西顾之忧，足下之勋也。昔萧何镇守关中，足食成军，亦适当尔。"那是在官渡之战前夕，受曹操之命镇守关中的钟繇送来了2000匹战马，给了曹操以很大支持，曹操认为自己可以不用为西面的事发愁，全仰仗钟繇的功劳，把钟繇与昔日的萧何相提并论。在给部下杨阜的信中，曹操写道："君与群贤共建大功，西土之人，以为美谈。子贡辞赏，仲尼谓之止善，君其剖心以顺国命。"杨阜的名气并没有多大，但他在曹魏顺利夺取凉州过程中发挥了重要作用，曹操对他的贡献也给予了肯定和赞美。

不贪部下之功，是曹操的另一个优点。在曹操表扬荀攸的命令里写道："军师荀攸，自初佐臣，无征不从，前后克敌，皆攸之谋也。"领导带头谦虚，部下怎好再争功？曹魏集团尽管围绕夺嫡也爆发过派系之争，但综合起来看，在曹操领导的时期，曹魏集团内部的纷争和内耗相对是比较少的，这是曹操高超领导艺术的结果。

人都喜欢好听的话，这是人性使然。根据需要层次学说，荣誉和成就感是较高层次的需求。有了某种特长，或者做出某种成就，最希望得到的就是别人的赞扬或肯定，如果这个赞扬或肯定来自自己的领导，效果更不一样。对一个优秀的领导来说，及时发现下属的长处、进步或者成绩，然后及时给予表扬和赞美，是一件效果很好的激励手段。从心理学上去分析，被赞扬的人一般也会通过各种努力做出更大的成绩，以不让领导失望。

爱护部下、赞扬部下要发自内心，要态度真诚，还要结合事实，不能过于夸大，更不能凭空捏造。赞美得不真实，被赞美的人会感到不自然。除了直接表扬和赞美外，还可以采用间接的办法，曹操把荀彧比为张良，把钟繇比为萧何，被赞扬的人更能体会领导的用心，从而被领导的赞扬所激励。

会带兵的人，对属下该爱的时候要爱，该严的时候要严。爱要爱到让下属感动、感激，严要严到有令则行、有禁则止，只有这样才能把一支队伍带成钢铁之师。

第十章

地形篇

抢先占领有利地形

孙子曰：

地形：有通者，有挂者，有支者，有隘者，有险者，有远者。我可以往，彼可以来，曰通。通形者，先居高阳，利粮道，以战则利。

曹操曰：

欲战，审地形以立胜也。此六者，地之形也。宁致人，无致于人。

孙子曰：

可以往，难以返，曰挂。挂形者，敌无备，出而胜之；敌若有备，出而不胜，难以返，不利。我出而不利，彼出而不利，曰支。支形者，敌虽利我，我无出也；引而去之，令敌半出而击之，利。隘形者，我先居之，必盈之以待敌；若敌先居之，盈而勿从，不盈而从之。

曹操曰：

隘，两山之间通谷也，敌势不得挠我也。我先居之，必前齐隘口，陈而守之，以出奇也。敌若先居此地，齐口陈，勿从也。即半隘陈者从之，而与敌共此利也。

孙子曰：

险形者，我先居之，必居高阳以待敌；若敌先居之，引而去之，勿从也。

曹操曰：

地形险隘，尤不可致于人。

孙子曰：

远形者，势均难以挑战，战而不利。凡此六者，地之道也，将之至任，不可不察也。

曹操曰：

挑战者，延敌也。

◆ 原文翻译 ◆

孙子说：

地形有通地、挂地、支地、隘地、险地、远地。我军可以去，敌军也可以来，叫作通地。在通地作战，应抢先占据高地，有利于运粮的通道，这样作战就有利。

曹操说：

要作战，必须先认真勘察地形，创造取胜的条件。

孙子说：

可以前往，但难以返回，叫作挂地。在挂地作战，如果敌人没有提前防备，发动突袭就能取胜；如果敌人有防备，发动突袭未必能获胜，加上难以返回，对我军就十分不利了。对我军出击不利，对敌人出击也不利，叫作支地。在支地作战，敌人即使以利益相诱，我军也不要出击；假装引兵退却，让敌人出击到一半，这时再反击，对我军有利。在隘地作战，我军应先将其占领，以重兵据守，等待敌人的进攻。敌人先于我军占领隘地，如果有重兵据守，我军不要跟进；如果没有重兵据守，我军可以跟进。

曹操说：

隘地，指的是两山之间的峡谷地带，敌人在这里无法阻止我们。我们如果先占据隘地，一定要迅速占领隘口，陈兵据守，出奇兵攻击敌人；敌人如果先占据隘地，在隘口布下阵势，不要发动进攻；敌人如果只占据隘口的一半，即使他们布下阵势，也要发动进攻，以便与敌人共有隘地之利。

孙子说：

在险地作战，如果我军先将其占领，一定要占据高处向阳的地方以迎击敌人；如果敌人先将其占领，要引兵退却，不要发起进攻。

曹操说：

在狭窄、险要的地形作战，尤其不能受制于人。

孙子说：

在远地作战，如果敌我双方实力相等，就不宜发起挑战，勉强出战，将不利。以上这6点，都是利用地形作战的原则，掌握它们是将领的重要责任，不能不认真研究。

曹操说：

挑战，意思是诱敌深入。

◆ 经典战例 ◆

战役名称：白狼山之战
战役时间：汉献帝建安十二年（207）8月
交战对手：蹋顿

汉献帝建安十二年（207），曹操为了消除后方隐患，统一整个北方，采用郭嘉等人的建议北征乌桓。曹操亲率大军北上，由于是夏天，行军路上一直大雨倾盆，导致自古以来通往北方地区的驰道泥泞不堪，曹操于是取道徐无山，出卢龙塞，走了一条毁坏近200年的栈道，途经白檀、平冈，直扑攻打乌桓人的腹地。

这一年8月，曹操率领的"快速纵队"以急行军速度到达白狼山附近，此时距离乌桓人的大本营柳城不到200里。直到这时，乌桓人居然才发觉曹军主力已经到了跟前，立即疾告蹋顿。蹋顿听到报告大吃一惊，仓促之中集合兵马，迅速赶往白狼山迎敌。随蹋顿一块儿来的还有袁熙、袁尚，以及辽西郡乌桓单于楼班、右北平郡乌桓单于能臣抵之等部，总兵力多达数万人，基本上都是骑兵。

曹操虽然采取的是轻军快速机动的战术，行军速度非常快，但曹操也知道，这样大规模的军事行动，保密工作不可能做到万无一失，乌桓人迟早会知道，必须在乌桓人到来之前抢占白狼山这个有利地形。现在的辽宁省喀喇沁左翼蒙古族自治县境内有一座大阳山，其海拔仅为800多米，但却给人以高耸入天的感觉，这是因为其周边一带地势都不高，映衬出它的奇伟高大。山上有一个白石砬子，砬子是方言，也就是大石头。这块大石头样子像一只羊，也像一只狼，所以在汉代这座山也叫白狼山。春秋时，伯夷和叔齐二人因为不食周粟而隐居于首阳山，最后饿死在那里。据学者们考证，这个首阳山即白狼山。白狼山下有白狼水流过，也就是现在的大凌河，河岸有一处军事重镇叫白狼城。

白狼山虽然算不上高大，但在周围一片平坦的地势里，这里就是一处战略制高点，占据了白狼山，也就占据了有利地形，这里如果被乌桓人抢先占领，那就太被动了。曹操于是率曹纯、张辽等部离开大部队，以更快的行军速度向白狼山进发。为了加快行军速度，他们不仅没有带过多的辎重，连铠甲都脱了。终于，曹操率领的人马先于敌人抵达白狼山，曹操立即指挥众人上山，利用山上的有利地形组织防御。

这时，数万名乌桓骑兵也杀到了，气势很强大。曹军的后续部队还没有跟上，曹操身边只有张辽所部和曹纯率领的一部分人马，不仅人数不多，而且"披甲者少"。面对数倍于己的乌桓骑兵，有些人感到了害怕。曹操让大家不要惊慌，他登上白狼山远望，发现敌人阵形不整，曹操看出敌人也是远道而来，由于一路奔跑，显得疲惫不堪，此时发起攻击正是时候。

多年以后，蜀汉将领马谡奉诸葛亮之命扼守军事要地街亭，面对曹魏名将张部的进攻，为保险起见马谡下令退守两侧的山上，试图凭险据守形成对峙，达到阻拦曹魏大军的目的。当时马谡接到的任务是把敌人拦住就行，为诸葛亮在陇右一带的军事行动争取时间。马谡据险而守，敌人要经过必须仰攻，难度可想而知。但张部很老练，他没有硬攻，而是找到了山上蜀汉军队的弱点，那就是水源。山上断水，逼得马谡主动进攻，结果往下冲的蜀军成了曹魏弓箭手的"移动靶"，蜀军大败。

现在，在白狼山上，曹操如果此时不下令出击，结局必然会跟马谡一样，他们甚至还不如马谡，因为他们已深入乌桓腹地，后续部队即使到达，加在一起的人数也顶多是正面之敌的一半，随着时间的推移，乌桓的大部队还会源源不断地开来。现在若有迟疑，错过了稍纵即逝的取胜机会，待敌人整顿好队形，摆好阵势，一部分人围住白狼山，一部分人设伏打援，曹军就只能坐以待毙了。曹军来得很急，没有带多少水和粮食，在白狼山上难以坚持太久，其命运跟街亭的蜀军估计差不多。

最终，白狼山上的曹军没有成为街亭的蜀军，因为曹操不是马谡。站在白狼山上的曹操只向山下的乌桓人看了几眼，就断然决定不待后续部队赶到，趁敌人阵形未成之机立即发起猛攻，曹操的想法与张辽不谋而合。张辽意气风发，主动请战，曹操把手里的指挥旗授予张辽，命他全权指挥全部曹军，组织对敌人的进攻。当初曹操决定北征乌桓，张辽是反对者之一，张辽劝曹操说许县是天下要地，绝不能轻易丢失，应该防备刘表偷袭，所以不宜北征。曹操最后还是决定北征，张辽不因自己的意见未被领导采纳就闹情绪，作为北征的先头部队，他坚决执行命令，危险来临时，他敢打敢上，这正是作为一名大将应有的素质。张辽整顿所部人马在前，曹纯督率虎豹骑在后，直冲乌桓骑兵，结果乌桓人大败，曹军以悬殊的兵力获得大胜，并一举将乌桓人的传奇首领蹋顿斩于马下！

其实，乌桓人是很有战斗力的。如果认为乌桓人本来就不堪一击，那就大错特错了。乌桓人能长期驰骋于北方，绝不是吹出来的，尤其是蹋顿，有勇有谋，在乌桓人中很有号召力。乌桓人之所以大败，一方面，张辽、曹纯所部尽是曹军中最能打的精锐，他们作战勇敢，如今身处险地，拼死一搏。另一方面，也是最重要的，是曹操深知白狼山是一处战略要地，是这一带最有利的地形，抢占白狼山，就掌握了战场上的主动权，所以曹操才率一支轻军疾进，抢在敌人前面将白狼山占领，曹操又抓住战机，看到敌人远道而来，人困马乏，阵形不整，互相联络不畅，于是当机立断，马上发起攻击，敌人本想停下来扎住营寨，再跟曹军真刀真枪过过招，没想到曹军没给他们这样的机会，一上来就打了个冲锋，让他们措手不及。

此战，张辽、曹纯所率领的这支部队表现突出，根据史书的记载，曹纯是曹操手下主力虎豹骑的指挥官，说明白狼山之战虎豹骑也参加了，这支在南皮城外曾立斩袁谭的劲旅，此番又找到了疆场扬名的机会，他们斩杀了蹋顿，使乌桓人的抵抗迅速瓦解。乌桓人没有统一的指挥，很快四分五散。

战斗结束，曹操高兴异常，他让人把蹋顿的首级拿来观看，看完又亲自系在自己的马鞍上，就像上次斩杀袁谭之后那样，曹操"系马鞍于马抃舞"，又手舞足蹈地在马上舞了起来。楼班、能臣抵之以及袁熙、袁尚等人不敢恋战，他们纠合在一起有数千人，没有退回柳城，而是向东南方向逃去，投奔辽东太守公孙康去了。

● 兵法解析 ●

地形是影响战争进程的重要自然因素，尤其在冷兵器时代，战场上敌我双方所据有的地形决定了双方谁处于主动、谁处于被动。《孙子兵法》对各类地形进行了分析，指出在各种地形条件下作战应该注意或避免的事项。曹操进一步指出，不要与已经占据有利地形的敌人强打硬拼，比如像"隘地"这样的地形，作战时尤其要慎之又慎。

占据有利地形的敌人，战斗力得到进一步增强，如果之前双方势均力敌，现在就是敌强我弱；如果之前敌弱于我，现在可能双方势均力敌；即便之前敌远弱于我，现在仍弱于我，可以将其打败，但要将其打败，付出的代价又会远超于之前，所以要避开这样的敌人。在实际作战中，冷兵器时代经常出现人数占有绝对优势却长时间不能将敌人消灭的情况，敌人所依据的往往是城池、关隘、高山、要塞等有利环境，在这种情况下，执意进攻的结果有可能使自己队伍的士气下降，时间拖得越长越不利，最后深陷其中，由主动变为被动。

　　避免与占据有利地形的敌人作战，是不是消极避战呢？并非如此。这里指的作战，是指正面交战，是强攻。敌人一旦抢先占据有利地形，自己不是一走了之，也不是迎头硬拼，而是要思考其他的迎战办法，采取更加巧妙的手段去战胜敌人，这不是避战，而是更智慧、用最小的代价去战胜敌人。

　　在战场上，敌人也不会不知道地形的作用，不会放着有利地形而不去抢占，所以拼抢有利地形往往是决战的开始。实战中，如果让占据有利地形的敌人得以充分发挥地形之利，或者采取正面遏制占据有利地形的敌人，就会出现先胜后败的结果。曹操从实战经验出发，以"隘地"为例揭示在关键地形作战应该注意的事项：如果能先敌占据，一定要迅速占领并陈兵据守；敌人如果先占据并布下阵势，不要发动进攻；敌人如果只占据其一半，即使他们布下阵势也要发动进攻，以便与敌人共有地形之利。

　　要抢在敌人之前占领有利地形，就要对战场环境十分熟悉，充分掌握战场及周边哪些是有利地形，在制订作战方案时充分考虑地形因素，将占领有利地形作为使用兵力的优先方面，对于无法先敌占领的有利地形，则尽量设法不将预定战场放在那里，让敌人有地利的优势却发挥不出来。

战场上更要严明军纪

孙子曰：

故兵有走者，有弛者，有陷者，有崩者，有乱者，有北者。凡此六者，非天之灾，将之过也。夫势均，以一击十，曰走。

曹操曰：

不料力。

孙子曰：

卒强吏弱，曰弛。

曹操曰：

吏不能统卒，故弛坏。

孙子曰：

吏强卒弱，曰陷。

曹操曰：

吏强欲进，卒弱辄陷，败也。

孙子曰：

大吏怒而不服，遇敌怼而自战，将不知其能，曰崩。

曹操曰：

大吏，小将也。大将怒之，心不压服，忿而赴敌，不量轻重，则必崩坏。

孙子曰：

将弱不严，教道不明，吏卒无常，陈兵纵横，曰乱。

曹操曰：

为将若此，乱之道也。

孙子曰：

将不能料敌，以少合众，以弱击强，兵无选锋，曰北。凡此六者，败之道也，将之至任，不可不察也。

曹操曰：

其势若此，必走之兵也。

孙子曰：

夫地形者，兵之助也。料敌制胜，计险厄远近，上将之道也。知此而用战者必胜，不知此而用战者必败。故战道必胜，主曰无战，必战可也；战道不胜，主曰必战，无战可也。故进不求名，退不避罪，唯人是保，而利合于主，国之宝也。视卒如婴儿，故可以与之赴深谿；视卒如爱子，故可与之俱死。厚而不能使，爱而不能令，乱而不能治，譬若骄子，不可用也。

曹操曰：

恩不可专用，罚不可独任。若骄子之喜怒，对目还害，而不可用也。

孙子曰：

知吾卒之可以击，而不知敌之不可击，胜之半也；知敌之可击，而不知吾卒之不可以击，胜之半也；知敌之可击，知吾卒之可以击，而不知地形之不可以战，胜之半也。故知兵者，动而不迷，举而不穷。故曰：知彼知己，胜乃不殆；知天知地，胜乃不穷。

曹操曰：

胜之半者，未可知也。

● 原文翻译 ●

孙子说：

作战失利时，有走、弛、陷、崩、乱、北，上面这6种情况，不是地理等自然条件造成的，是将领的过失造成的。在势均力敌的情况下，以1倍的兵力迎击10倍的敌人，叫作走。

曹操说：

以1倍的兵力迎击10倍的敌人，是没有判断准敌人的兵力。

孙子说：

士兵战斗力强，军官指挥能力弱，叫作弛。

曹操说：

军官没有能力统率士兵，所以军队松懈涣散。

孙子说：

军官指挥能力强，士兵战斗力弱，叫作陷。

曹操说：

军官想强行进攻，士兵战斗力弱，就会陷于失败。

孙子说：

小将有怨仇不服从指挥，遇到敌人时，出于怨恨擅自出战，将领又不了解他的能力，叫作崩。

曹操说：

大吏，指的是小将。大将让小将发怒，小将心中不服，怀着怨愤出战，不能正确估量敌我军力对比，那么必然会失败。

孙子说：

将领懦弱而缺乏威严，法令制度不严格，官兵之间关系紧张，列兵布阵杂乱无章，叫作乱。

曹操说：

将领如果这样，就是军队混乱的原因。

孙子说：

将领不能正确判断敌情，以少数兵力攻击多数敌人，以弱小的军人攻击强大的敌人，又没有精锐的前锋部队，叫作北。以上这6种情况，是导致败军的原因，掌握它们是将领的重要责任，不能不认真研究。

曹操说：

形势如果这样，必然是败逃的军队。

孙子说：

地形，是用兵作战的重要辅助。正确判断敌情才能争取制胜的主动权，考察地形险易、计算路程的远近，是高明的将领应当掌握的方法。明白这些道理并用于作战必然获胜，不明白这些道理而作战必然会失败。因此，根据这些作战原则分析有把握取胜，即使君主不让打，将领也可以坚持打；根据这些作战原则分析没有把握取胜，即使君主要打，将领也应拒绝出战。因此，进攻不是为了谋求声誉，撤退不是惧怕承担罪责，只求保全百姓而又符合君主的利益，这样的将领是国家的宝贵财富。对待士兵像对待婴儿那样呵护，士兵就能追随将领共赴险境；对待士兵像对待亲生儿子那样关怀，士兵就能追随将领同生共死。一味溺爱士兵却不用法令约束他们，厚待士兵而不使用他们，士兵违反军纪而不惩罚他们，那么，士兵就如同被宠坏的孩子，是没有什么用处的。

曹操说：

对待士兵不能一味给予恩惠，也不能一味进行惩罚。如果士兵像被宠坏的孩子，喜怒都直接与将领相对，那么反而害了士兵，无法用他们作战。

孙子说：

只知道自己的军队可以攻击敌人，而不知道敌人不是能被攻击的，取胜的机会只有一半；只知道敌军是可以被攻击的，而不知道自己的军队没有攻击的能力，取胜的机会也只有一半；既知道敌人是可以被攻击的，也知道自己的军队有能力攻击敌人，但不了解地形不利于攻击，取胜的机会同样只有一半。因此，真正懂得用兵的将领，行动起来不会迷失方向，战术能够变化无穷。所以说：了解敌人也了解自己，就能确保胜利而不会发生危险；如果又能同时了解天时、地利，就能确保万无一失地取得胜利了。

曹操说：

"胜之半"的意思，是说胜负的结果无法知道。

◆ 经典战例 ◆

战役名称： 淯水河之战
战役时间： 汉献帝建安二年（197）
交战对象： 张绣

汉献帝建安二年（197）新年刚过，曹操决定南征张绣。人马准备好，按惯例曹操要到皇宫里向天子报告并辞行。曹操进了宫，还没有见到汉献帝，却发生了一件事，让他吃惊不小。

按照礼制，曹操作为司空又代行车骑将军，朝见天子应该遵循以下礼仪：快见到天子时，要脱掉鞋子，解除佩带的武器，一路小跑着去见天子。天子身边会站着一个司仪官，在一旁高喊："费亭侯、司空、行车骑将军曹操，参见皇上！"曹操听到后就要跪下来高声说："吾皇万岁，万万岁！"而这一次，曹操大概刚把鞋子脱掉，突然过来两名持戟的武士，手里操持的铁戟不是演戏的道具，而都是真家伙，二话不说，咔嚓一下把戟就架在了曹操的脖子上，曹操没有防备，当时就傻了。这二位就这样叉着曹操往前走，曹操没有选择，只好跟着，来到汉献帝面前，跪下跟汉献帝说话。说了些什么曹操一定都记不得了，那一刻他的大脑估计全是空白。从汉献帝跟前出来，曹操脊背上的汗都湿透了衣服，那是紧张的。

其实，这是一套规范化的宫廷礼仪，并不是汉献帝发明的。在汉代，为了防止权臣篡权，规定了许多制衡措施，比如"五大不在边"，就是外戚、三公等五类权臣不能到外面领兵。遇到特殊情况非领兵不可，那就执行刚才这一套程序，权臣在出兵前向天子辞行时由武士"交戟叉颈而前"。言下之意是要试试你心里是否有鬼，有异心的就得掂量掂量还敢不敢来。曹操大概不知道还有这一出，或者没有想到汉献帝会跟他玩真的，这一惊实在非同小可，如果汉献帝向他下手，这就是个绝佳的机会，曹操越想越后怕，"自此不复朝见"。

经过了上面这个小插曲，曹操率兵南下。大军很快到达淯水附近，淯水是汉水的一级支流，长江的二级支流，即如今河南省境内的白河，在襄阳附近注入汉水，宛县就在淯水河畔。听说曹操率军亲征，张绣很紧张，曹操的大名他早有所闻，袁术、陶谦、吕布这些天下英雄都不是曹操的对手，曹操如今正势如中天，张绣觉得自己根本打不过。此前，张绣曾派贾诩到襄阳走了一趟，见了见刘表，贾诩回来后对张绣说刘表这个人倒是有一些才能，和平年代做个三公应该称职，但现在他看不到形势的变化，多疑少断，不会有什么大的作为。贾诩的襄阳之行打消了张绣依靠刘表抵抗曹操的想法，他决定投降曹操。

就这样，曹操原打算南下必有一场恶战，现在看来不存在了。曹操很高兴，在淯水河畔扎下军营，设宴招待张绣及其手下。酒席宴前，张绣等人看到有一个大汉站在曹操左右，威武异常，不禁暗暗吃惊，他们不认识，其实这个武士就是典韦。在曹操行酒时，典韦手持大斧一直跟着，斧刃有一尺多长，看着就很吓人。曹操走到谁跟前，典韦不仅站在后面，而且使劲儿拿眼睛直勾勾盯着人家看，弄得客人根本没有心思吃喝。直到酒宴终了，张绣及其部将都不敢仰视。

本来，这次南征可以圆满收场了，但是发生了意外，让形势陡转。张绣有个亲信将领叫胡车儿，勇冠三军，曹操对像典韦、许褚这样的猛士历来见一个喜欢一个，总想弄到自己手下。这个胡车儿大概也是典韦那样的猛人，曹操看到胡车儿后特别喜欢，想笼络一下感情，于是亲自接见，并赠给不少钱。曹操此时应该没有通过胡车儿解决张绣的意思，因为此行目的已经达到，不需要把张绣彻底消灭，他拉拢胡车儿，最大的目的也只是想挖人。但张绣知道了这件事却不这么想，他认为曹操此举用心不良，是要收买胡车儿谋害自己。

张绣心中不安，决定先动手。贾诩给张绣出了个主意，让他向曹操报告，说部队想移防到地势高一点儿的地方，中间要经过曹营。张绣照办了，中间还特意对曹操说自己车辆太少，士兵都得背负着很多物资，请求允许士兵们披甲而过。曹操没多想，答应了。结果，张绣趁自己人进到曹营之际突然发起攻击，打了曹军一个措手不及。

这场战斗发生在淯水河畔，曹军的狼狈样超过了当年汴水之战和濮阳之战。混战中，曹操座下的战马被乱箭射中面部和腿部，曹操的右臂也中了箭。曹操失去战马，十分危险。史书记载，曹操骑的这匹马名叫绝影，是继白鹄之后曹操骑乘的又一匹名马，此刻光荣"就义"于淯水河畔。

危难之时，有个小伙子从马上下来，把自己的马让给曹操骑。曹操一看，是大儿子曹昂。打仗亲兄弟，上阵父子兵，关键时刻能舍身相救的还是自己家里的人。当年汴水之战，如果没有曹洪让马，曹操可能早就没命了，现在曹昂又把马让给了曹操。但曹昂没有曹洪那样幸运，他战死在乱军之中，死时仅20岁。曹操的正妻是丁氏，没有生育，在娶卞氏前曹操还娶了刘氏，曹昂是刘氏所生，刘氏死得早，曹昂一直由丁氏抚养，母子感情很深。

这一仗对曹操而言不仅丢了面子，而且损失相当惨重，长子曹昂、侄子曹安民、近卫部队指挥官典韦一同战死。典韦死得极为悲壮，当时曹操率轻骑逃走，典韦为了掩护曹操撤退，留下来在营门口与敌兵激战。由于典韦勇猛异常，敌人无法前进，但他们分散开从各个方向进入曹营。这时，典韦周围只有十来个人，这些人都是曹操精挑细选出来的勇士，平时的主要职责就是保护中军安全，现在无不以一当十，殊死恶战。但是，敌兵越来越多，他们渐渐不支，陷入重围。典韦手持长戟，左冲右突，一戟刺过去，敌兵十多支长矛都能被折断。最后，典韦的左右全部阵亡，他本人也数十处受伤，但典韦仍然与敌兵近距离格斗。典韦一把抓过两个敌兵，徒手就把他们杀了，其余敌兵吃惊不小，都不敢再靠近。典韦又上前冲杀，杀了几个敌人，然而伤势严重，失血过多，最后怒目大骂而死。敌兵确信典韦已死，才胆战心惊地上前把他的头割下，互相传看，想观察一下这个奇人到底为什么如此生猛。

曹军从淯水河边一路惨败，一口气退到了宛县以东百里之外的舞阴。曹军各部听说后，都想抄小道先赶过来救驾，一路上拥挤无序，狼狈不堪。平虏校尉于禁率数百人主动断后，他们且战且退，迟滞了敌人的进攻，敌人见无法继续扩大战果，慢慢退去。之后，于禁下令整顿人马，敲着战鼓回营。走在半道上，遇到十几名伤兵，一个个赤身裸体，惨不忍睹。于禁问他们怎么了，这些人说被青州兵趁乱打劫，于禁大怒。

青州兵是曹操当年打败青州黄巾军后收编的部队，这支部队作战勇猛，是精锐之师，但军纪一向很差，曹操对他们平时颇为关照，反而让他们更认为自己不得了，这次趁败军之际，公然抢劫到自己人头上。于禁下令追讨青州兵，把他们收拾了一顿。之后，于禁指挥所部安下营垒，防备敌军再来。这时，手下有人劝于禁先不忙安营扎寨的事，应该先到曹公那里报告情况，防备青州兵恶人先告状。于禁不以为然，认为现在敌人在后，很快就会追到这里来，不做好准备，何以迎敌？至青州兵告状，于禁认为曹公明察秋毫，不必申辩。

青州兵果然抢先跑到曹操那里告状，曹操也果然没有听信他们。曹操见到于禁，听完于禁的汇报，高兴地对于禁说，淯水之难时我方危急，你能保持本部士卒不乱，整治所部，又惩治暴行，高筑坚垒，实在有不可撼动的气势，虽古代的名将，也难以超过你呀！曹操于是依据于禁前后立下的功劳，上表天子，封于禁为益寿亭侯。

曹操平时十分强调军纪，所以对于禁的行为给予赞赏和肯定。关于曹操军队日常纪律的情况，第一手史料虽然不多，但也能看出大概，比如从曹操"割发代首"的故事中就能看出这方面的情况。"割发代首"不是小说虚构出来的，在裴松之为《三国志》作注时所引的《曹瞒传》中就有记载："常出军，行经麦中，令'士卒无败麦，犯者死'。骑士皆下马，付麦以相持，于是太祖马腾入麦中，敕主簿议罪；主簿对以春秋之义，罚不加于尊。太祖曰：'制法而自犯之，何以帅下？然孤为军帅，不可自杀，请自刑。'因援剑割发以置地。"

《曹瞒传》是孙吴方面组织人写的，是揭露曹操所谓"恶史"的书，记录"割发代首"这件事的本意或许是想说曹操多么虚伪和奸诈，但它从侧面至少说明了两个问题：一是曹军纪律十分严明，不仅内部纪律严明，而且对外的纪律也很严，行军途中不允许毁坏老百姓的庄稼，自然其他损害百姓的事也都不允许了，这在当时是非常难能可贵的；二是曹军在执行纪律方面一视同仁，就连曹操本人违反了军纪也要受到处罚，那么曹操手下的众多将领自然也没有什么特权了，这在当时也是值得称道的。

───●兵法解析●───

对曹操来说，淯水河之战是一场败仗，而且败得很惨，付出了巨大代价。曹操虽然是一流的军事家，无论军事理论还是军事实践都相当出色，但曹操也不是神，做不到百战百胜，因为自己的疏忽让叛军突然偷袭成功，这的确是曹操军事生涯的败笔。不过，曹军在淯水河之战中也并非没有值得称道的地方，于禁的表现就十分突出，在全军大败之时，他不仅有效组织起阻击作战，为大部队安全撤退创造条件，而且严格执行军纪，惩治了趁机作乱的青州兵，受到曹操的赞扬。

军纪是一支军队对内对外纪律的总称，对内的纪律对战斗力有决定性影响，对外的纪律对战斗力也有间接影响。对内的纪律包括自觉遵守军队各项制度、军令，并无条件服从上级的命令等，这些命令、军令往往是无数将士用鲜血和生命换来的经验教训，稍有松懈就会酿成大祸，因此遵守这些纪律的程度以及是否自觉遵守成为检验一支军队综合素质的重要标尺。无条件服从上级的命令则决定军队协同配合的能力，上级比下级更了解全局，只有服从上级的命令才能把局部战斗的胜利化为全局的胜利，实现战斗力最大化。既不遵守军队制度、军令，又不服从上级命令的军队是绝不可能有战斗力的。

除了内部纪律，一支军队还有对外的纪律。历史上也有这样的情况：一支军队虽然内部军纪严明，但到了社会上纪律却很松弛，能随便干出烧杀抢掠的事。因为对外军纪不严，结果造成百姓对军队的反感甚至仇恨，这样的军队虽然表面上看起来有战斗力，但得不到百姓的支持，力量再强大也会失败。所以，一支真正强大的军队特别注重纪律的培养，不仅重视内部纪律，也重视外部纪律，如果说对内的纪律重点锻造的是"硬实力"，那么对外的纪律打造的则是一支军队的"软实力"。

曹操一生30多年都在征战，有着丰富的带兵经验，对于《孙子兵法》所强调的强化军队纪律问题，曹操又进行了新的阐释，他讲了一个道理：对待士兵不能一味给予恩惠，也不能一味进行惩罚，如果士兵像被宠坏的孩子，喜怒都直接与将领相对，那么反而害了士兵，无法用他们作战。曹操的这个观点让人想起孔子说过的一句很有名的话："唯女子与小人难养也。"在女权主义者看来这句话太有毛病了，怎么能把女人与"小人"等同视之呢？但孔子说这句话的本意并非如此，"女子与小人"不是泛指女性和"小人"，而是特指"人主"身边的"臣妾"，也就是被"人主"所宠幸的身边人。孔子在这句话的后面还紧跟着一句话："近之则不逊，远之则怨。"意思是，你跟他们太亲近，他们就不怎么拿你当回事；你疏远他们，他们又会怨恨你。

孔子这几句话本意或许是谴责小人难缠，你怎么对他们都不行，太远太近他们都有意见。这几句话其实说得是很有道理的，人与人相处，太远太近都容易产生问题，人性皆如此，上下级关系更是这样。所以，将领在管理军队时要掌握上下级之间的远近火候，不能太近，也不能太远，太近了嫌你软，难免会出现以下犯上的情况；太远了嫌你无情，又有了疏离感。最好的做法就是"软硬"合适、"远近"恰当，将分寸把握到最佳状态。

第十一章

九地篇

置之绝地方可死战

兵法原文

孙子曰：

用兵之法：有散地，有轻地，有争地，有交地，有衢地，有重地，有圮地，有围地，有死地。

曹操曰：

欲战之地有九。此九地之名也。

孙子曰：

诸侯自战其地，为散地。

曹操曰：

士卒恋土，道近易散。

孙子曰：

入人之地而不深者，为轻地。

曹操曰：

士卒皆轻返也。

孙子曰：

我得亦利，彼得亦利者，为争地。

曹操曰：

可以少胜众，弱击强。

孙子曰：

我可以往，彼可以来者，为交地。

曹操曰：

道正相交错也。

孙子曰：

诸侯之地三属，先至而得天下之众者，为衢地。

曹操曰：

我与敌相当，而旁有他国也。先至得其国助也。

孙子曰：

入人之地深，背城邑多者，为重地。

曹操曰：

难返之地。

孙子曰：

行山林、险阻、沮泽，凡难行之道者，为圮地。

曹操曰：

少固也。

孙子曰：

所由入者隘，所从归者迂，彼寡可以击吾之众者，为围地。疾战则存，不疾战则亡者，为死地。

曹操曰：

前有高山，后有大水，进则不得，退则有碍。

孙子曰：

是故散地则无战，轻地则无止，争地则无攻。

曹操曰：

不当攻，当先至为利也。

孙子曰：

交地则无绝。

曹操曰：

相及属也。

孙子曰：

衢地则合交。

曹操曰：

结诸侯也。

孙子曰：

重地则掠。

曹操曰：

畜积粮食也。

孙子曰：

圮地则行。

曹操曰：

无稽留也。

孙子曰：

围地则谋。

曹操曰：

发奇谋也。

孙子曰：

死地则战。

曹操曰：

殊死战也。

孙子曰：

所谓古之善用兵者，能使敌人前后不相及，众寡不相恃，贵贱不相救，上下不相收，卒离而不集，兵合而不齐。合于利而动，不合于利而止。

曹操曰：

暴之使离，乱之使不齐，动兵而战。

孙子曰：

敢问："敌众整而将来，待之若何？"

曹操曰：

或问也。

孙子曰：

曰："先夺其所爱，则听矣。"

曹操曰：

夺其所恃之利。若先据利地，则我所欲必得也。

孙子曰：

兵之情主速，乘人之不及，由不虞之道，攻其所不戒也。

曹操曰：

孙子应难以覆陈兵情也。

孙子曰：

凡为客之道：深入则专，主人不克；掠于饶野，三军足食；谨养而勿劳，并气积力；运兵计谋，为不可测。

曹操曰：

养士并气，运兵为不可测度之计。

孙子曰：

投之无所往，死且不北；死焉不得，士人尽力。

曹操曰：

士死，安不得也。在难地，心并也。

孙子曰：

兵士甚陷则不惧，无所往则固，深入则拘，不得已则斗。

曹操曰：

拘，缚也。人穷则死战也。

孙子曰：

是故，其兵不修而戒，不求而得，不约而亲，不令而信。

曹操曰：

不求索其意，自得力也。

孙子曰：

禁祥去疑，至死无所之。

曹操曰：

禁妖祥之言，去疑惑之计。

孙子曰：

吾士无余财，非恶货也；无余命，非恶寿也。

曹操曰：

皆烧焚财物，非恶货之多也；弃财致死者，不得已也。

孙子曰：

令发之日，士卒坐者涕沾襟，偃卧者涕交颐。投之无所往者，诸、刿之勇也。

曹操曰：

皆持必死之计。

原义翻译

孙子说：

按照用兵的一般方法，地形分为散地、轻地、争地、交地、衢地、重地、圮地、围地、死地。

曹操说：

将要用来作战的地形有 9 种。上面是 9 种地形的名称。

孙子说：

诸侯在自己的领地里作战，称为散地。

曹操说：

士兵留恋乡土，离家的道路近，容易逃散。

孙子说：

进入敌人的领地，但不深入，称为轻地。

曹操说：

士兵可以轻易地返回自己的国家。

孙子说：

我军占领对我有利，敌军占领对敌有利，称为争地。

曹操说：

可以凭借这种地形以少胜多，以弱胜强。

孙子说：

我军可以去那里，敌军也可以来，称为交地。

曹操说：

道路正好相互交错。

孙子说：

处在几个诸侯领地接壤的地方，谁先到达，谁就可以获得其他诸侯国的援助，称为衢地。

曹操说：

我军与敌军实力相当，旁边还有其他诸侯国。先到达，可以得到其他诸侯国的援助。

孙子说：

进入敌人的领地很深，背靠的敌人城邑很多，称为重地。

曹操说：

难以返回的地区。

孙子说：

行军在山林、险阻、池泽纵横的地带，道路非常难行，称为圮地。

曹操说：

缺少坚固的防守依托。

孙子说：

所经过的道路狭窄，回兵时的路途迂回且很远，少量的敌军可以击败众多的我军，称为围地。经过奋力战斗才可以生存，不奋力战斗就会败亡，称为死地。

曹操说：

死地往往是前面有高山，后面有大河，前进不了，后退有障碍。

孙子说：

一般来说，在散地不宜作战，在轻地不宜久留，在争地不宜进攻。

曹操说：

在争地不应当进攻，应当先到达以对自己有利。

孙子说：

在交地不要让自己的队伍断绝联络。

曹操说：

军队内部保持联络。

孙子说：

在衢地应当结交诸侯。

曹操说：

结交诸侯的意思。

孙子说：

在重地就要夺取敌人的物资。

曹操说：

储存粮食。

孙子说：

在圮地要加快行军。

曹操说：

不要停留。

孙子说：

在围地要施展计谋。

曹操说：

制定出人意料的谋略。

孙子说：

在死地就要奋力战斗。

曹操说：

拼死作战。

孙子说：

人们所说的那些古代善于用兵的人，都是能使敌人前后之间相互不能策应，主力部队和非主力部队之间相互不能依靠，军官与士兵之间相互不能救援，上下级之间相互不能统属，士兵溃散不能集中，士兵即便集中起来心也不齐。对我有利就行动，对我不利就停止。

曹操说：

先迅猛地打击敌人，使之溃散，然后扰乱敌人，使之阵形不整齐，最后再调动军队发起总攻击。

孙子说：

请问："来的敌军众多，阵形又严整，如何应对他们呢？"

曹操说：

这是有人提问。

孙子说：

回答是："首先进攻敌人必然增援的要害地方，敌人就会听我们调动了。"

曹操说：

夺取敌人所依靠的有利之处。如果抢先占据了有利地形，那么我想达到目的就一定能达到。

孙子说：

用兵的原则是要行进迅速，趁着敌人措手不及，从敌人意想不到的道路攻击敌人防备松懈的地方。

曹操说：

孙子在用问答的方式讲述用兵的原则。

孙子说：

一般来说，进入敌国境内作战的原则是：越是深入敌国境内，作战的意志越要坚强，敌人越是不能战胜我们；到敌国富饶的乡野夺取物资，保证全军有充足的粮食；注意休息而不要过于劳累，精神上高度团结，让士兵积蓄起更大体力；部署兵力时巧用计谋，让敌人无法揣测我们的意图。

曹操说：

提高士气，集中兵力，制定敌人无法分析判断的计谋。

孙子说：

把军队投放在没有退路的地方，即使有战死的危险，他们也不会逃亡。

曹操说：

士兵敢于死战，哪能有不取胜的道理呢？在困难的地方作战，士兵更能够心齐。

孙子说：

士兵陷入巨大的危险就不会再感到害怕，在没有退路的地方军心会更稳固，深入敌国境内会更加团结，在迫不得已的情况下会更有斗志。

曹操说：

拘，捆绑在一起的意思。人到了没有退路的时候，就会死战。

孙子说：

因此，在这样的情况下士兵不用整治也会加强戒备，不用鼓动也能完成任务，不用约束也会亲密团结，不用下达严厉命令也会遵守纪律。

曹操说：

不用征求众人的意见，自然会用力。

孙子说：

禁止占卜迷信，消除疑虑，士兵到死都不会逃跑。

曹操说：

禁止迷信和谣言，消除可能造成疑惑的东西。

孙子说：

我们的士兵没有多余的财物，不是他们不爱财物；没有贪生的欲望，不是他们不喜欢长寿。

曹操说：

都去烧毁财物，不是厌恶财物太多；丢弃财物去死，是迫不得已。

孙子说：

命令下达的时候，坐着的士兵眼泪沾湿了衣襟，躺着的士兵泪流满面。把士兵们部署在没有退路的地方，他们就会表现出像专诸、曹刿那样的勇敢。

曹操说：

都抱着必死的打算。

经典战例

战役名称： 濮阳之战

战役时间： 汉献帝兴平元年（194）

交战对手： 吕布

汉献帝兴平元年（194），曹操由兖州南下，攻打徐州牧陶谦，负责留守的陈宫趁机劝陈留郡太守张邈发动叛乱，张邈听从陈宫的意见，同弟弟张超共迎吕布，请吕布来当兖州牧。吕布到达兖州后，迅速占据了濮阳，兖州所属郡县一同响应。

曹操在徐州前线听到了消息，不敢恋战，急速回师。曹操回师兖州，按理说应先去救援兖州的大本营鄄城，但曹操却没有，而是直接冲着濮阳来了，到达濮阳城外，直接攻城。曹操这时心里挺着急的，大概想尽快结束战斗，所以从各个方向都发起了猛攻，吕布指挥将士在城上万箭齐发，曹军死伤惨重。但曹军攻势不减，这让吕布看出曹操急于结束战斗的心理，他觉得可以施上一计。

入夜，战场上一片死寂。几个黑影顺着城墙上的绳子爬了下来，他们悄悄摸向曹军大营。他们的行迹被曹军巡夜的士兵发现，被抓了起来。但这几个人被抓之后并不慌张，要求直接面见曹操，而曹操当夜即召见了他们。见到曹操，这几个人说，他们是濮阳城中田氏家族成员，愿做曹军内应。田氏是濮阳首户，拥有大量庄园田产，佃户奴婢成百上千。这些人向曹操解释说，吕布等人来到濮阳，把他们的财产粮食都征为军用，又强征他们的奴仆从军，引发他们强烈不满，所以愿意助曹将军攻破吕贼，将其赶出濮阳。吕布或死或逃，他们别无所求，只愿发还所征财物以及奴仆就行。

对于这些话，曹操未必全信，但曹操此时太急于拿下濮阳了，他现在眼睛盯着濮阳，心里惦记的却是鄄城，濮阳如果陷于胶着，鄄城必将不保。所以，就连生性稳重的曹操也做出了冒险的决定，他想抓住这个机会试一试，于是双方约定了动手的时间和暗号。

次日夜里，濮阳城东面城墙上突然燃起火堆，城外的曹军见此信号，纷纷从营中杀出。在城头上观察情况的吕布见此情景，知道曹操中计，于是令人把濮阳城东门打开，曹军像潮水一样涌入城中。曹军杀进城，他们不忙着杀人，却干了一件很奇怪的事：放火。曹军带着引火之物，一杀进城门，即在城门处放起一堆大火，顿时火光冲天。

这把火是曹操下令放的，曹操为什么要放这把火呢？《献帝春秋》的解释是："太祖围濮阳，濮阳大姓田氏为反间，太祖得入城。烧其东门，示无反意。"曹操的用意与破釜沉舟相同，意思是激励将士们死战，不给自己留退路。

曹操本人就在冲进城的曹军之中，他们很快遭到了吕布安排的埋伏，濮阳城内瞬时成为战场。曹操大概发现上当了，于是折返回来，双方在东城门附近展开激战。这一战打得很激烈，曹军进来的都是骑兵，在街巷中完全没有优势，吕布早有准备，手下将士们手中的弓弩在巷战中更为实用。

曹军将士被射伤无数，但他们作战异常顽强，尤其是中间簇拥着的一队人马，虽然处于劣势，仍然猛冲猛杀，转眼就到了东门附近。城门处有曹军自己放的火，此时烈焰腾起，一片火海。曹军将士杀到此处，犹豫了一下，仍然奋不顾身冲进火海。有人身上顿时被烧起来，有的战马受惊，四处乱窜。曹操带头冲进火中，结果被烧伤了左掌，并且从马上掉了下来，《三国志》记载："太祖阵乱，驰突火出，坠马，烧左手掌。"危急之中，曹操手下一个叫楼异的司马把曹操扶到马上，曹操这才幸免于难。曹操的部将夏侯惇也冲进城中，被箭射瞎一只眼，军中从此送他一个"盲夏侯"的外号。

然而，这还不是最惊险的。《献帝春秋》还记载说，曹操重新上马后继续往外逃，却遇到吕布的人把他拦住。吕布的人大概没想到这个小个子会是大名鼎鼎的曹操，于是问曹操在哪里，曹操随便一指，对他们说那个骑黄马的就是，吕布的人于是放下曹操去追骑黄马的人，曹操才得以脱险。后来有人说拦住曹操的人不是别人，正是吕布本人，但这不可能，因为吕布曾亲口说过，他在洛阳的时候曾经见过曹操，是认识曹操的。然而，即使是吕布手下的人截住了曹操，这个记载也存在疑点，因为如此绘声绘色的描写必然需要有素材来源，它究竟来自何处呢？

答案是只能来自吕布手下那个挡住曹操的人，或者来自曹操本人。吕布手下的那个人不认识曹操很正常，那时候没有电视，没有网络，名气再大，大家没有见过也不知道长什么样，是很正常的。可是，当时不知道，后来怎么就能知道呢？可见来自吕布手下的可能性很小。如果来自曹操本人的话，他说这件事可能是想炫耀一下自己的英雄事迹：看我多么机智勇敢，不是反应得快，早就挂了。可是，曹操应该知道，这一仗都输成那样了，哪里还值得炫耀？所以，如果不是曹操说漏了嘴，这件事就是道听途说得来的。

兵法解析

曹操与吕布之间的濮阳之战，最终仍以曹操的胜利而结束，由于战略形势越来越不利于吕布，吕布在兖州待不下去，最终只得撤出濮阳。不过，在濮阳争夺战的开始阶段，曹操却没有占上风，尤其是偷袭濮阳城的行动，中了吕布的计谋，曹军损失很大，曹操本人几乎死在城中，对曹操来说，这一次行动是军事上的败笔。

在偷袭濮阳的行动中，曹操下了破釜沉舟的决心。濮阳对于曹操来说太重要了，拿下濮阳，解决了吕布，兖州之乱就平息了一大半，曹操太想一战而成了，正是因为心里太着急，这才上了当。曹操率领人马进城时还没发现上当，他是抱着"只许成功，不能失败"的决心进的城，所以在城门处放火，自断退路。《孙子兵法》说："令发之日，士卒坐者涕沾襟，偃卧者涕交颐。投之无所往，诸、刿之勇也。"平时战斗力或许一般，但得知自己没有别的退路时，人的潜能会进一步爆发出来，曹操认为这是"必死之计"。

这次偷袭没有成功，失败的原因并不是曹操用错了"必死之计"，而是曹操在没有详细考察的情况下轻易冒险。假如田氏的投诚是真的，吕布在城中没有防备，那么曹操进城之初就下令放火烧城门的做法就是可取的。敌我双方力量接近，"狭路相逢勇者胜"，在那一刻谁更能激发出身上的血气与勇力，谁就能占据上风。也许平时势均力敌，但这时就会略胜一筹，就是这胜出的一点点，或许就能决定谁是成功者谁是失败者。

《孙子兵法》把地形分为九种，"死地"是其中一种。"死地"的意思是"疾战则存，不疾战则亡"，曹操更形象地指出这种地形的特征："前有高山，后有大水；进则不得，退则有碍。"进退不得，只有死战，在劣势且十分危急的情况下，不给自己留退路，主动将自己置于死地，往往会收到起死回生的效果。曹操如果将濮阳一举拿下，他放火烧城门的举动也许会与韩信的背水一战、项羽的破釜沉舟一样成为"必死之计"的另一个经典。

然而，并非所有"置之死地"都能"后生"。《汉末英雄记》记载，公孙瓒手下将领被敌人所围，向公孙瓒求援，但公孙瓒就是不出兵相救。公孙瓒的理由是："救一人，使后将恃救，不肯力战。"能救而故意不救，理由竟然是如果救了这一个以后将领们再遇到类似情况就有了依赖心理，就不会死战，所以不去救，公孙瓒认为他不去救，以后大家肯定会奋力自救。

公孙瓒的说法貌似有道理，似乎也是"置之死地而后生"理论的运用，但他这是对兵法的误解与误用。"置之死地而后生"的目的不是"死"，而是"生"，至少是激发"生"的希望，在极端劣势的情况下，人的主观能动性无论如何发挥都无法"生"，这时就不能乱用"置之死地而后生"的战术了，该撤退的要及时撤退，该求援的要及时求援，眼睁睁看着部下送死，这样的统帅得不到大家拥戴。人都有求生的本能，在生死考验面前有人选择玉石俱焚，也有人选择投降以求活命，所以公孙瓒的想法未免理想化。《三国志》记载，在袁绍发起的潞河之战中公孙瓒不发救兵，结果坐视渔阳郡太守邹丹被杀，这一事件提醒了公孙瓒属下的将领们：危急关头看来还得自谋出路。后来袁军北上，公孙瓒手下的将士们想到"守则不能自固，又知必不见救"，所以他们要么被袁绍攻破，要么就杀了自己的长官投降袁绍。

深入敌后只能一往无前

孙子曰：

故善用兵者，譬如率然。率然者，常山之蛇也，击其首则尾至，击其尾则首至，击其中则首尾俱至。敢问："兵可使如率然乎？"曰："可。"夫吴人与越人相恶也，当其同舟而济，遇风，其相救也如左右手。是故方马埋轮，未足恃也。

曹操曰：

方马，缚马也。埋轮，示不动也。此言专难不如权巧。故曰：虽方马埋轮，不足恃也。

孙子曰：

齐勇如一，政之道也；刚柔皆得，地之理也。

曹操曰：

强弱一势也。

孙子曰：

故善用兵者，携手若使一人，不得已也。

曹操曰：

齐一貌也。

孙子曰：

将军之事，静以幽，正以治。

曹操曰：

谓清净、幽深、平正。

孙子曰：

能愚士卒之耳目，使之无知。

曹操曰：

愚，误也。民可与乐成，不可与虑始。

孙子曰：

易其事，革其谋，使人无识；易其居，迂其途，使人不得虑。帅与之期，如登高而去其梯。帅与之深入诸侯之地，而发其机，焚舟破釜，若驱群羊，驱而往，驱而来，莫知所之。

曹操曰：

一其心也。

孙子曰：

聚三军之众，投之于险，此谓将军之事也。

曹操曰：

险，难也。

孙子曰：

九地之变，屈伸之利，人情之理，不可不察。

曹操曰：

人情见利而进，见害而退。

孙子曰：

凡为客之道：深则专，浅则散。去国越境而师者，绝地也；四达者，衢地也；入深者，重地也；入浅者，轻地也；背固前隘者，围地也；无所往者，死地也。是故散地，吾将一其志；轻地，吾将使之属。

曹操曰：

使相及属。

孙子曰：

争地，吾将趋其后。

曹操曰：

地利在前，当速进其后也。

孙子曰：

交地，吾将谨其守；衡地，吾将固其结；重地，吾将继其食。

曹操曰：

掠彼也。

孙子曰：

圮地，吾将进其塗。

曹操曰：

疾过去也。

孙子曰：

围地，吾将塞其阙。

曹操曰：

以一士心也。

孙子曰：

死地，吾将示之以不活。

曹操曰：

励士心也。

孙子曰：

故兵之情：围则御。

曹操曰：

相持御也。

孙子曰：

不得已则斗。

曹操曰：

势有不得已也。

孙子曰：

过则从。

曹操曰：

陷之甚过，则从计也。

孙子曰：

是故不知诸侯之谋者，不能预交；不知山林、险阻、沮泽之形者，不能行
军；不用乡导者，不能得地利。

曹操曰：

上已陈此三事，而复云者，力恶不能用兵，故复之。

孙子曰：

四五者，不知一，非霸王之兵也。

曹操曰：

谓九地之利害。或曰：上四五事也。

◆ 原文翻译 ◆

孙子说：

　　因此，善于用兵的人，就如同"率然"一样。率然，是生活在常山的一种蛇。打这种蛇的头，它的尾巴就会来救应；打这种蛇的尾巴，它的头就会来救应；打这种蛇的腹部，它的头和尾巴都会来救应。请问："军队能不能指挥得像率然一样灵活呢？"回答："可以。"吴国人和越国人原本互相仇恨，当他们同乘一条船渡河时，遇上大风，他们相互救援如同左手和右手一样。因此，想用拴住马、埋住车轮这种显示死战决心的方法稳定军队，是靠不住的。

曹操说：

　　方马，拴住马的意思。埋轮，不让车动的意思。这里说的是，单靠禁止难以奏效，不如权宜善巧。所以说"虽方马埋轮，不足恃也"。

孙子说：

　　使全军上下齐心协力、勇敢如一人，关键在于统兵治军有方；使勇敢的人和软弱的人都发挥作用，关键在于巧妙利用地形。

曹操说：

　　强者和弱者都士气高昂。

孙子说：

　　善于用兵的人，能使全军携起手来如同一个人，是因为已经处在了不得已的情况下。

曹操说：

全军整齐如一人的样子。

孙子说：

作为将领，要做到冷静、思虑深远，治军公正而有条理。

曹操说：

说的是清醒冷静、思虑深远、公平公正。

孙子说：

能蒙蔽士兵的耳目，让他们对军事行动计划一无所知。

曹操说：

愚，误导的意思。可以与士兵们一起享受成功，却不能与他们一起谋划军事行动。

孙子说：

临时变更作战部署，改变原定计划，使人无法知道真实用意；变换驻扎地点，故意绕道前进，使人无从推测真实意图；向士兵下达作战命令，如同登上高处又抽走梯子一样，使士兵只能前进；率领军队深入敌国领土，如同从弩机射出的箭一样，只能始终向前。烧毁船只，砸掉锅灶，只能一往无前。指挥士兵如同驱赶羊群一样，赶过来，驱过去，不让他们知道要去哪里。

曹操说：

统一他们的思想。

孙子说：

集结全军，要把他们部署在危险的地方，这是将领的职责。

曹操说：

险，艰难的意思。

孙子说：

各种地形的变化与运用，攻与守的利害关系，士兵在不同环境中的心理变化，将领对这些都不能不去认真研究。

曹操说：

看到利益就向前，看到危险就后退，这是人之常情。

孙子说：

一般来说，在敌国境内作战的原则是：进入敌国境内越深，就越容易专心致志；进入敌境内越浅，精力就越容易分散。离开自己的国家，进入敌国境内作战，称为绝地；四通八达的地域，称为衢地；深入敌国境内很深的地域，称为重地；进入敌国境内不远的地域，称为轻地；背后有险阻，前面关隘的地域，称为围地；无路可走的地域，称为死地。因此，在散地作战时，我要统一全军的意志；在轻地作战时，我要使部队保持紧密联络。

曹操说：

让部队相互联络。

孙子说：

在争地作战时，我要驱使后面的部队迅速跟进。

曹操说：

有利的地形在前面，应当让后边的军队加快进军。

孙子说：

经过交地时，我要谨慎防守；在衢地作战时，我要巩固与列国的结盟；进入重地后，我要保证军队粮食供应不中断。

曹操说：

要保证粮食供应不中断，可以夺取敌人的粮食。

孙子说：

在圮地作战时，我要迅速通过这里的道路。

曹操说：

快速通过。

孙子说：

在围地作战时，我要堵塞它的缺口。

曹操说：

让士兵的思想统一起来。

孙子说：

在死地作战时，我要向士兵展示死战的决心。

曹操说：

激励士兵的意志。

孙子说：

所以，士兵心理变化的规律是：被包围时会全力抵御。

曹操说：

与敌相持时会坚决抵抗。

孙子说：

在不得已的情况下，就会殊死战斗。

曹操说：

形势有不得已的时候。

孙子说：

处在危险的境地，士兵就会服从。

曹操说：

陷入特别危险的境地，士兵就会更加听从指挥。

孙子说：

所以，不了解诸侯的计谋，就不能预先与其结交；不了解山林、险阻、池泽纵横的地形，就不能到这些地方行军；不使用本地的向导，就不能利用地形的优势。

曹操说：

上面已经说过这三件事，又再说一遍，是因为特别讨厌在这些情况下用兵，所以又强调了一次。

孙子说：

上面说的这几件事，有一件不知道，都不能成为称王称霸的军队。

曹操说：

说的是9种地形各自的利与不利。也有人说：这里说的是上面这几件事。

经典战例

战役名称： 乌巢之战

战役时间： 汉献帝建安五年（200）10月

交战对手： 淳于琼

汉献帝建安五年（200），曹操和袁绍在官渡展开决战。官渡之战由一系列大小战斗组成，包括黎阳之战、白马之战、延津之战、汝南之战等，经过这些战斗，双方在官渡地区陷入了长时间对峙，展开了激烈对攻，互有胜负。

时间一长，对曹操更为不利。这是因为，官渡更靠近曹操统治的核心区，压缩了曹操的战略纵深，为曹操的后勤补给制造了更大困难。曹军的粮食眼看供应不上了，这个问题相当严重，一旦不能给士兵开饭，即使思想工作做得再好，部队也没有战斗力，更何况曹军这边士气本来就成问题，士卒叛逃事件时有发生，如果再没有饭吃，一定会不战而败。

前线缺粮，辛苦的不仅是阵前厮杀的部队，负责运粮的人也同样很难，为了保障供应，不分昼夜地从后方紧急运粮上前线。为了给运粮队鼓劲，曹操专门向他们训话："十五日为汝破绍，不复劳汝矣！"曹操说这话的时候心里未必有把握，为了稳定军心，他必须装出胜算在握的样子。这段时间，曹操的压力实在太大了，加上头疼，弄得他常常睡不着觉。现在曹操满脑子装的都是粮食问题，整天愁眉不展，虽然夸下15天破敌的海口，但曹操知道，除非奇迹发生，否则那是不可能的。

面对这种严峻形势，曹操产生了退兵回许县的想法，为此他给后方的荀彧写了封信，征求意见。荀彧很快回信，不赞成曹操的想法，荀彧认为，现在军粮虽然很少，但还没有到楚汉在荥阳、成皋争胜时那样，当时刘邦和项羽都很艰难，但都不肯先退，因为先退的一方气势必然会受到严重打击。荀彧认为，现在我们用很少的人阻挡住了袁军的进攻，扼其咽喉，使其不能前进，已经好几个月了，现在正是关键时刻，形势必将发生变化，一定能等来出奇制胜的机会。曹操认为荀彧说得有理，他又问计于贾诩，贾诩也不主张撤退，认为局势已经到了关键时刻，现在需要的是一次出奇制胜的机会。曹操于是下定决心，暂不撤兵，但缺粮的问题仍然困扰着他，一时找不到解决的办法。

一天晚上，曹操正在帐中洗脚，准备不去想那些烦心事，先睡觉再说，卫士进来禀报，说外面有个自称是他老朋友的人要见他，来人自报名字叫许攸。许攸是曹操的老朋友，已经多年不见，他目前是袁绍的谋士，怎会深夜至此？不过，曹操在惊讶之余马上明白了大概，知道好事来了，听了卫士的禀报，曹操不禁脱口而出："吾事济矣！"曹操来不及擦脚穿鞋，"跣足"跑出来迎接许攸。

双方相见，顾不上寒暄，因为这里不是寒暄的地方，更没有寒暄的时间。既然是老朋友，多余的话也就不说了，谈话直奔主题。许攸开门见山问曹操：

"袁氏军盛，何以待之？今有几粮乎？"曹操回答："尚可支一岁。"许攸不信："无是，更言之！"曹操只好改口说："可支半岁。"许攸有些生气了："足下不欲破袁氏邪，何言之不实也！"曹操这时才说："向言戏之耳。其实可一月，为之奈何？"许攸说出了重点："公孤军独守，外无救援而粮谷已尽，此危急之日也。今袁氏辎重有万余乘，在故市、乌巢，屯军无严备；今以轻兵袭之，不意而至，燔其积聚，不过三日，袁氏自败也。"

曹操一听，大喜过望，他很清楚，许攸提供的情报非常重要。现在没有什么比粮食更珍贵的了，而许攸提供的恰恰是袁绍储存粮食的后勤基地的位置以及防守情况。乌巢位于今河南省延津县境内，故市地名不详，也应该在这附近，这里位于黄河之南、官渡以北，在袁绍军营的背后。也就是说，这两个地方其实并不远，如果能出其不意地偷袭一下，一把火把袁绍的粮食都烧了，短时间内袁军后勤将接续不上，军心必然动摇。

这是一招制胜的绝好机会，曹操立即连夜主持召开军事会议，与诸将以及各位谋士商议此事。出乎曹操的意料，大多数人反对去劫粮，不是消灭袁绍的后勤基地不重要，而是大家不约而同地提出了一个问题：许攸为什么此时来投？是呀，在袁绍那里干得好好的，为什么偏偏这个时候叛逃呢？会不会是袁绍使的反间计？弄清这些问题很重要，如果是袁绍使的一计，那后果就太严重了。

其实，许攸是真心来投的，因为他目前在袁营处境很艰难。不久前，许攸向袁绍建议分兵进攻曹军，具体方案是，以主力的一部在正面吸引曹军主力，然后分另一部主力悄悄绕到曹军背后直接进攻许县，把汉献帝掌握在自己手中，奉迎天子，反过来再讨伐曹操，曹操即使不溃败，也会首尾难顾。许攸的这项建议本来很有价值，但之前袁绍已两次分兵出击曹操后方，都以失败告终，所以袁绍不再考虑类似方案，就没有听从。按理说这也没什么，许攸不应该因此跟领导反目成仇，但恰在此时许攸家里出了点儿事，让他动了叛逃的念头。

袁绍手下文武失和是一个公开的秘密，许攸一向说话口气大、脾气臭，不注意团结同事，平时人际关系一般，他跟审配不仅有矛盾，而且矛盾很深。田丰、沮授失势后，审配成为袁绍身边的头号红人，审配一旦得势，就想找机会收拾许攸。许攸家里的什么人这时候犯了法，审配把他抓了起来，并且扬言要"挖后台"，许攸又气又怕，干脆叛逃到曹营。曹军将领们当然不知道这些，而即便许攸主动讲了这些事，大家仍然会觉得可疑，宁可信其有，不可信其无，万一是陷阱该怎么办？

但是，许攸带来的这个情报太有价值，也太具有诱惑性了。作为弱势的一方，打正规战看来取胜的希望越来越小了，只能出奇制胜，打对手一个冷不防。出击袁军的后勤基地，的确是目前的最佳作战方案。机会来了，关键是能不能抓住；能不能抓住，关键是敢不敢去抓。在不可能详细核实情报真伪的情况下，只有荀攸、贾诩认为许攸的情报可信，应该抓住机会，毕其功于一役，彻底扭转战局。有他们的支持，曹操最终拍了板，决定抓住这个稍纵即逝的机会偷袭乌巢。不是曹操喜欢冒险，而是他对许攸很了解，作为相识20多年的老朋友，曹操知道许攸的秉性，知道许攸虽然智谋过人，但一向唯我独尊，不太合群，跟郭图、审配势不两立的情况也早有耳闻。而且，许攸生性自私自利，做事情处处替自己着想，冒死跑到敌人那里献上一条让人生疑的假情报，这种事许攸是不会干的。

曹操决定亲自带队完成这项任务，众人大吃一惊，都以为听错了。一场大会战，双方的主帅无疑是万众瞩目的焦点，主帅的安危不仅是个人的事，更关系到决战的成败和数万名将士的未来，所以凡有重大战事，主帅的周围必然有重重的护卫，中军、近卫军、贴身卫队，层层设防，为的都是保证主帅的万无一失。而现在，主帅曹操要脱离大营，率军深入敌后，把自己置于危险之中，这不是有没有胆量的问题，而是纯粹的赌博和冒险，所以大家都不赞成。

但曹操意志很坚决，他既然决定了偷袭的计划，就必须保证此行成功，可以派其他将领去，但曹操又不放心。曹操手下最有战斗力的虎豹骑已经完成了在汝南郡的作战任务，目前回到了官渡前线，曹操把大营临时交由曹洪负责，由荀攸协助曹洪，曹操率5000人马连夜就悄悄出发了。这支人马里有张辽、徐晃所部，肯定还会有虎豹骑的一部分，都是曹军精锐。

乌巢的具体位置在袁军大营东北方约40里处，曹军此去必须经过袁军的防地。为顺利通过，曹操让人准备了袁军的旗帜，在马嘴里衔上小木棍，用布缚住马口，以防夜行途中马匹发出声响暴露行踪。曹操命令士兵还抱了很多柴禾，这些都是有专门用途的。路上遇到袁军，但袁军根本没有料到这是敌人，袁军询问是哪部的，曹军士兵回答："袁公恐曹操抄略后军，遣兵以益备。"一路上多次遇到这种情况，居然都顺利通过。

袁军士兵戒备心如此之差吗？那倒未必，一切缘于许攸送来的绝密情报。在许攸提供的情况报中，最有价值的部分除了袁军屯粮的位置之外，应该还有袁军的暗语口令等军事机密，所以曹军才能一路畅行无阻。甚至可以推测，许攸也一路同行，有他这个袁绍的谋士在，行军路线、敌军守备情况、敌将姓名、暗语口令等都不成问题，所以曹军在夜里很快便推进到乌巢附近。

袁军在乌巢的指挥官是淳于琼，他与曹操、袁绍曾经是老同事，当年同为"西园八校尉"之一。袁绍逃出洛阳时，淳于琼跟着来到渤海郡，此后一直追随袁绍，深得袁绍信任。不久前，袁绍解除了沮授的部分兵权，沮授的身份原来类似于"兵团司令"，结果所部分成了3个"军"，分别由沮授、郭图和淳于琼任"军长"。淳于琼这个"军"有1万多人，袁绍交给他的任务是负责屯粮基地乌巢的安全，这批粮食是袁绍刚从后方调运来的，由袁谭亲自送来，有了这批粮食，袁绍料定曹操必败无疑。

现在，曹军出其不意地出现在乌巢袁军营外，曹操下达了攻击命令，将士们奋力拼杀，袁军没有防备，顿时陷入慌乱。曹军攻入袁军大营，带来的柴禾派上了用场，他们四处点火，袁军大营顷刻间变成火海。如果放在平时，曹军未必能得手，但此时是夜里，袁军士兵毫无防备，大部分人还在睡觉，被惊醒后根本摸不清情况，也不知道敌人有多少，只见各处都在起火，到处是喊杀声，哪里还有战斗力？乌巢的袁军为什么如此麻痹大意呢？因为他们远在后方，前面全是友军，根本没有料到曹军大队人马能从天而降。不过，老将淳于琼毕竟很有经验，加上袁军的总人数是曹军的一倍以上，在短暂的慌乱之后迅速组织反击，双方展开了激战，淳于琼同时派人向大本营求救。

在袁绍那边，许攸突然不见了，这本应是一个严重事件，袁绍应该马上警觉起来。袁绍应该想到，许攸负气出走，最有可能去的地方就是曹营，许攸是高级参谋，掌握这边很多军事机密，他如果反水，后果十分严重。但袁绍没有过于在意，直到接到淳于琼的求救，袁绍才意识到问题有些严重。袁绍立即召集儿子袁谭以及审配、郭图、张郃、高览等人商议对策，还没等大家提出什么意见，袁绍先入为主地认为曹操攻击乌巢，他的大本营必然空虚，此时不如置乌巢于不顾，直接进攻官渡正面的曹军大营，让曹操有去无回。所以，袁绍下令张郃和高览率所部立即对曹军大营发起攻击。

但是，张郃却认为这个安排十分不妥，因为曹操敢于进攻乌巢，率领的必然都是精兵，淳于琼肯定会被攻破，如果那样的话就大势已去了，不如先去救淳于琼。张郃的意见遭到郭图的反对，郭图支持袁绍的想法，坚持要张郃先攻击曹军大营。张郃跟郭图当场争辩起来，张郃认为曹军大营很坚固，之前已经打了很久也没有攻破，现在仓促之间能不能拿下，实在没有把握，而淳于琼如果被曹操俘虏，"吾属尽为虏矣"。按理说，袁绍此时真应该慎重考虑一下了，要么重新部署，让张郃等人先救乌巢，要么继续坚持自己的方案，但最好派别人执行这项任务，因为作为主将的张郃思想已经不统一。可是袁绍仍然坚持让张郃发起正面进攻，而只以少部分轻骑驰援乌巢，这一下就坏了。

在乌巢，战斗还在继续。双方打得都很艰苦，曹操亲自督战，张辽、徐晃等人率部拼命厮杀，但始终未能攻破淳于琼的指挥部。正在这时，侦察兵报告说袁绍的援军快到了，左右赶紧向曹操建议，认为敌兵很近了，请分兵以拒，曹操头也不回地说："贼在背后乃白！"曹军将士拼死殊战，终于在敌人援军到来前的一刻将淳于琼的指挥部攻破，俘虏了包括淳于琼在内的袁军1000多人，之后曹操组织人马回击袁绍的援兵，将其打退。

此次乌巢之战，曹军临阵斩杀的袁军将领有眭元进、韩莒子、吕威璜、赵叡等人，这些人可能是淳于"军长"手下的"师长""旅长"级的将领，而淳于琼本人则是被活捉的。曹操为了震慑敌兵，下令把俘虏的鼻子割去，把牛马的唇舌也割了，拿出来展览。这种残忍的办法是一种心理战，目的是让敌人害怕。果然，凡是看到过这一堆"战利品"的袁军士兵无不惊恐万分，"将士皆怛惧"。

在这些被割去鼻子的俘虏里，居然也包括淳于琼，这未必是曹操的命令，可能是乱军之中老将军被抓，大家不认识他，跟其他俘虏一样挨了刀。淳于琼被带到老朋友曹操面前时已血流满面，曹操吃惊地说："何为如是？"淳于琼忍着痛回答道，胜负自有天意，没有什么好说的。曹操念及都是老朋友，有点儿不想杀他，一旁的许攸插话说，明天他若照着镜子看，一定不会忘了这件事。许攸看到老同事遇难，不来搭把手就算了，还在背后补上一刀。曹操想了想许攸说的话，也有道理，还是下令把淳于琼杀了。

乌巢一仗，曹军最终艰难取胜，成为整个官渡之战扭转全局的关键点，袁军的大溃败随后开始了。

兵法解析

《孙子兵法》有"登高抽梯"的作战指导思想：把人推向高处，待其到达高处，已经无法轻易下来，反而把梯子抽去。从表面意思看，这也有些像背水一战和破釜沉舟，都是置于死地、绝地以激发起斗志的办法。不同的是，破釜沉舟往往是当着将士们的面进行，事先告知大家，而"抽梯"的动作往往是隐秘的，偷偷进行的，故而有人认为这其实是一种"愚兵"之计，故意隐瞒真实意图，在士兵们毫不知情的情况，操纵他们的行为，以达到自己的目的，因而是不可取的。

可是，在一些特殊的情况下，比如身陷绝地时，对大多数官兵来说此时并不需要了解太多，只要按照命令执行就可以了，战斗进行到激烈交锋的关键时刻，号令是否清楚、命令是否统一、执行是否果断到位比广泛征求每一个人的想法和意见更重要。绝地是《孙子兵法》总结的各种地形之一，指的是深入敌人后方作战，这时行动要更果断，不能拖泥带水，也不能犹豫不决。战役决心一下，遇到再大的困难也得想办法克服，稍一徘徊不前，等在前面的可能就是灭顶之灾。

曹操偷袭乌巢这一仗，就是深入敌后进行作战，处于绝地之中。这样的战斗，不来则已，来则不能回头，只有向前取得成功，没有退路。这是一场硬仗，虽然偷袭成功，但对手的战斗力也很强，打成了硬对硬的攻坚战。危急关头，有人向曹操报告说敌人的援军来了，其实这个时候敌人的援军来与不来都不影响我方的决策了，不来得打下去，来了也得打下去，所以曹操连头都没有回。但是，曹操告诉手下敌人到了再报告，这是一种策略，目的是稳定军心。

《孙子兵法》说"九地之变，屈伸之利，人情之理，不可不察"，强调了"人情之理"，这是带兵将领必须深察的。人的意志和毅力固然重要，但支配人行动的还有本能，求生就是人固有的本能，在危险面前退缩也是人的本能之一，即曹操所说"人情见利而进，遭害而退"。兵法的运用，不在于超越人的本能，而是承认这些本能并加以引导或利用，要让自己尽量处于主动的地位，远离危险，在不得不深入死地、绝地、重地等危险环境时，头脑要更加清醒，不能慌，不能乱，知道该做什么，也知道如何疏导和控制士兵们的情绪，只有这样才能化险为夷。

赏罚将士的标准要透明

孙子曰：

夫霸王之兵，伐大国，则其众不得聚；威加于敌，则其交不得合。是故不争天下之交，不养天下之权，信己之私，威加于敌，则其城可拔，其国可隳。

曹操曰：

交者，不结成天下诸侯之权也，绝天下之交，夺天下之权，故威得伸而自私。

孙子曰：

施无法之赏，悬无政之令，犯三军之众，若使一人。

曹操曰：

犯，用也。言明赏罚，虽用众，若使一人也。

孙子曰：

犯之以事，勿告以言；犯之以利，勿告以害。

曹操曰：

勿使知害。

孙子曰：

投之亡地然后存，陷之死地然后生。

302

曹操曰：

必殊死战，在亡地无败者。孙膑曰："兵恐不投之死地也。"

孙子曰：

夫众陷于害，然后能为胜败。故为兵之事，在于顺详敌之意。

曹操曰：

佯，愚也。或曰：彼欲进，设伏而退；彼欲去，开而击之。

孙子曰：

并敌一向，千里杀将。

曹操曰：

并兵向敌，虽千里能擒其将也。

孙子曰：

此谓巧能成事者也。

曹操曰：

是成事巧者也。

孙子曰：

是故政举之日，夷关折符，无通其使。

曹操曰：

谋定，则闭关以绝其符信，勿通其使。

孙子曰：

厉于廊庙之上，以诛其事。

曹操曰：

诛，治也。

孙子曰：

敌人开阖，必亟入之。

曹操曰：

敌有间隙，当急入之也。

孙子曰：

先其所爱。

曹操曰：

据利便也。

孙子曰：

微与之期。

曹操曰：

后人发，先人至。

孙子曰：

践墨随敌，以决战事。

曹操曰：

行践规矩无常也。

孙子曰：

是故始如处女，敌人开户；后如脱兔，敌不及拒。

曹操曰：

处女示弱，脱兔往疾也。

孙子说:

真正强大的军队,进攻大国,能使敌国来不及发动民众、集结军队;向敌人施以兵威,能使其盟国不能与之配合。因此,没有必要去争着同天下诸侯结交,也没有必要在各诸侯国里培植自己的势力,只要施展自己的战略意图,把兵威施加在敌人身上,那么敌人的城池可被我攻取,敌人的国家可被我摧毁。

曹操说:

这里的"交",指的是不让天下的诸侯结成联盟,断绝敌国与天下诸侯的交往,夺取天下的权力,这样自己的威力就可以伸张,自己的利益就可以实现。

孙子说:

施行破格的奖赏,颁布打破常规的命令,指挥全军将士如同在指挥一个人那样。

曹操说:

犯,使用的意思。说的是明确赏罚规定,即使指挥的是众多将士,也如同在指挥一个人那样。

孙子说:

向部下布置作战任务,不要告诉他们真实的意图;只告诉部下有利的地方,不要告诉他们不利的因素。

曹操说:

不要让部下知道不利的因素。

孙子说:

把军队投放在危亡之地,才能转危为安;让军队陷入绝望之地,才能起死复生。

曹操说：

士兵一定会拼死战斗，在死亡之地不会被战败。孙膑说："用兵担心的是没把军队投放在死亡之地。"

孙子说：

把士兵置于危险之地，之后才能反败为胜。所以，用兵的关键在于摸清敌人的意图。

曹操说：

佯，欺骗的意思。有人说：敌人想前进，就设好埋伏，将其打退；敌人想逃走，就让开道路，然后趁机攻击它。

孙子说：

集中兵力在一个方向上，千里奔袭也可以斩杀敌军将领。

曹操说：

集中兵力迎敌，即使是千里奔袭，也能擒获敌军将领。

孙子说：

这就是所说的，机智能成就大事。

曹操说：

说的是巧妙的成功方法。

孙子说：

因此，决定战略方针的时候，要闭锁关口，废除通行符令，停止与敌国使者往来。

曹操说：

作战计划制订后，就要封闭关口，废除通信的符信，不要再有使者往来。

孙子说：

在朝堂上勉励部下，反复谋划作战计划。

曹操说：

诛，治理的意思。

孙子说：

敌人出现可乘之机，一定及时出击。

曹操说：

敌军防守出现破绽和漏洞，应当立即向那里进军。

孙子说：

抢先占领敌人必须救援的要地。

曹操说：

占据有利的地形。

孙子说：

不要轻易与敌人约定交战时间。

曹操说：

出发比敌军晚，但比敌军先到达。

孙子说：

执行作战计划要随敌情变化而变化，用这个原则处理作战事宜。

曹操说：

执行计划的方法没有固定不变的。

孙子说：

因此，战斗开始前要静如少女，诱使敌人门户大开；开战后要动如脱兔，让敌人来不及抵抗。

曹操说:

少女展示的是柔弱,脱兔表示行动迅速。

战役名称: 濮阳外围战

战役时间: 汉献帝兴平元年(194)

交战对手: 吕布

汉献帝兴平元年(194),曹操与吕布围绕濮阳展开了争夺,吕布设计诱骗曹操入城,在城中设下埋伏,曹操上当,差点儿战死在城中。曹操虽然逃过一劫,但战斗中左手受了伤。曹操忍着左手的疼痛,指挥人马将营垒从濮阳城外后撤,双方陷入相持。

在濮阳西面四五十里的地方有一处要塞,陈宫向吕布建议可分一支人马出城守住此地,与濮阳形成掎角之势,令曹军再攻城时不得不分兵以防。同时,濮阳城内人马太多,时间一长,粮草供应终成问题,分一部分人马出城,可以减轻粮草供应的压力。吕布认为有道理,就从濮阳城中分出了一支军队进驻这处要塞,寻机偷袭曹操大营,让曹操不能专心进攻濮阳。

曹操想专心进攻出城的这支敌军,又觉得该处战略价值不高,不攻,他们又连连制造麻烦,令曹操头疼不已。最后,曹操终于忍无可忍,亲率大军前来进攻。吕布看到濮阳城外的一部分曹军向西运动,于是率一支人马杀出城,双方在这处要塞周边展开了野战。吕布手下人马数量不占优势,但战斗力很强,其中有一支四五百人的骑兵,号称陷阵营,经过刻苦训练,能打能冲,最拿手的就是以少胜多,不管对手多少人,冲杀起来在战场上如入无人之境。

战斗中,吕布亲自带队冲锋,他"身自缚战",令手下士气大振,从早上打到晚上,双方你来我往冲杀了"数十合",曹军人多的优势发挥不出来,情急之中，曹操想出了"募陷阵"的办法，也就是在战场上临时召募"敢死队"来破吕布的骑兵。曹操手下的猛将典韦那时还是中下级军官，听到曹操召募勇士，典韦自告奋勇应征。典韦挑了几十个人，穿上两重铠甲，个个配备了长矛和撩戟。

这时，吕布手下的骑兵又冲了过来，一边冲，一边在马背上放箭，弓弩乱发，矢至如雨，典韦命人蹲伏下身子，看都不看两边的箭。典韦对旁边的人说，敌人距离10步时再报告，不一会儿，手下人报告说只有10步了，典韦大喊说5步再报告，手下人大惧，高喊敌人到了！典韦听到呼喊，应声而起，他背着十几支戟，一边呼喊，一边刺向敌人的骑兵，顿时有几个人被刺倒。被典韦的气概所激励，曹军士气得以恢复，不像以前那样望风而逃了。战至天黑，仍然难分胜负，曹军虽然没有取胜，但也算不上失败，打了一个平手。

典韦因此战而成名，事后被曹操提拔为都尉，相当于一名"旅长"，典韦于是正式成为曹军的高级将领。曹操对典韦十分信任，他拨给典韦亲兵数百人，每次布阵时都安排他们防护在指挥所周围，担任自己的警卫部队。

兵法解析

从带兵的角度看，给予破格提拔或奖赏，在关键时刻往往能发挥意想不到的作用。战国时，商鞅在秦国变法，当时战争频繁，人心惶惶，为树立威信以推进改革，商鞅下令在都城南门外立一根3丈长的木头，当众许诺说，谁能把这根木头搬到北门，就赏给谁10金，围观的人不相信如此轻而易举的事能得到这么高的赏赐，结果没人肯于一试，于是商鞅将赏金提高到50金，终于有人出来将木头扛到了北门，商鞅立即赏给他50金。商鞅通过这一举动在百姓中树立起威信，接下来的变法很快在秦国推广开了。

《军谶》是汉朝流行的一本兵书，书中有一句话："香饵之下，必有死鱼；重赏之下，必有勇夫。"这大概就是"重赏之下，必有勇夫"这句俗语的由来。这里的"赏"，可以是金钱、财富，但对于军人来说，更看重的是军职升迁，于是战场上的"重赏"就成为"越级提拔""破格提拔""火线提拔"的代名词。

在职务晋升中存在按部就班和论资排辈的痼疾，一定程度上压抑了真正的人才的成长和进步。但是，职务晋升不按一定规矩和程序来又容易失控。传统官僚体系之所以被人诟病却又稳固千百年不倒，就在于它在选人、用人方面有一套完整的程序和章法，凡进入这个圈子里的人都知道并遵守它的游戏规则，从而保证了大部分时候这项工作都处在基本有序的状态。越级提拔、破格使用就是要打破这种规则，这往往发生在重要关头和危急时刻，或者上级领导有特别用意时，被提拔和重用的人一般都会受到极大激励，身处更主动的岗位，更容易把个人潜能完全释放。越级提拔、破格使用是人力资源的解放，是对传统用人体系中不合理地方的修正和补充。

但是，这种"重赏"要注意两点。其中的一点是，它只能作为特例，而不能作为常态，对于看准的人，在把握好时机的前提下可以偶尔破格使用，但大量日常性的人员晋升还要靠制度体系来完成。同时，越级提拔后下属们之间的关系会发生微妙的变化，下级变为上级，上级变为下级，势必产生一些摩擦和不适，除了被提拔的人应当谦虚谨慎、戒骄戒躁外，有时还需要上级领导出面来协调关系，树立被提拔者的威信，扫除他们工作中的障碍。

另一点要注意的地方，就是尽管是越级和破格，但程序和标准也必须公开，不能"因人设事"，不能在没有功劳的情况下随意提拔，而要根据其表现和功劳来决定。《孙子兵法》说："施无法之赏，悬无政之令，犯三军之众，若使一人。"曹操根据自己的带兵实践，认为其重点在于"明赏罚"，也就是赏罚要透明，事先明确标准，谁能达到就重赏谁。这样做，被重赏的人足以服众，没有得到重赏的人也口服心服，既达到了激励的目的，又不会产生内部不平衡。这样带兵，才可以做到"虽用众，若使一人也"。

第十二章

火攻篇

用水和火辅助进攻

孙子曰：

凡火攻有五：一曰火人，二曰火积，三曰火辎，四曰火库，五曰火队。行火必有因，烟火必素具。

曹操曰：

以火攻，当择时日也。因奸人。烟火，烧具也。

孙子曰：

发火有时，起火有日。时者，天之燥也；日者，月在箕、壁、翼、轸也。凡此四宿者，风起之日也。

曹操曰：

燥者，旱也。

孙子曰：

凡火攻，必因五火之变而应之。火发于内，则早应之于外。

曹操曰：

以兵应之也。

孙子曰：

火发兵静者，待而勿攻；极其火力，可从而从之，不可从则止。

曹操曰：

见可而进，知难而退。

孙子曰：

火可发于外，无待于内，以时发之。火发上风，无攻下风。

曹操曰：

不便也。

孙子曰：

昼风久，夜风止。

曹操曰：

数当然也。

孙子曰：

凡军必知五火之变，以数守之。故以火佐攻者明，以水佐攻者强。水可以绝，不可以夺。

曹操曰：

火佐者，取胜明也。水佐者，但可以绝敌道，分敌军，不可以夺敌蓄积。

<hr>

● 原文翻译 ●

孙子说：

通常来说，火攻的办法有五种：一是用火烧敌军的人马，二是用火烧敌军的物资储备，三是用火烧敌军的装备，四是用火烧敌军的仓库，五是用火烧敌军的运粮通道。使用火攻必须具备一定条件，放火的器具平时就应当准备好。

曹操说：

用火攻击，应当选择适合的日子和天时。发动火攻，还要依赖有人打入敌军做内应。烟火，指的是放火的器具。

孙子说：

发起火攻要看天时，放火要选择好日子。天时，指天气干燥的时候。日子，指的是月亮行至箕、壁、翼、轸这 4 个星宿位置的那天。凡是月亮行于这 4 个星宿位置的时候，就是起风的日子。

曹操说：

燥，指的是干旱。

孙子说：

凡是用火攻击，必须根据上面这五种情况引起的变化而灵活用兵。从敌人军营内部放火，应提前在外边部署军队。

曹操说：

派出兵力接应。

孙子说：

火放起来后，敌人那边仍然保持安静，要等待，不要发起攻击，等到火势旺盛的时候再根据情况决定是否攻击，可以进攻就攻击，不可以进攻就停止。

曹操说：

看到能进攻就进攻，感到进攻很困难就撤退。

孙子说：

从敌人军营外边放火，不用等待内部接应，只要时机成熟就发起进攻，从上风放火时，不要从下风发起进攻。

曹操说：

对自己不利。

孙子说：

白天风一直刮，夜晚风就容易停。

曹操说：

自然规律是这样的。

孙子说：

凡是指挥军队，必须掌握以上五种火攻的形式，结合自然规律遵守这些原则。所以，懂得用火辅助进攻的将领是高明的，懂得用水辅助进攻的将领是强大的。用水攻，只能阻隔敌人，不能像火攻一样毁灭敌人的物资装备。

曹操说：

用火辅助进攻，取得的胜利是高明的。用水辅助进攻，只可以断绝自己的通道，分割敌军，不能夺取敌人的物资储备。

经典战例

战役名称： 长社之战

战役时间： 汉灵帝光和七年（184）

交战对手： 波才

汉灵帝光和七年（184）初，爆发了黄巾起义。3月，朝廷组成讨伐兵团，去各地镇压起义军。汉灵帝下令调整了朝廷的军事领导机构，升河南尹何进为大将军，坐镇洛阳，指挥全国武装力量，总指挥部设在洛阳城内的都亭。讨伐兵团下面有3支人马，一支由新任命的北中郎将卢植统帅，负责讨伐冀州的张角，另外两支分别由刚任命的左中郎将皇甫嵩、右中郎将朱儶统帅，讨伐豫州刺史部颍川郡的黄巾军。

三路大军出发后，坐镇京师的最高军事统帅大将军何进也没有闲着，他开始组织召募战略预备队，并很快编成了一支骑兵部队。这支被赋予厚望的战略预备队共有5000人，其指挥官是骑都尉，任命的是已在朝廷担任了6年议郎的曹操。对曹操而言，这是一个重要的人生转折，但也有些出人意料，毕竟曹操之前并没有在军中任职的经历，一名"参军"被任命为"旅长"级的高级军官，还是有些让人惊讶的。一个可能的原因是曹操喜欢军事，并且有了点儿名声，曹操不好读死书，好读杂书，尤其是法家、兵家的著作，近几年曹操酷爱《孙子兵法》，而且学有所得，经常与朋友讨论这些问题，皇甫嵩担任北地郡太守前的职务恰巧是议郎，卢植也担任过议郎，如果曹操与他们刚好在一块儿共过事，他们应该比较熟悉，对于这个个子虽然不高，却干练果敢的青年，皇甫嵩或者卢植没准儿有过深刻的印象。

还有一个可能的原因是张奂、张温等人的影响。张奂、张温可以算作上一辈的军事统帅，曹操的祖父曹腾曾是宦官领袖，《后汉书》说他提拔过张奂和张温，张奂、张温二人在军界威望很高，并且仍然活跃于军界，虽然因为边境战事脱不开身，没有出现在清剿黄巾军的序列里，但在军事方面无疑保持着重要的发言权，如果曹操事先得到消息并求助于他们，他们的建议应该在灵帝的决策中发挥作用。

当然还有一个原因，是当时根本找不到合适的人。这个原因看起来荒谬，但也确实存在，东汉的教育体系虽然发达，但培养的都是文人，武将基本上靠自学成才，或者像张奂、卢植那样弃文从武，由于教育结构的失衡，造成军事人才的匮乏，到了需要的时候，还真找不到合适的人。而且打仗不是好玩的事，现在面对的是来势凶猛的黄巾军，带兵打仗，冲锋陷阵，马革裹尸，好多人还没有做好思想准备。骑都尉看着很威风，但任职条件极苛刻，危险系数极大，前途不被看好，世族大家即使有子弟符合条件，也会劝他们不要出这个风头。如袁家的袁术，担任过多年的虎贲中郎将，他一贯喜欢出风头，但这回也没敢吱声，毕竟干天子卫队和上战场厮杀是两码事。这个时候，如果曹操主动请缨应该机会也很大。以曹操的个性，在朝廷里做议郎，然后一步步往上爬，做个九卿，最终混进三公行列，这样的职业生涯规划不是不可行，但却不是曹操心中所想，曹操欣赏许劭给自己的评论："乱世之英雄，治世之能臣。"以往认为，曹操只一心想当英雄，对当能臣不太感兴趣。其实不然，曹操不是从来不想当能臣，而是他明白当不了。因为当能臣需要条件，这个条件是"治世"。而现在的情况刚好相反，天下已经大乱，乱世里没有能臣，乱世里只有英雄。曹操想做一个英雄，和曹操同时代的许多人也都有同样的想法。不管怎么样，曹操脱下文官的制服，换上一身戎装，"曹秘书"成了"曹旅长"，他要带领临时组建起来的这支 5000 人的队伍，开往前线。他们的目的地是颍川郡，到达目的地后，听从左中郎将皇甫嵩的指挥。

行军路上，曹操不断接到皇甫嵩的催促命令，要他们加快行军，看来前面的情况有些不太妙。豫州刺史部的黄巾军虽然不是由张角亲自指挥，但战斗力相当强，他们有一个特别能打的头领，名叫波才。由于是所谓的"造反分子"，所以史书对波才没有太多记载，推测起来他应该是张角安排在各地的负责人之一，属于一方的渠帅。波才很有军事头脑，面对朝廷的两路大军，他丝毫没有畏惧，更没有撤走的意思，在颍川郡就地展开了反击战。

先开打的是朱儁所部，一出手竟然被波才杀得大败，幸亏皇甫嵩及时接应，朱儁所部才没有被歼灭。皇甫嵩看到战场形势是敌人太多，朝廷的人马有限，他觉得不能硬拼。颍川郡在洛阳的东南方向，范围包括今河南省许昌市、平顶山市等地，最近的地方距离洛阳只有几十里远，越过郡内西北部的嵩山就是洛阳八关之一的轩辕关，如果突破此关，洛阳就无险可守了。汉帝已经下过死命令，无论如何不能放黄巾军进入洛阳八关。所以，朝廷把两路大军都派到了这个方向，对皇甫嵩和朱儁来说，这一仗根本输不起。

皇甫嵩想找个地方把人马集中起来，跟波才打消耗战。曹操率领的骑兵就是这个时候赶到的，大将军何进在洛阳还在不断地征调人马，随着时间的推移，战场形势会逐渐向朝廷有利的方向发展。皇甫嵩决定把人马退往长社，在那里坚守待援。长社是颍川郡的一个县，在今河南长葛以东。春秋时，这里是郑国的长葛邑，相传其社庙里的树木疯长，故取名长社。朝廷军队的企图波才也看出来了，所以马上集中人马向长社围了过来。黄巾军至少好几万人，而城里的守军加上曹操带来的人马才勉强有一万人。

说起来朝廷军队远不止这么点儿，皇甫嵩和朱儁带过来的人马占讨伐兵团的一大半，"合四万余人"，长社城里似乎不会只有几千人。但是城里的人马确实那么多，因为人再多也进不来。作为一个普通的县级城池，长社的规模很小。北京西南郊有个宛平城，过去就是一个县城，去过的人很容易理解古时代的县城其实装不了那么多的人，通常这样的城池只有 4 个门，站在其中任何一个门楼上都能看到其他各个门楼，平时城墙之内的常住人口最多也就几千人。

长社城下，波才指挥大批黄巾军展开了猛攻，长社危急。皇甫嵩、朱儁一面指挥守城，一面思考如何摆脱困境。曹操看到城外黄巾军的营寨附近都长满树木和草，心里顿时有了主意，建议皇甫嵩使用火攻。这时大约是农历五月，中原地区已经很热了，黄巾军依托树木和草地筑营，大概是因为那里凉快，住得相对舒服一些吧。波才可能属于自学成才的军事首领，并不精通兵法，不了解《孙子兵法》说的"好高而恶下，贵阳而贱阴"的道理，所以把自己的人马驻扎在了有树有草的低洼地带。

皇甫嵩认为曹操的计策很好，就把大家召集起来说，用兵有正、有奇，主要看兵法的变化，而不在人多人少，现在敌人依草结营，正适合用火攻。如果趁夜纵火，敌人必大乱，我们同时四门出击，必然建立田单之功！田单是战国时齐国大臣，400 年前率兵抵抗燕军，在劣势情况下布下火牛阵，一通大火大败燕军，收复 70 余城。

当天夜里，起了大风。这真是上天帮忙，火攻计划更有把握了。皇甫嵩命令军士扎好火把登上城墙，派一些作战勇猛的士兵冲出城去，一边纵火，一边大喊大叫，城上的人都举着火把呼应。黄巾军白天不停地在攻城，晚上都累了，本想好好睡一觉明天接着干活，突然被惊醒，睁眼一看，到处是火。树也着了，草也烧了，火借风势，很快把黄巾军的营寨吞噬。还突然冲出来大批朝廷的人马，全都大呼大喊，令人恐惧。

黄巾军大乱，损失惨重。皇甫嵩、朱儁、曹操指挥人马继续扩大战果，波才弃军而走，黄巾军被"斩首数万级"。这个数字如果取自朝廷的档案，那显然有些夸张了，一战斩首数万，在当时绝对是一场大会战的规模，波才手下有数万人，但如果说他们全部被斩首了，那不符合战场的规律。但至少也有数千或上万人，对朝廷来说，那也是相当不简单了，作为朝廷军队与黄巾军交手以来的首次大战，取得这样的大捷，又在京城洛阳附近，意义自不用多说。汉灵帝下诏封皇甫将军为槐里侯，拜为左将军，同时兼任冀州牧。不久后，又下诏升朱儁为右将军，升骑都尉曹操为济南国相。

战役名称：下邳之战
战役时间：汉献帝建安三年（198）底
交战对手：吕布

汉献帝建安三年（198），吕布再次反叛朝廷，他与袁术结盟，又派高顺、张辽攻打小沛的刘备。这是在与曹操公然叫板，曹操不能不管，于是亲率大军攻打吕布，经过一番激战，最终将吕布围困在下邳城内。下邳城是当时徐州刺史部的治所，吕布的大本营，其具体位置在今江苏省睢宁县古邳镇一带，春秋时宋襄公便在此修造城邑，是一个军事重镇，城池高大坚固。

吕布手下原本是一支能征惯战的队伍，但此时被困在下邳城内，擅长的战法施展不出来，粮草一天天快速消耗着，外面没有援兵的消息，个个人心惶惶。但是，尽管城里士气低迷吕布却坚持不投降，准备死战到底，依托坚固的城防，曹军攻了3个多月，竟然没有破城。下邳城久攻不下曹操很头痛，因为大军长期滞留在徐州一带，南阳郡的张绣、荆州的刘表、冀州的袁绍、关中的韩遂和马腾这些人此刻都在盯着徐州的战局，会不会趁乱打劫很难说。如果出现那样的情况，自己仓促回军，岂不是当年兖州之叛的重演？

曹操人在徐州，心里一直惦记着后方的许县，这时传来情报，说吕布的老朋友张杨在东市起兵，打出了支援吕布的旗号，这加重了曹操的担忧。曹操想撤军，但郭嘉、荀攸都劝他坚持。郭嘉和荀攸相当于曹操的正副参谋长，他们都不主张退兵，坚定了曹操打下去的意志。但是，不退兵又如何实现突破呢？荀攸、郭嘉给曹操出了个大水灌城的主意，《三国志》对此记载得很简略，只说："乃引沂、泗灌城，城溃，生擒布。"

如今下邳城所在的江苏省睢宁县一带没有太大的水系，但在汉末，附近的泗水是黄河故道的一部分，这里水系很发达。水不缺，也可以用来灌城，可如何实施呢？现在要修建一个引水工程，花费巨资不说，往往还得旷日持久，因为这类工程的土方量一般都非常巨大，时间短了根本不行。而且，城里的人还得让你来灌才行，如果他们不同意，你在城下搞"水利工程"，人家在城头弓箭和滚木礌石不停地招呼，你也干不成啊。但曹军似乎很快就完成了灌城的任务，结果下邳城内很快成为一片汪洋，守军叫苦不迭。

曹军是怎么做到的呢？这与下邳城特殊的城池结构有关。那时，下邳城外河道纵横，下邳城的一段城墙就沿着城外的一条河流所修筑，这段天然的河道也成为下邳城护城河的一部分。这样做一来省工，二来天然河流水量更丰富，水面也更宽阔，但也有不利的地方，那就是容易受水攻，同时也更容易引发洪水。据考古发掘，汉末的下邳城已埋在如今五米以下的泥土里，其消失的主要原因就是发生在清康熙七年（1668）的一场大洪水。现在，曹军只要在紧邻下邳城的这条河流的下游修起一座大坝，把河水堵住，就会形成一个堰塞湖，水量到达一定程度，就能轻松把水引到城里去。那时的城墙很少有砖石结构的，大多是夯土墙，用水一泡，自然就"城溃"了。

看到这种情况，吕布手下的部分将领实在不想再打了，于是来了个"战场起义"，将吕布抓起来投降曹操。曹操最后在白门楼将吕布缢杀，白门楼是下邳城南门的城门楼，曹操入城后把临时指挥部设在这里，之所以如此，就是因为城里已经是一片泽国，唯有这里还比较高。

战役名称：邺县之战

战役时间：汉献帝建安九年（204）

交战对手：袁尚、审配

汉献帝建安九年（204）2月，袁尚让审配、苏由守邺县，自己率大军攻打平原国的袁谭。袁谭是袁尚的哥哥，袁绍死后，二人为继承权问题相争不下，曹操"乐观其成"，表面支持袁谭，其实是坐山观虎斗。

袁尚走后，留守邺县的苏由打起了战场起义的主意，他悄悄跟曹军联络，准备杀了审配献出邺县，结果情报泄露，审配发觉，双方战于城中。此时袁尚的主力在洹水附近，距邺县并不太远，只有50余里，苏由不敌，闯出邺县投奔曹军。曹操得到苏由为内应的情报后，立即率军向邺县杀来，但晚了一步，苏由已经败逃出邺县。但是，既然已经来了，曹操索性改变了战略部署，把邺县围了起来。

汉献帝建安九年（204）2月，邺县攻防战正式展开。对曹军来说这又是一次艰难的攻城作战，曹军堆土山、挖地道，把什么攻城的办法都用上了，就是迟迟攻不下来。如果能把邺县拿下，整个黄河以北的大局可定，所以这次曹操下了决心，围则必打，打则必胜。但邺县在袁绍手里经营了多年，城防坚固，曹军一时无法得手。曹操看到这种情况，于是决定从肃清外围之敌入手，打起了持久战。并州刺史部是袁军目前最重要的后勤供应来源，其后援基地主要集中在上党郡一带。由上党郡到邺县必须经过太行山区的毛城，袁尚的部下武安县长尹楷驻扎在此。

汉献帝建安九年（204）4月，曹操留曹洪主持进攻邺县的事务，自己亲自率军攻打毛城的尹楷，将其击破而还。此后，曹操又率军击破了袁尚驻守在邯郸的部将沮鹄，攻占了邯郸。袁尚任命的易阳县令韩范、涉县县长梁岐见势举县投降。徐晃向曹操提出建议，认为二袁未破，他们手卜其他诸城都在观望，应该重赏这两个县给大家看。曹操认为有道理，于是将韩范、梁岐这两个县长直接赐爵为关内侯。这一招果然奏效，引起了"多米诺骨牌效应"，不仅有多位袁尚任命的地方官员投降，而且还招来一位重量级人物，即黑山军首领张燕。

张燕一直是袁绍的劲敌，多年以来也是袁氏集团挥之不去的魔魇。在袁绍与公孙瓒的对抗中张燕坚定地支持公孙瓒，公孙瓒失败后张燕被袁绍打散，后来趁着袁绍忙于官渡之战的机会，张燕慢慢恢复了元气，又卷土重来。张燕看到曹军势大，于是主动联络要求投降曹操。在此前的战史中，张燕跟曹操虽然在大多数情况下是战略上的敌人，他们彼此分属于不同阵营，但他们之间却很少有直接交手的记录。张燕的投奔进一步鼓舞了曹军的士气，加速了袁氏集团的灭亡。

但是，直到这一年的5月邺县仍然未能攻下。曹操于是改变了打法，祭出了"秘密武器"。这一天，站在邺县城墙上的审配看到曹军的工兵们围着城墙开始挖战壕，整个战壕连接起来长达40里，但是又浅又窄，"示若可越"，也就是一使劲儿都能跨过去。审配看到后微微一笑，心想这样的东西是没有任何实际作用的，他也不派人出击搞破坏，曹军有劲儿没处使就让他们挖吧。

岂料，入夜之后曹操下令全体将士都投入挖战壕的工作中，大家排着队，前面的人挖累了后面的人赶紧替换，人歇活儿不歇。经过高强度的工兵作业，一夜之间这条40里长的战壕全部扩充到2丈深、2丈宽。这一回审配不笑了，他大为吃惊，但一时间闹不清曹操搞出这种超级工事做什么用。审配的好奇心马上就有了答案，这些战壕里神奇般地灌满了水，这些水借着设计好的地势一路前奔，直扑城内。原来，曹军挖的不是战壕，而是人工运河，把附近漳河里的水引来灌城。

河北省临漳县的三台遗址据说并不是铜雀台，而是它附近的金凤台，真正的铜雀台已被改道的漳河给冲毁了。金凤台遗址在一个镇子边上，镇子的另一侧就是漳河，所以漳河就在当年的邺县跟前，虽然方便了生活和生产，但也暴露出一个隐患，那就是邺县很容易被水攻。城里本来都快撑不住了，现在又泡在了水中，更是雪上加霜。好在是夏天，要是换成冬天，不知道情况会怎样。即便如此，城里的人也饿死了一半以上，抵抗的斗志和能力都明显减弱。

转眼到了秋天，对城内的袁军越来越不利，在冀州北部一带活动的袁尚也拼了，率领一万多人马前来救援。听说袁尚大军朝邺县方向开来，曹军大部分将领认为不如放过他们，避开锋芒，然后再寻找机会歼灭。这样的想法是有依据的，《孙子兵法》说"归师勿遏"，意思是说正在撤退回来的敌人不要去拦阻，因为这些人回家心切，个个都会死战。曹操对《孙子兵法》更熟悉，他认为那倒也未必，这要看袁尚从哪里来，曹操说袁尚"若循西山来者，此成禽耳"，也就是说，如果袁尚的队伍是从北面的大道而来，应当避开他；如果是从西面的山道而来，则料定可以擒获他了。

曹操说得挺有把握，根本不像说着玩，弄得大家一头雾水。曹操派出多路候者在这两个方向随时打探情况，后来接到报告，说敌人走的是西边的山道，大部队已经到了邯郸一带。曹操大喜，对众将说咱们已经得到冀州了！大伙不知道曹操卖的是什么关子，都问为什么，曹操说"方见不久也"，也就是马上就见分晓了。其实，曹操不会算卦，他依据的是心理战的原理。袁尚如果是从北面的大道而来，说明他们没有给自己留退路，来了就会决一死战。袁尚之所以专程绕到西面再向这里进攻，说明他想的是打得赢就打，打不赢就退到太行山里打游击，有了这种心理，曹操料定袁尚必败。

袁尚的主力进到了邺县以西70里的阳平亭，在滏水边扎营。夜里，袁尚派人向邺县城里举火报信，城里也举火回应，审配率兵从城里杀出，想跟袁尚会合。曹操早有准备，在两个方向都派出阻击部队，城里和城外两路敌兵均被击败，审配退回城里，袁尚被曹军顺势围在了漳河边。袁尚实在没有信心打下去了，向曹操请求投降。现在才想起来投降，可见袁尚没有他哥哥袁谭机灵，但此时曹操已经不需要他投降了，曹操只想尽快消灭他们。袁尚无奈，趁夜突围，还不错，逃了出去，到达附近的太行山中，袁尚的部将马延、张顗等人临阵投降，袁尚在太行山里也待不下去了，只好逃往北面的中山国。

曹军缴获了大量辎重，还缴获了袁尚的印绶、节钺、衣物等，曹操命人拿着这些东西到邺县外面搞展览，故意让城里的人看，城内守军看到，信心和斗志完全瓦解。但即使到了这种程度，邺县仍未被攻克，看来审配这个人不光会耍嘴皮子，也有两下子。审配下令坚守死战，并不断给大家打气，说敌人也疲惫不堪了，二公子袁熙就要来救我们了！但是有人撑不住了，守城的部将冯礼打算叛变，他打开城门放曹军进城，曹军一下子涌进来300多人，但被审配及时发觉，在城上指挥人扔下大石块堵门，门被堵住，冲进城里的300多名曹军士兵全部被杀。还有一次，曹操在城外巡视，让审配看见了，命令弓箭手悄悄埋伏，找到机会突然放箭，差点儿射中曹操。不过，审配再死撑也挽救不了邺县内无粮草、外无救兵的绝境，更重要的是，经过一番"大小灌城"，邺县城里已是一片狼藉，很多房屋倒塌了，没有条件整修，没吃没喝再加上没有地方住，眼看天气又一天天转凉，城里一片惨象。对于袁军的这种处境，城里有些将领看得很清楚，他们不想跟审配一块儿送死，这其中就包括审配的侄子、东城门守将审荣。

8月的一天夜里，审荣打开邺县东门迎接曹军入城，审配虽然组织人在城里继续巷战，但已无力回天，邺县很快被曹军占领，审配成了俘虏。至此，打了6个月之久的邺县攻防战以曹军最后的胜利而告终，曹操终于能骑着马走进这个他做梦都想占有的当时北方最重要的城市了。

◆ 兵法解析 ◆

火攻和水攻是冷兵器时代重要的作战手段，提到汉末三国时代的火攻，人们容易想到的是赤壁之战和夷陵之战，这两把燃烧在长江上的大火塑造了汉末三国时代的政治版图。

在赤壁之战中，曹操被孙刘联军的火攻打败，不是曹操不知道火攻的威力，而是曹操对敌人的诈降失去了警惕。在那一役中，单纯的火攻恐怕很难奏效，与诈降结合起来，这才让火攻得以实现。曹操赤壁之败，败在警惕性太差。

曹操对火攻的作用有深刻认识，认为"火佐者，取胜明也"。曹操对火攻也有一定研究，提出"以火攻，当择时日也。因奸人也"，这里提到了发动火攻的两大条件：一要选择合适的天时，在有利于放火的时候发动火攻；二要派人打入敌人内部，火要烧起来，必须有内应配合。曹操的这些认识无疑是正确的，如果对照赤壁之战中曹军被火攻击的情况，更能看出曹操对火攻是有研究的，这是不是曹操在失败中总结的教训呢？倒也未必，曹操为《孙子兵法》作注，大体上完成于官渡之战前，也就是说，曹操对火攻的这些认识，在赤壁之战前就已经有了。

那么，同样在赤壁这样的战场，同样的季节里，敌人能想到火攻，曹操为什么没有想到用火去攻击敌人呢？这是因为敌我双方兵力及部署情况不同，曹操是集群作战，大部队由江陵出发，行动时集结在一起，对其发动火攻能造成最大损失，孙刘联军就不一样了，他们由孙权、刘备、刘琦手下多支军队组成，驻防分散，向其发起火攻，可能也会造成其一定损失，但对整个战场而言效果却有限，所以曹操没有考虑过这个办法。

相对于火攻，曹操在作战实践中运用更多的是水攻，水灌下邳、水泄郏县等都取得了成功，这两仗虽然不如关羽后来的"水淹七军"有名，但也十分经典。俗话说"水火无情"，水攻与火攻具有同样的威力，《孙子兵法》说"以火佐攻者明，以水佐攻者强"。但发动水攻也有需要注意的事项，《孙子兵法》说水攻可以断绝敌人的来往或退路，但不能夺取物资，也就是说可以杀伤、消耗敌人，而不能使自己一方的资源和实力得到增长。曹操也说"水佐者，但可以绝敌道，分敌军，不可以夺敌蓄积"，如果敌方的物资积蓄对自己非常重要，那就不能采取水攻了。

不因自己的喜怒动用武力

孙子曰：

夫战胜攻取，而不修其功者凶，命曰"费留"。

曹操曰：

若水之留，不复还也。或曰：赏不以时，但费留也，赏善不踰日也。

孙子曰：

故曰：明主虑之，良将修之，非利不动，非得不用，非危不战。

曹操曰：

不得已而用兵。

孙子曰：

主不可以怒而兴师，将不可以愠而致战。合于利而动，不合于利而止。怒可以复喜，愠可以复悦，亡国不可以复存，死者不可以复生。故明君慎之，良将警之，此安国全军之道也。

曹操曰：

不得以己之喜怒用兵也。

原文翻译

孙子说:

战胜了敌军,攻占了敌人的城邑,却不奖赏有功的将士,这是很危险的,这种情况叫作"费留"。

曹操说:

就像水被停住了一样,不能流回去了。还有人说:奖赏如果不及时,就会白白耗费兵力和财力,使军队长久停留在外边,所以奖赏有功必须及时。

孙子说:

所以说:英明的君主应该慎重地考虑这个问题,贤良的将领应该慎重对待这个问题,不能得到利益就不要动用兵力,没有取胜的把握就不要用兵,不是迫不得已就不要发起战事。

曹操说:

迫不得已时才动用武力。

孙子说:

君主不能因为发怒就兴兵,将领不能因为气愤就开战。符合国家的利益再行动,不符合国家的利益就停止。发怒可以再转化为高兴,愤怒可以再转化为喜悦,但国家灭亡了就无法继续存在,百姓死了就无法再生还。因此,英明的君主要慎重对待战争,贤良的将领要警惕战争。这是使国家安定、使军队保全的原则呀!

曹操说:

不因自己的喜怒而动用武力。

战役名称： 南阳之战

战役时间： 汉献帝建安二年（197）至四年（199）

交战对手： 张绣

汉献帝建安四年（199），袁绍决定组成南下兵团，向黄河一带开进，准备与曹操展开决战。为了打赢这一仗，袁绍做了很多战争准备，其中最重要的就是连续派出多路使者拉拢同盟军，建立起一个"统一战线"，给曹操搞出一个包围圈。

袁绍拉拢的人主要是南阳郡的张绣、荆州的刘表和江东的孙策。派往南阳郡的使者最先到达，见到了张绣，陈述了袁绍的主张。袁绍深知贾诩在张绣面前的分量，所以专门给贾诩写了信，派使者暗中去做贾诩的工作。

张绣也看到了袁曹大战一触即发的形势，在他看来，也许想都不用想应该站在袁绍这一边，不仅因为袁绍的势头更猛，而且因为他与曹操是敌人。从汉献帝建安二年（197）起，曹操先后两次南征南阳，都被自己打败，这在曹操的军事生涯中是不多见的，曹操对自己当然没有好感。尤其是，在第一次南阳之战中，曹操败得很惨，长子曹昂、侄子曹安民、心腹爱将典韦一同战死，张绣认为曹操已视自己为不共戴天的仇人。

所以，袁绍的使者说明来意，张绣当场就准备答应与袁绍结盟，但就在这时，贾诩说话了。贾诩当着张绣的面对袁绍的使者说，请回去转告袁绍，兄弟尚不能相容，又怎么能容天下人呢？张绣闻言大吃一惊，以为听错了，张绣对贾诩说，先生这话是怎么说的呀！但是，张绣一向听贾诩的，知道凡是听了贾先生的话准没错，不听准吃亏，所以这一次仍然按贾诩的意见办了。打发走袁绍的使者，张绣心中的疑问仍没有消失，问贾诩，既然这样了，下一步该怎么办？贾诩的回答让张绣十分吃惊：投降曹操！

张绣以为自己又听错了，再问贾诩，袁绍强大，曹操弱小，这是明摆着的事，我们又与曹操互为敌人，怎么能归顺于他呢？贾诩说出了3条理由：曹操奉天子以令天下，这是第一条理由；袁绍强大，我们弱小，在这种情况下归顺他，必然不会重视我们，曹操弱小，得到我们必须欣喜，这是第二条理由；有霸王之志的人，肯定会把个人恩怨放在一边，而让普天之下都知道他的宽容，这是第三条理由。

　　听完贾诩的分析，张绣认为有道理，于是决定投降曹操。这是一个非常大胆的决定，曹操只有如贾诩分析的那样，是一个胸怀远大志向、把个人恩怨抛于脑后的人，他们做出这项决定才不会后悔。张绣投降袁绍，基本上不用担什么风险，而投降曹操，则面临着生死考验。所幸，一向料事如神的贾诩在这个重大问题上依旧保持了他的一贯正确，曹操在官渡前线听说张绣投降自己，惊讶之余，顿时感到欣喜万分。

　　为了表达诚意，张绣亲自携贾诩到前线面见曹操。曹操拉着张绣的手不放。站在曹操面前的这个人，曾经差点儿要了自己的命，而且欠自己一个儿子、一个侄子和一员爱将的命，是一个做梦都想诛灭的敌人，现在就站在面前，只要愿意，可以轻而易举地完成复仇。但是，现在曹操已经不那么想了，所有的仇恨顷刻间瓦解，因为他真的很高兴。

　　曹操设宴款待张绣和贾诩，任命张绣为扬武将军，封列侯，将张绣带来的人马就地编入官渡前线兵团。为了打消张绣的顾虑，曹操主动提出两家结为儿女亲家，让自己的儿子曹均娶张绣的女儿为妻。曹均是曹操的夫人周姬所生，后来过继给曹操之弟曹彬，曹丕当皇帝后封这个弟弟为樊安公。

　　对于贾诩，曹操更喜欢。虽然这是一个可怕的对手，让自己连吃了多次苦头，但今天终于得到了他，曹操有如获至宝的感觉。曹操也拉着贾诩的手说，是先生让我在天下人面前增添了信誉呀！曹操以汉献帝的名义封贾诩为都亭侯，给他安排的职务很高，委任为执金吾，这是部长级高官，负责皇宫以外的京城安全保卫工作。但这只是个虚职，曹操没有让贾诩在许县给汉献帝服务，而是委任贾诩一个很高的荣誉性职务，目的是先把他从张绣身边挖过来，曹操的想法是把贾诩留在自己身边。

兵法解析

如果以黄巾起义爆发为起点、以晋王消灭孙吴政权为终点来断代"汉末三国"，其间共有96年，这一阶段无疑是中国古代史上战争频度最高的时期，据网上流传很广的一份《三国战争年表》统计，规模较大、可以称为"战役"的就有70个左右，实际发生的战役以及局部战斗恐怕是这个数字的几倍、十几倍。汉末三国时期，年年都在打仗，战火燃烧到几乎所有的角落，北至乌桓、鲜卑等少数民族控制区，东至辽东半岛、胶东半岛以及朝鲜半岛，南至交州以及越南境内，西到广大的凉州、雍州，到处都有战争。

战争是统治者意志的表现，各军事集团有解决不了的矛盾冲突，最后只能通过战争来解决。人类文明史与战争史是相伴而生的，试图消灭战争是美好的愿望，但迄今为止这个愿望仍未能实现。所谓的和平盛世，只是战争的频度和广度有所限制，短暂的和平时期只是在为下一场战争积蓄能量。

战争是人类的灾难，但它也造就了一批精于战争的人，他们被称为军事家。在军事家眼里战争是一门艺术，根据现代战争学的定义，这门艺术至少包括4个方面：战略学、战术学、勤务学和战争工程学。战争学兼跨科学、美学、哲学等范畴，是一门综合性学科。瑞士著名军事理论家约米尼19世纪所著的《战争艺术概论》一书是探讨战争艺术的经典之作，关于战争书中有许多精辟的观点，比如：战争远非是一门精确的科学，而是一出令人恐怖、充满激情的戏剧，是一种艺术；战略是进行战争的艺术，而大战术和战术则是进行交战和战斗的艺术；进攻优于防御，进攻是一种最积极的战斗类型，而防御则是为在适当时机转入进攻所采取的临时行动；为了打败敌人，必须采取坚决的战略，坚决把主力投放到决定点上，力求对敌侧翼采取迂回的同时，则应从正面进行闪电突击。

战争虽以争胜负为焦点，但它也有自己的规则、手段和方式，作为艺术的战争学与作为杀戮的战斗有性质上的区别，如果仅以杀戮为目的，其行为必然为当世所不容、为后世所诟病。无论是战场还是商场，"胜者为王"的说法在一定程度上没错，但胜利者不能忘乎所以，想干什么就干什么，胜利者要得到对手的尊重、社会的认可和历史的承认，胜利的结果固然重要，但取胜的手段也很重要，取胜后的所作所为同样重要。

恃强凌弱不是胜利者的权利，虐待对手的行为更会被人所不齿。表面强大的内心，因为不自信才会施怒于对手，这其实是弱者的心态。真正的强者，应该在对手身上找寻自己的不足，虽胜不骄，保持谦逊和清醒，只有这样才能不断延续胜利的势头，去接近战无不胜的最高境界。

《孙子兵法》一再强调发起战争是谨慎再谨慎的事，指出"主不可以怒而兴师，将不可以愠而致战"，曹操则强调"不以己之喜怒用兵"，诸葛亮在《便宜十六策》中也说："喜怒之政，谓喜不应喜无喜之事，怒不应怒无怒之物，喜怒之间，必明其类。"对于将领来说，喜怒之情不是小事，一喜一怒之间，必须明辨是非。诸葛亮还说"怒不犯无罪之人，喜不从可戮之士"，发怒的时候也不要触犯无罪的人，高兴时也不可以顺从可杀的人，欣喜与发怒之际，都是容易做出错误决策的时候，所以不可不加以详察。

总之，喜怒是人之常情，但喜怒又常常左右人的判断和决策，很多失误和失算都是在非理性情况下进行的。对战争而言，对将领而言，克服情感上的波动、保持清醒和理性就更加重要了。

第十三章

用间篇

同时使用各种间谍手段

孙子曰：

凡兴师十万，出征千里，百姓之费，公家之奉，日费千金。内外骚动，怠于道路，不得操事者，七十万家。相守数年，以争一日之胜，而爱爵禄百金，不知敌之情者，不仁之至也，非人之将也，非主之佐也，非胜之主也。

曹操曰：

战者，必用间谍，以知敌的情实也。古者，八家为邻，一家从军，七家奉之。言十万之师举，不事耕稼者七十万家。

孙子曰：

故明君贤将，所以动而胜人，成功出于众者，先知也。先知者，不可取于鬼神，不可象于事。

曹操曰：

不可以祷祀而求，亦不可以事类求也。

孙子曰：

不可验于度。

曹操曰：

不可以事数度也。

孙子曰：

必取于人，知敌之情者也。

曹操曰：

因人也。

孙子曰：

故用间有五：有因间，有内间，有反间，有死间，有生间。五间俱起，莫知其道，是谓神纪，人君之宝也。因间者，因其乡人而用之。内间者，因其官人而用之。反间者，因其敌间而用之。死间者，为诳事于外，令吾间知之，而传于敌间也。生间者，反报也。

曹操曰：

同时任用五间也。

● 原文翻译 ●

孙子说：

一般来说，出兵 10 万，远征千里之外，百姓的耗费，国家的开支，每天都要花费千金。国家内外承受动荡，抽调出来负责后勤运输的民夫奔波在路途而疲惫不堪，不能安心从事生产的人，全国有 70 万户。双方相持几年，目的是争夺最后的胜利，如果最后吝惜爵位、金钱，而导致对敌人情况一无所知，那就是缺乏仁慈，不能算作称职的将领，不能算作君主的辅佐，不能算作胜利的主宰者。

曹操说：

作战必然先使用间谍，来探知敌人的情况。过去，8 户人家相邻而居，其中 1 户有人从军，另外 7 户人家要奉养这家人，所以这里说 10 万军队出兵，不能从事耕作的有 70 万户人家。

孙子说：

因此，英明的君主、贤能的将领之所以出兵就能战胜敌人，能成就功名超过众人，是因为作战之前就知道了敌人的情况。能在作战前知道敌人的情况，不能从鬼神那里得到，也无法从已经发生的事情中推断。

曹操说：

不能用祈祷鬼神的办法获得，也不能用对事情进行类比的办法获得。

孙子说：

不能靠夜观天象来预卜。

曹操说：

不能凭借一些事物的征兆就去预测吉凶。

孙子说：

只能从了解敌人情报的那些人获得。

曹操说：

只能利用间谍。

孙子说：

运用间谍的方法有五种：因间、内间、反间、死间、生间。五种间谍同时使用，使敌人无法分析出我们用间谍的规律，这就是使用间谍已经达到了出神入化的境界，是君主制胜的法宝。所谓因间，是指利用敌国百姓中的普通人做间谍；所谓内间，是指利用敌国的官员做间谍；所谓反间，是指利用敌国派来的间谍而为我效力；所谓死间，是指制造散布虚假情报，通过我方间谍将假情报传给敌国的间谍，诱使敌人上当；所谓生间，是指能活着回来报告敌情的间谍。

曹操说：

同时使用以上五种间谍。

经典战例

战役名称：徐州之战

战役时间：汉献帝建安三年（198）

交战对手：吕布

说到汉末三国的"间谍战"，很多人首先想到的是"蒋干盗书"，这个故事很精彩，上演了一出"谍中谍"大戏。不过，关于这件事史书记载与小说故事之间有很大不同。

赤壁之战后，孙权把最精锐的主力交给周瑜指挥，让周瑜主持荆州事务。在此期间，曹操确实产生过拉拢周瑜归降的想法，也派蒋干到江陵来见周瑜，做策反工作。根据史书记载，蒋干是九江郡人，跟周瑜是老乡，可能过去也有过交往。蒋干"有仪容，以才辩见称"，在江淮一带无人能比，这也是曹操派他来的原因。

蒋干到了周瑜那里，周瑜已知他的来意，这一点与小说描写的倒是一样，但接下来就不同了。根据史书记载，蒋干到来后，没等老朋友开口，周瑜先说："子翼良苦，远涉江湖为曹氏作说客邪？"蒋干先被将了一军，只得说："吾与足下州里，中间别隔，遥闻芳烈，故来叙阔，并观雅规，而云说客，无乃逆诈乎？"就这样，周瑜先把蒋干的嘴堵上了。之后，二人一块儿吃饭，饭后周瑜邀请蒋干参观军营，还让侍者拿出服饰珍玩来向蒋干展示，周瑜还发表了一番他对人生的感悟："丈夫处世，遇知己之主，外托君臣之义，内结骨肉之恩，言行计从，祸福共之，假使苏张更生，郦叟复出，犹抚其背而折其辞，岂足下幼生所能移乎？"听完周瑜这一番明志的话，蒋干笑而不答，也没有说任何劝降的话。蒋干回去后向曹操报告了情况，说周瑜"雅量高致，非言辞所间也"。

上面就是历史上曹操派蒋干劝降周瑜的过程，没有"盗书"的情节。在历史上，曹操倒是有过其他发起"间谍战"的例子，最成功的当数派陈登在吕布身边当"卧底"，最终将吕布一举消灭。

吕布在徐州反客为主，把原来的徐州刺史刘备赶到一边，自己当上徐州牧。陈登不仅是徐州本地人，而且是徐州的实力派人物。陈登的身世很不简单，他的爷爷叫陈球，当过将作大匠、廷尉、司空和太尉等，年轻时就是一个有个性的人，据《后汉书》记载，陈球早年担任过繁阳县令，郡太守向他索贿，陈球不给，郡太守逼郡里的督邮找了个借口要收拾陈球，督邮不肯，说我们全郡15个县，只有繁阳县政绩最好，要免了陈球的官，恐招致天下人非议。后来陈球升任零陵郡太守，在镇压黄巾军的过程中立了功，调到朝廷担任将作大匠，相当于"建设部部长"，他主持修建了汉桓帝刘志的陵园，工程决算下来较预算少花上亿钱。陈球后来位至三公，他在处理外戚窦氏的问题上与宦官发生冲突，62岁时被宦官迫害致死。陈登的父亲陈珪从小在洛阳长大，跟袁术等贵公子过往甚密，后来担任下邳国相。陈珪的儿子陈登字元龙，据《先贤行状》记载，他"忠亮高爽，沈深有大略"，年轻时就有"扶世济民之志"。陶谦当徐州牧时，任命25岁的陈登担任东阳县长，后来又任命他为典农校尉，"巡土田之宜，尽凿溉之利，粳稻丰积"，这被认为是汉末更早一些屯田活动，比曹操在许下屯田还早几年。

陶谦死后，刘备一度接掌了徐州，陈珪、陈登父子支持刘备，刘备对陈登评价颇高。《三国志》有一段记载，说的是刘备后来去荆州后与刘表等人谈论徐州人物，刘备对陈登有过专门评价，认为陈登是"善士"，说"元龙名重天下"，还说"若元龙文武胆志，当求之于古耳，造次难得比也"。然而，吕布很快从刘备手里夺取了徐州，陈珪、陈登父子又转到吕布手下，开始他们也打算支持吕布，但很快发现吕布为人很差，在外面的名声也不好，他们认为吕布没有前途，既比不上刘备，比陶谦也差得远，所以"阴合众以图吕布"。

更重要的是，吕布与袁术走得很近，这让陈珪、陈登父子很忧心。如前所述，陈珪跟袁术年轻时关系挺好，但陈珪出身于世家大族，正统观念很强，对于袁术的谋逆行为相当警惕，当袁术公开称帝后，曾写信给陈珪想让他到寿春担任自己的"三公"，以借重他的名声为伪朝廷撑门面，遭到了陈珪断然拒绝。

在此前后，吕布和曹操有过一小段很融洽的时期，双方多次互派使者，陈珪想结交曹操，就鼓动吕布派陈登前往。

陈登到许县见到了曹操，秘密对曹操说吕布"勇而无计，轻于去就，宜早图之"，这正合曹操的心思，曹操以汉献帝的名义拜陈登为广陵郡太守，临别时曹操还抓着陈登的手说："东方之事，便以相付。"就这样，陈登就成了曹操安排在吕布身边的卧底。陈登此行还肩负着另一个任务，吕布要他为自己谋求徐州牧的正式任命，毕竟自己现在对外声称的这个徐州牧还没有得到朝廷的认可，不知道陈登把这件差事忘了还是曹操不打算给吕布，陈登没有给吕布带回徐州牧的任命诏书和印绶，吕布很生气，用戟把几案都砍了，吕布说你们父子俩劝我跟曹操结好，跟袁术断了交，现在我一无所得，而你们父子升了官，我被你们出卖了！你们还有什么可说的？

放在一般人，这时就傻眼了，但陈登这人很有两下子，他不急不慌，等吕布发作完才慢慢地说，我见到曹公，我对曹公说对待将军就好像养虎，应当用肉来喂饱，不饱就会吃人，曹公说不对，应该是像养鹰，饿着他，他才能为我所用，吃饱了他就会飞走。陈登灵机一动现场创作的这番话，居然让吕布心里生出了满足感，也打消了顾忌。

汉献帝建安三年（198），曹操发起徐州之战，决心彻底消灭吕布。《先贤行状》记载，曹操进攻到下邳时，陈登果然履行了当初与曹操的秘密约定，率本部人马战场起义，掉过头来进攻吕布。这时陈登的几个弟弟都在下邳城里，吕布把他们抓起来当人质，想与陈登谈判，但陈登不答应，"进围日急"。吕布被杀后，陈登因为有功被曹操拜为伏波将军，率本部仍然驻扎在徐州一带。陈登很有才干，《先贤行状》说他"甚得江、淮间欢心"，而陈登也有"吞灭江南之志"。这一阶段曹操忙于官渡之战，战后又将战略重点放在河北袁氏兄弟身上，在东南方只能采取守势，而江东的孙策势力发展得很快，常有向北扩张的野心。幸亏有陈登在江淮一带驻守，在基本上没有得到曹军主力支援的情况下，与孙策在徐州、扬州一带周旋，还时不时有些小胜。

遗憾的是，陈登这个曹操的"高级间谍"死得较早。陈登之死记录在《三国志》方伎列传里，当时陈登只有39岁，被曹操任命为广陵郡太守，他突然感到胸中烦懑，脸色发红，不想吃饭，就请名医华佗前来诊治。华佗是曹操沛国谯县的老乡，陈登的父亲陈珪当沛国国相时曾举华佗为孝廉，因此两家有交情。华佗给陈登把完脉说你胃中有数升虫子，这是吃了腥物所致。华佗给他开了两升汤药，让他先服一升，过一会儿全部服下。不久，陈登吐出了3升虫子，都长着红色的头，还会蠕动，陈登的病也就好了。华佗对陈登说这个病以后还会发作，如果遇到有好医生就能得救。后来陈登的病果然复发，但华佗不在身边，陈登就这样死了。

兵法解析

在战争中，面对错综复杂、扑朔迷离的局面，敌我双方都极力想侦探到对方的虚实，从而避免盲目行动，承担这项任务需要一些特殊的人，也就是军事间谍。《孙子兵法》提出"无所不用间"，在古往今来的军事斗争中，间谍战的确无所不在，大到在敌人要害部门和重要岗位上"潜伏""卧底"，以期在关键时刻发挥致命一击的作用，小到侦察敌情、刺探情报、传递信息，间谍的身影活跃在各个角落。

谍报工作靠的是人，不靠"神"，所以《孙子兵法》说"必取于人，知敌之情者也"。通常认为，古代的间谍机构始于战国时期，但个体的间谍出现得更早，公认的中国古代"间谍第一人"是夏代前期出现的女艾，《左传》记载，夏朝的第五代君王少康还未出生时，父亲姒相便被叛军逼迫自杀了，母亲不顾王后的尊严从狗洞里爬出，逃回娘家有仍氏部落，生下少康。少康立志为父报仇，夺回天下。岁月流转，少康逐渐有了自己的军队，不少部落也归顺于他，但少康清楚，凭借手中的力量想报仇难度很大，于是他想到使用间谍，他把想法对忠心耿耿的仆人女艾说了，女艾欣然领命。女艾来到叛军首领的大儿子浇那里，取得了浇的信任，从此源源不断地把浇的情报传递给少康，并与少康制订了灭浇的计划，最后一举消灭了浇。少康夺回王位，恢复了夏朝，实现了"少康中兴"，"女艾谍浇"也成为中国古代间谍史上的标志性事件。

在《周礼》《六韬》等早期的古籍中，已有关于运用间谍和设置有关机构的记载。关于间谍的职能，《太公六韬》提出："游士八人，主伺奸候变，开阖人情，观敌之意，以为间谍。"在古代，间谍的称呼五花八门，《周礼》称之为"邦汋"，意为斟酌和盗取机密；《尔雅》称为"伣"，类似于反间；《左传》称为"谍"，《说文解字》解释为"佯为敌国之人，入其军中，伺候间隙，以反报期主人"。除此之外，《礼记》称间谍为"觇"，《史记》称为"中诇"。到了汉末三国，各个军事阵营已普遍设有"斥候"，又称"斥堠"，"斥"指的是远近，"堠"是古代道路的"计程器"，是一种立于道路右侧用于计算里程的绿色小方碑，一般每五里立一"堠"。先秦时期"斥堠"专门负责巡查各处险阻和防护设施，候捕盗贼，秦汉以后军中称派出刺探情报的侦察兵为"斥堠"，唐宋以后多称"探马"。

古代军队中的分工没有那么细致，所以"斥候"做的也不只是侦察敌情那么简单，他们不仅对战场地形地貌和地理环境进行侦察，还要探明哪里有可饮用水源、哪里有可行的道路等，由于任务艰巨，又多在敌后作战，所以对这些人要求很高，他们的格斗术和对武器的掌握能力都强于一般人，还善于隐藏，必要的时候则要打入敌人内部，成为一名间谍。

巧妙利用反间的作用

孙子曰：

故三军之事，莫亲于间，赏莫厚于间，事莫密于间，非圣智不能用间，非仁义不能使间，非微妙不能得间之实。微哉！微哉！无所不用间也。间事未发而先闻者，间与所告者皆死。凡军之所欲击，城之所欲攻，人之所欲杀，必先知其守将、左右、谒者、门者、舍人之姓名，令吾间必索知之。必索敌人之间来间我者，因而利之，导而舍之，故反间可得而用也。

曹操曰：

舍，居止也。

孙子曰：

因是而知之，故乡间、内间可得而使也。因是而知之，故死间为诳事，可使告敌。因是而知之，故生间可使如期。五间之事，主必知之，知之必在于反间，故反间不可不厚也。昔殷之兴也，伊挚在夏。

曹操曰：

伊挚，伊尹也。

孙子曰：

周之兴也，吕牙在殷。故惟明君贤将，能以上智为间者，必成大功。此兵之要，三军之所恃而动也。

曹操曰：

吕牙，太公也。

● 原文翻译 ●

孙子说：

因此，对于统领三军的将领来说，没有比与间谍的关系更密切的了，没有比奖赏间谍更优厚的了，军中的事务没有比使用间谍更机密的了，不是英明睿智的人就无法使用间谍，不是仁义的人就无法指使间谍，不是谋虑精细的人就无法分析判断间谍提供情报的真实性。微妙呀，微妙！无时无处不在使用间谍。间谍的工作没有进行就泄露给了别人，间谍和被告诉的人都要被处死。凡是要攻打敌军，要攻占敌国的城邑，要刺杀敌国的人，都必须先了解敌国的守将、左右亲信、负责传达报告的官员、守门的官吏以及门客等人的相关情报，命令我方的间谍把这些情况侦察清楚。对于敌人派来的刺探我方情报的间谍，必须把他们找出来，用利益收买他们，诱导他们，交给他们一定的任务，再放他们回去，这样就可以使他们成为反间，为我所用了。

曹操说：

舍，指的是住下来。

孙子说：

通过从反间那里了解的情报，可诱使敌人的乡间、内间为我所用；通过从反间那里了解到的情报，可使死间传播假情报给敌人；通过从反间那里了解到的情报，可以让生间按时返回。这五种间谍的使用原则，君主必须全面掌握，掌握的关键是利用反间，所以对反间不能不给予优厚的待遇。过去，殷朝兴起，是因为重用了了解夏朝情况的伊挚。

曹操说：

伊挚，就是伊尹。

孙子说：

周朝兴起，是因为重用了了解殷朝情况的吕牙。所以，只有英明的君主、贤良的将领，才能选用最有智谋的人做间谍，这样做必然能成就伟大的功绩。这是用兵的关键，全军正是靠着间谍提供的情报来采取行动的。

曹操说：

吕牙，就是姜太公。

● 经典战例 ●

战役名称：潼关之战
战役时间：汉献帝建安十六年（211）9月
交战对手：马超、韩遂

汉献帝建安十六年（211）9月，曹操率大军在潼关附近与马超、韩遂等人组成的"关中联军"作战，曹操巧妙地渡过黄河、渭河，来到渭河以南，先后避开了潼关、黄河、渭河三道天险，在战略上变被动为主动。

马超多次前来挑战，曹操不理，为的是挫一下马超的锐气。果然，马超看到战胜曹操的希望渺茫，于是求和。马超提出"求送任子"以表忠心，但已经晚了，曹操已经完成了对"关中联军"的攻击部署，大军压境，"关中联军"人心惶惶，此时要么拼死一战，要么无条件投降，任凭曹操发落，马超已经没有谈判的条件了。

不过，贾诩不主张强攻，他向曹操建议，不如假装答应马超的求和，曹操问贾诩，答应下来以后又怎么办呢？贾诩只说了4个字："离之而已。"对那些聪明人，话不需要多说，曹操一听立刻就明白了，所谓"离之"，就是离间他们，贾诩和曹操都看到了马超、韩遂之间的不和，决定就从这里做文章。

于是曹操同意见面详谈，"关中联军"一方只有马超和韩遂，曹军一方由曹操率许褚前往，约好都不带随从。马超认为这是个机会，他是有名的虎将，"负其力，阴欲前突太祖"，但马超准备动手时突然发现曹操背后有一个大汉，正直勾勾地盯着他看，目光逼人，充满杀气。马超不禁吃了一惊，他早就听说曹操身边有个叫许褚的人，力大无比，勇猛异常，马超"疑从骑是褚"。马超于是问曹操，听说您手下有个虎侯，不知道现在何处？曹操回头一指许褚，说这就是我的虎侯。马超想了想，没有轻举妄动。许褚勇冠三军，比已经战死的典韦有过之而无不及，军中给许褚起了个外号叫作"虎痴"，许褚被封为关内侯，因此又有"虎侯"的美誉。

在这次见面后，双方又进行了一次阵前交谈，不知何故，这次只有韩遂前往，没有马超。马超的父亲马腾是伐木工出身，而韩遂的出身要高得多，韩遂的父亲跟曹操是同一年举的孝廉，有点儿类似后世同一年中进士而被称为"同年之谊"，当时全国一年被推举的孝廉最多也不过几十个人，所以这份缘分也不算浅。韩遂本人曾是朝廷正式任命的征西将军，曹操"与遂父同岁孝廉，又与遂同时侪辈"，因为这个原因，双方会谈的气氛相当融洽。

曹操跟韩遂越走越近，两匹马不知不觉走到了一块儿，两人"交马语移时"，他们的谈话没有切入正题，而是叙了些旧事家常，说得高兴处还拍手欢笑。为保证曹操的安全，曹军士兵在俩人谈话的区域之外放置了很多障碍物——"木行马"，这样其他人只能在很远的地方看到他们，而听不到他们具体说些什么，但能看出来他们谈得很投机。那时，天下没人不知道曹操的大名，包括从凉州来的少数民族士兵也是一样，但见过曹操的人却很少，大家都想近距离看看曹操长什么样。看到这种情形，曹操高声对"关中联军"将士开玩笑道："汝欲观曹公邪？亦犹人也，非有四目两口，但多智耳！"现场大乐，不像是来准备厮杀的，倒像是明星来开演唱会。

韩遂不知道这正是曹操的计谋，而这个计谋的发明人还是他自己。16年前，大体上也是在关中地区，韩遂用阵前拉家常这一招让董卓旧部李傕和樊稠翻脸，从而导致樊稠被杀，当前的那一幕，有个人一直在阵前观看，这个人就是贾诩，他向曹操提出反间计的时候，脑子里肯定闪过的是这一幕。现在，曹操好比是16年前的韩遂，马超和韩遂则好比是当年的李傕和樊稠，招数不在于是否新鲜，实用就行，以贾诩的机敏，临时克隆这一招反过来给韩遂用上，那是轻而易举的事，而韩遂还被蒙在鼓里。

果然，马超中计了。韩遂一回来，马超就追问他跟曹操在阵前谈了些什么，韩遂想了半天，实在想不出来谈过什么正经事，于是老实回答说没谈什么，这让马超更起了疑心。曹操又不失时机地加了一把火，给韩遂写了一封信，故意在信上涂涂改改，让人看了，像是韩遂改的，曹操又故意让这封信落入马超手中，马超看了，疑上加疑。

通过这几招，曹操把"关中联军"内部搞得互不信任，草木皆兵，从而没有信心再来决战了。曹操感觉火候差不多了，于是下达了总攻击令。总攻开始前，曹军先以小股部队进行袭扰，反复冲击，使敌人疲于应对。之后，曹操派主力突然纵兵杀出，将敌人打败。"关中联军"的将领成宜、李堪等人被斩于阵前，韩遂、马超率残部逃到凉州，杨秋逃到安定，程银、侯选逃到汉中，后来曹操征张鲁，汉中攻破后程银、侯选投降。至此，关中宣告平定。

兵法解析

反间是《孙子兵法》中使用间谍的一种形式，是巧妙利用敌人为我充当间谍的用间手段，不仅能让敌人上当，而且上当以后还被蒙在鼓里。如果历史上真有"蒋干盗书"，那就是对反间最生动的注解。

使用反间通常有两个目的：一是扰乱敌人视听，敌人派间谍来刺探我方情报，识破却不说破，佯装不知，故意把一些虚假情报传递出去，诱使敌人上当；二是分化离间敌人，故意在敌人面前挑拨是非，引起敌人内部的纠纷，制造隔阂，破坏团结，使之反目成仇。在潼关之战的最后阶段，曹操通过一系列"表演"，不知不觉地把韩遂"发展"成了自己的"间谍"，在韩遂本人还不知情的情况下，巧妙地挑拨离间，让"关中联军"内部不和。

在各种间谍中，使用反间难度更大，要实现成功，必须做到以下四点：一是信息要严密封锁，不能把自己的真实意图透露出去，一旦被敌人识破，不仅计策不成，而且会被敌人利用；二是间谍要可靠，无论是自己派出的间谍，还是从敌人内部发展的间谍，都必须十分可靠，不仅意志要坚定，而且要有在关键环节发挥作用的能力；三是要掌握敌人的心理，要了解敌人的真实意图，了解敌方决策者的性格，占据谋略上的主导权；四是要多方印证，针对敌人的怀疑和犹豫，要从多个角度、多个渠道向敌人传递同一个错误信息，让敌人从不同的侧面获取情报，让这些故意传递出去的信息互相去印证，从而坚定敌人的错误判断。

间谍活动各有任务目标，不同的任务目标需要派出不同的间谍去完成，《孙子兵法》把间谍分成五种：负责收买敌国当地百姓的乡间；负责收买敌国官员的内间；负责在敌国内部刺探情报的反间；负责在敌国制造虚假信息的死间；负责及时传递情报的生间。如果这五种间谍手段一起运用，效果便是：敌国从官方到民间到处充满了我方的"带路党"；敌国内部没有任何秘密；敌国从官方到民间都传播着一个又一个我方制造的谣言；敌国完全按照我方部署行事。在这种情形下，不仅能战胜对手，而且花费的代价也是最小的。

附

录

《孙子兵法》序

曹操

操闻上古有弧矢之利,《论语》曰"足兵",《尚书》八政曰"师",《易》曰"师贞丈人吉",《诗》曰"王赫斯怒,爰整其旅",黄帝、汤、武咸用干戚以济世也。《司马法》曰:"人故杀人,杀之可也。"恃武者灭,恃文者亡,夫差、偃王是也。圣人之用兵,戢而时动,不得已而用之。吾观兵书战策多矣,孙武所著深矣。

孙子者,齐人也,名武,为吴王阖闾作《兵法》一十三篇,试之妇人,卒以为将,西破强楚入郢,北威齐、晋。后百岁余有孙膑,是武之后也。

审计重举,明画深图,不可相诬。而但世人未之深亮训说,况文烦富,行于世者,失其旨要,故撰为略解焉。

译文

我听说,远古的时候就利用弓箭,《论语》上说过治理国家需要"充足的兵力",《尚书》所说的8种政事中有一种叫作"军事",《易经》说"出兵正义就会使主帅吉利",《诗经》说"周王赫然大怒,于是整顿他的军队出战",黄帝、商汤王、周武王都使用过武力拯救社会。《司马法》说:"谁故意杀害别人,别人就可以把他杀掉。"只依靠武力的要灭亡,只依靠仁义的要灭亡,吴王夫差和偃王就是这样的例子。圣智的人用兵,平时做好准备,必要时才出动,在不得已的情况下才用兵作战。我读过的兵书和战策有很多,觉得孙武著作的兵法论述得最深刻。

孙子是齐国人,名武,他为吴王阖闾作《兵法》13篇,阖闾命他按照兵

348

法操练妇女，后来终于任命他为将军，结果吴国向西打败了强大的楚国，攻入楚国的郢都，并对北方的齐国和晋国造成很大的威胁。100多年以后齐国又出了一个著名军事家孙膑，是孙武的后代。

在《孙子兵法》一书中，表现了孙子周密地思考，慎重地采取军事行动，谋划明确而深刻，是不容曲解的。但是，世人对《孙子兵法》没有做深入、透彻的解说，况且该书文字繁多，在社会上流行的版本失去了原作的主要精神，所以我为它撰写了简略的解说。

曹操军令集

军谯令

　　吾起义兵，为天下除暴乱。旧土人民，死丧略尽，国中终日行，不见所识，使吾凄怆伤怀。其举义兵以来，将士绝无后者，求其亲戚以后之。授土田，官给耕牛。置学师以教之。为存者立庙，使祀其先人。魂而有灵，吾百年之后何恨哉！

　　（汉献帝建安七年颁布，引自《三国志·武帝纪》。）

译文

　　我发动义兵是为天下铲除暴乱。可是在我的故乡，百姓几乎死光了，我在故乡走了一天，竟没有遇到一个熟人，这种情形真让我悲痛伤怀。发动义兵以来，凡牺牲的将士中没有后人的，就让他们的亲戚作为他们的后嗣。分给田地，由官府配给耕牛。再设立学校，派老师教育他们。为活着的人修建祠庙，使他们能够在祠庙中祭祀他们自己的先人。倘若灵魂有知，我死后也没有什么悔恨的了！

败军抵罪令

　　《司马法》："将军死绥。"故赵括之母，乞不坐括。是古之将者，军破于外，而家受罪于内也。自命将征行，但赏功而不罚罪，非国典也。其令诸将出征，败军者抵罪，失利者免官爵。

　　（汉献帝建安八年颁布，引自《三国志·武帝纪》《文馆词林》卷六九五。）

译文

《司马法》指出："将领临阵退却，要处以死罪。"所以，赵括的母亲请求不要因为赵括打了败仗而处罚他。古代将领在外打了败仗，在家的亲属都要被连带治罪。自从我派出将领开始征战以来，只赏有功的，没有惩罚有罪的，这不符合国家法律。在此命令：将领带兵出征，打了败仗的要按法律治罪，造成损失的要免去官职，剥夺封爵。

抑兼并令

"有国有家者，不患寡而患不均，不患贫而患不安。"袁氏之治也，使豪强擅恣，亲戚兼并；下民贫弱，代出租赋，衒鬻家财，不足应命。审配宗族，至乃藏匿罪人，为逋逃主。欲望百姓亲附，甲兵强盛，岂可得邪！其收田租亩四升，户出绢二匹、绵二斤而已，他不得擅兴发。郡国守相明检察之，无令强民有所隐藏，而弱民兼赋也。

（汉献帝建安九年颁布，引自《三国志·武帝纪》注引《魏书》。）

译文

《论语》说："主管侯国和封邑的人，不怕人少，怕的是分配不均，不怕贫穷，怕的是不安定。"袁家父子统治河北期间，使豪强大族任意横行，兼并土地，百姓贫困，被迫替他们交纳租税，变卖家产还不够应付。审配的家族甚至窝藏罪人，成为逃亡罪犯的窝主。像这样，还要让老百姓拥护他们，使其军力强盛，哪能办得到呢？在此命令：每亩土地收谷4升，每户出2匹绢、2斤丝绵就行了，别的不准擅自征收，郡守和国相要严格检查，不让那些豪强有什么隐藏，不让那些没有势力的人替豪强交税。

存恤从军吏士家室令

自顷以来，军数征行，或遇疫气，吏士死亡不归，家室怨旷，百姓流离，而仁者岂乐之哉？不得已也！其令死者家无基业不能自存者，县官勿绝廪，长吏存恤抚循，以称吾意。

（汉献帝建安十四年颁布，引自《三国志·武帝纪》。）

译文

近年来，军队多次出征，有时遇到疾病流行，官兵有的死亡，有的不能回家，夫妻无法团聚，百姓流离失所，仁爱的人难道乐意看到这样吗？是不得已呀！已经死去的官兵，凡是没有家业，家人不能养活自己的，县官不要停止给他们的口粮供应，部队长官要对他们抚恤慰问，这才符合我的心意。

求贤令

自古受命及中兴之君，曷尝不得贤人君子与之共治天下者乎？及其得贤也，曾不出闾巷，岂幸相遇哉？上之人求取之耳。今天下尚未定，此特求贤之急时也。

"孟公绰为赵、魏老则优，不可以为滕、薛大夫。"若必廉士而后可用，则齐桓其何以霸世！今天下得无有被褐怀玉而钓于渭滨者乎？又得无有盗嫂受金而未遇无知者乎？二三子其佐我明扬仄陋，唯才是举，吾得而用之。

（汉献帝建安十五年颁布，引自《三国志·武帝纪》。）

译文

自古以来开国和中兴的君主，哪个不是得到贤德的能人和他一起治理国家的呢？在他们得到人才的时候，往往不出里巷，难道是偶然的相遇吗？不是，是上边的人寻求发现的呀。现在天下仍未平定，正是特别需要访求贤才的时刻。

《论语》说："孟公绰做大贵族的家臣是好的，但却当不了滕、薛这样小国的行政长官。"假如非得是廉洁的人才可以任用，那么齐桓公怎么能称霸于世呢！当今天下有没有像姜尚那样，身穿粗布衣、怀有真才实学而在渭水岸边钓鱼的人才呢？又有没有像陈平那样，被指责为盗嫂受金而没有遇到魏无知推荐的人才呢？

诸位，要帮助我发现那些埋没在下层的人才，只要有才能，就举荐出来，使我能得到并任用他们。

《选军中典狱令》

夫刑，百姓之命也。而军中典狱者或非其人，而任以三军死生之事，吾甚惧之。其选明达法理者，使持典刑。

（汉献帝建安十九年颁布，引自《三国志·武帝纪》）

译文

刑法是关系众人生命的，但是军中执掌刑法的人，有些并不合适，却让他们掌管着关系全军生死的大事，我对此十分担心。所以，要选用精通法律的人，让他们掌管刑法。

百辟刀令

往岁作百辟刀五枚适成，先以一与五官将，其余四，吾诸子中有不好武而好文学者，将以次与之。

（汉献帝建安二十二年颁布，引自《艺文类聚》卷六十、《御览》卷三百四十五。）

译文

往年造百辟刀共5把，现在刚刚造成。先给五官中郎将曹丕一把，其余4把，我的儿子们中有不好武而偏好文学的，就按次序给他们。

假徐晃节令

此阁道，汉中之险要咽喉也。刘备欲断绝外内以取汉中。将军一举克夺贼计，善之善者也。

（汉献帝建安二十三年颁布，引自《三国志·徐晃传》。）

译文

这条马鸣阁栈道，是汉中的咽喉。刘备想切断我们的内外联系，以夺取汉中，将军一举粉碎了敌人的阴谋，真是太好了。

劳徐晃令

贼围堑鹿角十重，将军致战全胜，遂陷贼围，多斩首虏。吾用兵三十余年矣，及所闻古之善用兵者，未有长驱径入敌围者也。且樊、襄之在围，过于莒、即墨，将军之功，逾孙武、穰苴。

（汉献帝建安二十四年颁布，引自《三国志·徐晃传》。）

译文

敌人堑壕、鹿角层层包围，将军作战取得全胜，攻陷敌围，杀死和俘虏大批敌寇。我用兵30多年，加上听到的古代善于用兵的人，也没有长驱直入冲进敌人重围的。而且樊城、襄阳之围，比起战国时的莒城、即墨，情况要严重得多，将军的功勋，超过了孙武和司马穰苴。

鼓吹令

孤所以能常以少兵胜敌者，常念增战士，忽余事。是以往者有鼓吹而使步行，为战士爱马也；不乐多署吏，为战士爱粮也。

（颁布时间不详，引自《御览》卷五百六十七。）

译文

我之所以能常常用少数军队战胜多数敌人，是因为经常考虑增强战士的力量，不太注意其他的事情。因此，过去有军乐队而使他们步行，是为战士爱惜马力；不愿多设官吏，是为战士爱惜粮食。

戒饮山水令

凡山水甚强寒，饮之皆令人痢。

（颁布时间不详，引自《御览》卷七百四十三。）

译文

凡是山上的水，都非常凉，如果喝了，会使人腹泻。

军令

吾将士无张弓弩于军中。其随大军行，其欲试调弓弩者，得张之，不得著箭；犯者鞭二百，没入。

吏不得于营中屠杀卖之，犯令，没所卖，及都督不纠白，杖五十。

始出营，竖矛戟，舒幡旗，鸣鼓；行三里，辟矛戟，结幡旗，止鼓；将至营，舒幡旗，鸣鼓；至营讫，复结幡旗，止鼓。违令者髡剪以徇。

军行，不得斫伐田中五果桑柘棘枣。

（颁布时间不详，引自《通典》卷一百四十九。）

译文

我军将士在军营中不许拉开弓弩，随大军行进的时候，那些想调试弓弩的人，可以拉开弓，但不准搭上箭，违反的人，打200鞭，没收作为官家奴隶。

官吏不准在军营中屠杀被没收的官家奴隶，也不准把他卖掉，违令的，要把所卖的奴隶没收充公，如果都督既不制止也不报告，打50杖。

军队刚出营的时候要举直矛、戟等兵器，展开旗帜，擂鼓；走出3里以后，可以比较随便地斜扛着矛、戟等兵器，卷起旗子，停止擂鼓；快要到达营地时，再展开旗帜，擂鼓；到达营地以后，重新卷起旗帜，停止擂鼓；违反以上命令的，要剪去头发游行示众。

行军的时候，不准砍伐田野里的各种果树，以及桑树、柘树、酸枣树等。

船战令

雷鼓一通，吏士皆严。再通，什伍皆就船，整持橹棹，战士各持兵器就船，各当其所。幢幡旗鼓，各随将所载船。鼓三通鸣，大小战船以次发，左不得至右，右不得至左，前后不得易处。违令者斩。

（颁布时间不详，引自《通典》卷一百四十九、《御览》卷三百三十四。）

译文

擂响第一通战鼓，官兵都要整装待发。擂响第二通战鼓，什长、伍长都要登上战船，整理好橹、桨，战士手持武器上船，到达各自战斗岗位，各种旗帜、战鼓要跟随指挥船。擂响第三通战鼓，大小战船按规定次序出发，在左边的不得到右边去，在右边的不得到左边去，前后的次序不准更改。违反军令者斩首。

步战令

严鼓一通，步骑悉装；再通，骑上马，步结屯；三通，以次出之，随幡所指。住者结屯幡后，闻急鼓音整阵；斥候者视地形广狭，从四角而立表，制战阵之宜；诸部曲者，各自按部陈兵疏数。兵曹举白，不如令者斩。

兵若欲作阵对敌营，先白表，乃引兵就表而陈。临阵皆无喧哗，明听鼓音，旗幡麾前则前，麾后则后，麾左则左，麾右则右。麾不闻令，而擅前后左右者斩。

伍中有不进者，伍长杀之；伍长有不进者，什长杀之；什长有不进者，都伯杀之。督战部曲将，拔刃在后，察违令不进者斩之。一部受敌，余部不进救者斩。

临战，兵弩不可离陈。离阵，伍长、什长不举发，与同罪。无将军令，妄行阵间者斩。临战，阵骑皆当在军两头；前陷，陈骑次之，游骑在后，违令髡鞭二百；兵进，退入阵间者斩。若步骑与贼对阵，临时见地势，便欲使骑独进讨贼者，闻三鼓音，骑特从两头进战，视麾所指，闻三金音还。此但谓独进战

356

时也。

其步骑大战，进退自如法。吏士向阵骑驰马者斩。吏士有妄呼大声者斩。追贼不得独在前在后，犯令者罚金四两。士将战，皆不得取牛马衣物，犯令者斩。进战，士各随其号，不随号者，虽有功不赏。进战，后兵出前，前兵在后，虽有功不赏。

临阵，牙门将骑督明受都令，诸部与都督将吏士，各战时校督部曲，督住阵后，察凡违令畏懦者（编者注：此处缺一字，疑为"斩"字）。有急，闻雷鼓音绝后，六音严毕，白辨便出，卒逃归，斩之。一日家人弗捕执，及不言于吏，尽与同罪。

（颁布时间不详，引自《通典》卷一百四十九、《御览》卷三百。）

译文

紧急击鼓第一通，步兵和骑兵都准备好行装；紧急击鼓第二通，骑兵上战马，步兵集结待命；紧急击鼓第三通，按照次序出发，跟着令旗指挥行动，停下来的人集结在军旗的后面。听见紧急的鼓声，要整顿好阵势，侦察人员要看清地形，在四角立好标记，制定好适当的战斗阵形，各部军队各自按统一安排或稀或密地排列开来。兵曹把布阵的全部情况进行报告，不听从命令的斩首。

如果要列阵和敌人对阵，先要弄清四周的标记，然后领兵，按照标记列阵。临阵都不准喧哗，静听鼓音。指挥旗指向前，部队就前进；指向后，部队就向后；指向左，部队就向左；指向右，部队就向右。指挥旗挥动以后，不服从命令、擅自左右乱动的，斩首。

一伍之中，有不前进的，伍长把他杀掉；伍长有不前进的，什长把他杀掉；什长有不前进的，都伯把他杀掉。战将拔刀，在后面督战，观察有没有违抗命令的，将不前进的斩首。一部受敌人攻击，其他部队不前去救助的，斩首。

临战时，弓弩手不准离开军阵，如果离开军阵，伍长、什长不揭发的，和他同罪。没有将军的命令，在军阵间乱走动的，斩首。交战时压阵的骑兵，都应当在军队的两头，前队攻入敌阵，压阵的骑兵接着，流动的骑兵在后面，违反军令的，剪去头发，打200鞭。部队进攻的时候，擅自退入阵中的斩首。如果步兵和骑兵共同和敌人对阵，临时看地形情况，便想使骑兵单独前进攻击的，需听三通鼓声，骑兵从两头冲向敌人。看令旗的指挥，听到3次鸣金，骑兵退回。这里说的只是步兵单独进行战斗的时候。步兵和骑兵联合作战，也按照上面的办法进行。

官兵在阵前骑马乱跑的斩首，官兵有擅自大声呼喊的斩首，追赶敌人时，不得单独在前或在后，违令的罚金4两。士兵在准备作战时，不准擅自取用牛马、衣物，违令的斩首。前进作战时，士兵要在各自规定的战斗位置行动，不按照战斗位置行动的，即便立功也不奖赏。前进作战时，后队如果跑到前面去，前队如果落在了后面，即便有功也不奖赏。

临阵时，牙门将和骑督都明确接受统帅的命令，各部队将帅，各自在作战时监督部队，在阵后督战，观察一切。有畏缩不前的，将其（斩首）。有紧急情况，听到紧急鼓声，在六通鼓声结束之后，弄清情况后就立即出发。士兵私自逃跑回家的，斩首。超过一天，家里的人不把他抓起来，也不向官吏报告的，与逃兵同罪。

曹操军事年表

汉灵帝中平元年（184）三十岁

年初，黄巾起义爆发。朝廷组建讨伐兵团，分三路讨伐黄巾军，由议郎改任骑都尉，归左中郎将皇甫嵩指挥，赴颍川参战，在皇甫嵩、朱儁指挥下打败黄巾军波才等部，因功升任济南国相。

本年，辞去济南国相，改任东郡太守，后再改任议郎。

汉灵帝中平五年（188）三十四岁

8月，朝廷组建新军，设置西园八校尉，由议郎改任八校尉之一的典军校尉。

汉灵帝中平六年（189）三十五岁

4月，汉灵帝驾崩，董卓趁乱控制朝廷，改任为骁骑校尉，未上任。逃离洛阳，至陈留、襄邑一带募兵，欲讨伐董卓。

年底，在陈留郡己吾正式起兵。

汉献帝初平元年（190）三十六岁

正月，关东联军在酸枣会盟，讨伐董卓。参加会盟，被袁绍表奏为代理奋武将军一职，率本部进兵，在荥阳附近的汴水与董卓将领徐荣交战，失利，损失惨重。转赴扬州募兵，途中士兵叛逃，仅率500人回到河内，暂时依附于袁绍。

汉献帝初平二年（191）三十七岁

黑山军进攻魏郡、东郡，在袁绍支持下入东郡与黑山军作战，被袁绍表奏为东郡太守。

汉献帝初平三年（192）三十八岁

春，移驻顿丘，打败黑山军于毒部，又大破黑山军睡固部和南匈奴单于于扶罗部。

本年，兖州刺史刘岱被青州黄巾军所杀，被兖州地方人士迎为兖州牧。进兵与青州黄巾军作战，在寿张大破青州黄巾军。

汉献帝初平四年（193）三十九岁

击败黑山军别部，再次击败于扶罗部，驻军鄄城。

汉献帝兴平元年（194）四十岁

父亲曹嵩被害，认定为徐州牧陶谦所为，兴兵南征徐州。张邈、陈宫趁机在兖州发动叛乱，迎吕布为兖州牧。回师兖州，与吕布战于濮阳等地，双方势均力敌。

汉献帝兴平二年（195）四十一岁

春至夏，在兖州大败吕布，吕布、陈宫南逃徐州，投奔刘备。

8月，发动雍丘之战，张邈外出求援，途中被杀。攻破雍丘，杀张邈弟张超，夷张邈、张超三族。

汉献帝建安元年（196）四十二岁

年初，汉献帝刘协及朝廷东归，派曹洪率兵西迎，与汝南、颍川黄巾军作战，为迎接天子做准备。被朝廷任命为镇东将军，袭父亲曹嵩的费亭侯爵位。

8月，至洛阳，领司隶校尉，假节钺，录尚书事，迁天子及朝廷于许县。

汉献帝建安二年（197）四十三岁

正月，南征张绣，大败，长子曹昂、侄曹安民、爱将典韦战死。

春，袁术自称天子。

9 月，东征袁术，将其打败。

11 月，再征张绣。

汉献帝建安三年（198）四十四岁

3 月，将张绣围困于穰县，大败张绣和刘表联军。接到情报，袁绍将举兵南下攻打许县，从南阳回师，突破安众防线。

7 月，回到许县。

9 月，东征徐州，讨伐吕布。

12 月，攻克下邳，生擒吕布，将其缢杀。

汉献帝建安四年（199）四十五岁

夏，刘备参与董承等人密谋，恐事泄露，主动要求领兵赴徐州。

8 月，进军黄河北岸要地黎阳。

汉献帝建安五年（200）四十六岁

正月，刘备在徐州起兵，亲征徐州，将其打败。

4 月，袁绍攻白马，亲赴白马解围，斩袁绍部将颜良。又于延津再战袁军，斩袁绍部将文丑。

10 月，突袭袁绍后勤基地乌巢，烧袁绍辎重万余乘，袁军溃败，袁绍逃往黄河以北。

汉献帝建安六年（201）四十七岁

4 月，在仓亭击败袁绍军队。

秋，南征刘备，刘备往荆州依附刘表。

汉献帝建安七年（202）四十八岁

5 月，袁绍死，袁绍二子袁谭、袁尚互攻。

9月，渡过黄河，进攻袁谭、袁尚，二子败退。

汉献帝建安八年（203）四十九岁
3月，进军黎阳，大败袁谭、袁尚。

8月，南征刘表，暂缓北征，以迷惑袁氏二子，袁氏二子内斗加剧。

汉献帝建安九年（204）五十岁
2月，围困邺县。

5月，引漳河水灌邺县。

8月，攻克邺县。

汉献帝建安十年（205）五十一岁
正月，攻克南皮，斩杀袁谭。

10月，并州刺史高幹叛乱，派乐进、李典击高幹。

汉献帝建安十一年（206）五十二岁
正月，亲征高幹。

3月，攻克壶关，高幹外出求援，途中被杀。

汉献帝建安十二年（207）五十三岁
5月，北征乌桓，至无终。

7月，遇大雨，兵出卢龙塞。

8月，取得白狼山大捷，斩杀乌桓首领蹋顿，兵进柳城。

汉献帝建安十三年（208）五十四岁
正月，回师邺县，作玄武池训练水军。

6月，罢三公，自任丞相。

7月，南征刘表。

9月，刘表次子刘琮投降，追击刘备，在当阳将刘备击溃，随后进驻江陵。

12月，自江陵沿长江东进，在赤壁被孙权、刘备联军打败，退回江陵。

汉献帝建安十四年（209）五十五岁

7月，亲临合肥，派夏侯渊等镇压庐江雷绪等部。

汉献帝建安十五年（210）五十六岁

春，发布《求贤令》。

冬，在邺县筑铜雀台。

汉献帝建安十六年（211）五十七岁

3月，派钟繇攻汉中张鲁，马超、韩遂联合关中诸将叛乱。

7月，西征关中，至潼关。

9月，大败马超、韩遂等"关中联军"。

汉献帝建安十七年（212）五十八岁

冬，征孙权。

汉献帝建安十八年（213）五十九岁

正月，进军濡须口，与孙权交战，主动撤退。

5月，为魏公，加九锡。

汉献帝建安十九年（214）六十岁

7月，征孙权。

12月，西征汉中，至孟津。

汉献帝建安二十年（215）六十一岁

3月，进驻长安。

4月，自陈仓出大散关。

7月，攻破南郑，张鲁败走，取汉中。

11月，张鲁归降。

汉献帝建安二十一年（216）六十二岁

5月，为魏王。

10月，征孙权。

汉献帝建安二十二年（217）六十三岁

3月，自合肥回军。

汉献帝建安二十三年（218）六十四岁

4月，派次子曹彰征乌桓。

7月，西征汉中。

汉献帝建安二十四年（219）六十五岁

3月，率军抵达汉中阳平关。

5月，撤离汉中。

8月，关羽攻襄阳、樊城，于禁兵败，命徐晃等前往支援。

10月，由长安至洛阳，随后进至摩陂，指挥各路人马阻击关羽。

12月，孙权杀关羽。

汉献帝建安二十五年（220）六十六岁

正月，至洛阳，病重。本月23日，病逝于洛阳，享年66岁。

2月，葬于邺县附近的高陵。

参考文献

[1] 孙武. 孙子兵法 [M]. 北京：中华书局，2016.

[2] 孙武. 孙子兵法 [M]. 上海：上海古籍出版社，2009.

[3] 曹操. 曹操集 [M]. 北京：中华书局，2012.

[4] 陈寿. 三国志 [M]. 上海：上海古籍出版社，1980.

[5] 范晔. 后汉书 [M]. 北京：中华书局，1965.

[6] 常璩. 华阳国志 [M]. 北京：商务印书馆，1958.

[7] 房玄龄等. 晋书 [M]. 北京：中华书局，2015.

[8] 郦道元. 水经注 [M]. 上海：上海古籍出版社，1990.

[9] 司马光等. 资治通鉴 [M]. 上海：上海古籍出版社，1980.

[10] 熊方等. 后汉书三国志补表三十种 [M]. 北京：中华书局，1984.

[11] 钱仪吉. 三国会要 [M]. 上海：上海古籍出版社，1991.

[12] 卢弼. 三国志集解 [M]. 上海：上海古籍出版社，2009.

[13] 梁章钜. 三国志旁证 [M]. 福建：福建人民出版社，2000.

[14] 台湾三军大学. 中国历代战争史 [M]. 北京：中信出版社，2013.

[15] 译注小组. 曹操集译注 [M]. 北京：中华书局，2012.

[16] 杨丙安. 十一家注孙子校理 [M]. 北京：中华书局，1999.

[17] 中国人民解放军军事科学院战争理论研究部孙子注释小组. 孙子兵法新注 [M]. 北京：中华书局，2005